教育部高等学校管理科学与
工程类学科专业教学指导委员会推荐教材

生产系统建模与仿真

周　泓　邓修权　高德华 编

机械工业出版社

本书以生产系统为对象，对系统建模与仿真的基本原理和技术方法进行了系统、全面的介绍，并辅以软件工具和应用案例的分析。其主要内容包括：系统、模型与仿真的基本概念；离散事件系统仿真基础；生产系统常用建模方法；随机数与随机变量的生成；仿真输入/输出数据分析；系统设计方案的比较与仿真实验设计；面向生产系统的仿真软件及 Arena 在生产系统中的应用；基于多主体的大规模复杂系统建模与仿真技术等。

本书可作为高等院校工业工程、系统工程和机械工程等专业本科生与硕士研究生相关课程的教材，也可作为有关领域管理人员及技术人员的参考书。

图书在版编目（CIP）数据

生产系统建模与仿真/周泓，邓修权，高德华编. —北京：机械工业出版社，2012.8（2025.7重印）

教育部高等学校管理科学与工程类学科专业教学指导委员会推荐教材

ISBN 978-7-111-39319-1

Ⅰ.①生…　Ⅱ.①周…②邓…③高…　Ⅲ.①企业管理-生产管理-系统建模-高等学校-教材②企业管理-生产管理-系统仿真-高等学校-教材

Ⅳ.①F273-39

中国版本图书馆 CIP 数据核字（2012）第 175961 号

机械工业出版社（北京市百万庄大街22号　邮政编码100037）

总策划：邓海平　张敬柱

策划编辑：易　敏　责任编辑：易　敏　刘　静

版式设计：霍永明　责任校对：刘　岚

封面设计：张　静　责任印制：常天培

河北虎彩印刷有限公司印刷

2025 年 7 月第 1 版第 9 次印刷

184mm×260mm·11.5 印张·258 千字

标准书号：ISBN 978-7-111-39319-1

定价：39.00 元

电话服务

客服电话：010-88361066

010-88379833

010-68326294

网络服务

机　工　官　网：www.cmpbook.com

机　工　官　博：weibo.com/cmp1952

金　书　网：www.golden-book.com

机工教育服务网：www.cmpedu.com

封底无防伪标均为盗版

序

当前，我国已成为全球第二大经济体，且经济仍维持着较高的增速。如何在发展经济的同时，建设资源节约型、环境友好型的和谐社会；如何从资源消耗型、劳动密集型的粗放型发展模式，转变为"科技进步，劳动者素质提高，管理创新"型的低成本、高效率、高质量、注重环保的精益发展模式，就成为摆在我们面前的一个亟待解决的课题。应用现代科学方法与科技成就来阐明和揭示管理活动的规律，以提高管理的效率为特征的管理科学与工程类学科，无疑是破解这个难题的一个重要手段和工具。因此，尽快培养一大批精于管理科学与工程理论和方法，并能将其灵活运用于实践的高层次人才，就显得尤为迫切。

为了提升人才育成质量，近年来教育部等相关部委出台了一系列指导意见，如《高等学校本科教学质量与教学改革工程的意见》等，以此来进一步深化高等学校的教学改革，提高人才培养的能力和水平，更好地满足经济社会发展对高素质创新型人才的需要。教育部高等学校管理科学与工程类学科专业教学指导委员会（以下简称教指委）也积极采取措施，组织专家编写出版了"工业工程"、"工程管理"、"信息管理与信息系统"、"管理科学与工程"等专业的系列教材，如由机械工业出版社出版的"21世纪工业工程专业规划教材"就是其中的成功典范。这些教材的出版，初步满足了高等学校管理科学与工程学科教学的需要。

但是，随着我国国民经济的高速发展和国际地位的不断提高，国家和社会对管理学科的发展提出了更高的要求，对相关人才的需求也越来越广泛。在此背景下，教指委在深入调研的基础上，决定全面、系统、高质量地建设一批适合高等学校本科教学要求和教学改革方向的管理科学与工程类学科系列教材，以推动管理科学与工程类学科教学和教材建设工作的健康、有序发展。为此，在"十一五"后期，教指委联合机械工业出版社采用招标的方式开展了面向全国的优秀教材遴选工作，先后共收到投标立项申请书300多份，经教指委组织专家严格评审、筛选，有60余部教材纳入了规划（其中，有20多种教材是国家级或省级精品课配套教材）。2010年1月9日，"全国高等学校管理科学与工程类学科系列规划教材启动会"在北京召开，来自全国50多所著名大学和普通院校的80多名专家学者参加了会议，并对该套教材的定位、特色、出版进度等进行了深入、细致的分析、研讨和规划。

本套教材在充分吸收先前教材成果的基础上，坚持全面、系统、高质量的建设原则，从完善学科体系的高度出发，进行了全方位的规划，既包括学科核心课、专业主干课教材，也涵盖了特色专业课教材，以及主干课程案例教材等。同时，为了保证整套教材的规范性、系统性、原创性和实用性，还从结构、内容等方面详细制定了本套教材的"编写指引"，如在内容组织上，要求工具、手段、方法明确，定量分析清楚，适当增加文献综述、趋势展望，以及实用性、可操作性强的案例等内容。此外，为了方便教学，每本教材都配有 CAI 课件，并采用双色印刷。

本套教材的编写单位既包括了北京大学、清华大学、西安交通大学、天津大学、南开大学、北京航空航天大学、南京大学、上海交通大学、复旦大学等国内的重点大学，也吸纳了安徽工业大学、内蒙古科技大学、中国计量学院、石家庄铁道大学等普通高校；既保证了本套教材的较高的学术水平，也兼顾了普适性和代表性。这套教材以管理科学与工程类各专业本科生及研究生为主要读者对象，也可供相关企业从业人员学习参考。

尽管我们不遗余力，以满足时代和读者的需要为最高出发点和最终落脚点，但可以肯定的是，本套教材仍会存在这样或那样不尽如人意之处，诚恳地希望读者和同行专家提出宝贵的意见，给予批评指正。在此，我谨代表教指委、出版者和各位作者表示衷心的感谢！

齐二石

教育部高等学校管理科学与工程类学科专业教学指导委员会主任
于天津

前　言

本书以生产系统为对象，全面论述了系统建模与仿真的基本原理和技术方法，并辅以软件工具和应用案例的介绍与分析，旨在使学生对系统建模与仿真技术（特别是计算机仿真技术）在生产系统领域的应用能够有一个较为全面的认识和理解，并在系统掌握相关理论知识的同时，培养和增强自身的实践意识与能力。

本书编者多年从事生产系统建模与仿真及相关领域的教学、科研工作，具有丰富的经验和完善的知识体系，并曾组织完成了多本教材的编写或翻译工作。编者长期积累的大量素材和案例资料，为本书的编写提供了重要的基础和保证。同时，在本书编写过程中，编者还注重搜集并引入国内外有关的最新教改、教研成果。

本书具有以下特色：

（1）以工业工程专业全日制普通本科生及应用型本科生的人才培养目标为出发点，注重将本书内容与该专业整个课程体系相互融合和衔接，并充分考虑课堂教学实际的需要。

（2）本书以生产系统为对象，以应用案例为主线，以启发式方法为手段，以培养实践技能为目的，对系统建模与仿真的基本原理、技术和方法进行了全面、系统的论述，注重激发学生的探索意识和创新意识，注重对学生实践及应用能力的培养。

（3）本书在论述系统建模与仿真基本理论的同时，还兼顾了对本学科发展最新前沿的简要介绍。全书力求框架结构合理、体系完整、内容丰富、详略得当，具有较强的针对性。

全书的结构与内容安排如下：

第1章为绪论，介绍系统、模型与仿真的基本概念，生产系统及其基本特性，当前生产系统所面临的主要问题以及生产系统建模与仿真的主要内容。

第2~7章为基础理论部分，讲述生产系统建模与仿真的基本理论和方法。它包括：离散事件系统的基本概念与原理、生产系统建模方法、随机数与随机变量的生成、仿真数据分析、系统设计方案的比较与仿真实验设计、仿真模型的校核、验证与确认等。

第8章为软件应用部分，结合Arena软件，讲述生产系统建模与仿真的具体应用与案例。其内容包括：生产系统常用仿真软件概述，Arena基本建模分析和Arena输入/输出分析器，以及Arena在生产系统建模与仿真中的应用案例等。

第9章为提高部分，简要介绍基于多主体的大规模复杂系统建模与仿真技术的基本概念与理论方法，并结合jES仿真平台，介绍其在生产系统中的应用。

本书由周泓、邓修权和高德华共同编写完成，并由周泓负责全书的结构设计、提纲的拟订和最终的审校工作。北京航空航天大学经济管理学院研究生白冰、张迪、张军伟、姜思思、康云鹏、黄大益等在本书的资料搜集和整理过程中做了大量的工作，保证了书稿编写的顺利进行，编者在此表示衷心的感谢。

本书得到了国家自然科学基金（No. 70872008；No. 71071008）和航空科学基金（No. 2010ZG51076）的资助。此外，编者还参阅了大量的文献资料，在此向这些文献资料的作者们致以诚挚的谢意。

由于编者水平有限，书中存有不足之处在所难免，恳请读者批评指正。

编　者

目 录

第1章

绪　论

如何理解系统、模型与仿真的基本概念？它们三者之间具有怎样的相互关系？什么是生产系统？生产系统具有怎样的基本特征？为什么要对生产系统进行建模与仿真？生产系统建模与仿真包括的主要内容有哪些？通过对本章的学习，读者可以对生产系统建模与仿真有一个初步的了解。

1.1　系统、模型与仿真

1.1.1　系统

系统一词最早出现于古希腊原子论创始人德谟克利特（Democritus，公元前 460 ～公元前 370 年）的著作《宇宙大系统》。在该书中，作者明确地论述了系统的含义，认为"任何事物都是在关联中显现出来的，都是在系统中存在的，系统关联规定每一事物，而每一关联又能反映系统关联的全貌"。由于系统这一概念具有十分丰富的内涵，国内外学术界从不同角度对系统进行了研究，给出了各种不同的定义，例如：

① 一般系统论的开创者贝塔朗菲（L. Von Bertalanffy）把系统定义为相互作用的诸要素的集合体。

② 美国著名学者阿柯夫（R. L. Ackoff）认为，系统是由两个或两个以上相互联系的任何种类的要素构成的集合。

③ 日本 JIS 标准把系统定义为"许多组成要素保持有机的秩序，向同一目的行动的集合体"。

④ 我国著名科学家钱学森教授把系统定义为相互作用和相互依赖的若干组成部分结合成的具有特定功能的有机体。

本书认为，系统是一组对象的集合或总和，它们按照某些规律结合起来，相互作用、相互依存，来达到某种特定的目的。例如，在制造汽车的生产系统中，工人、机器以及零部件等为生产高质量的交通工具而组织起来，一起在装配线上运作。

系统可以分为离散系统和连续系统两大类，如图 1-1 所示。离散系统是指状态变量只在某个离散的时间点集合上发生变化的系统；连续系统则是指状态变量随时间连续变化的系统。

实际上很少有系统是完全离散的或完全连续的，但对于大多数系统来说，由于某一类型的变化占据主导地位，因此会有可能将系统划分为离散的或连续的。

2

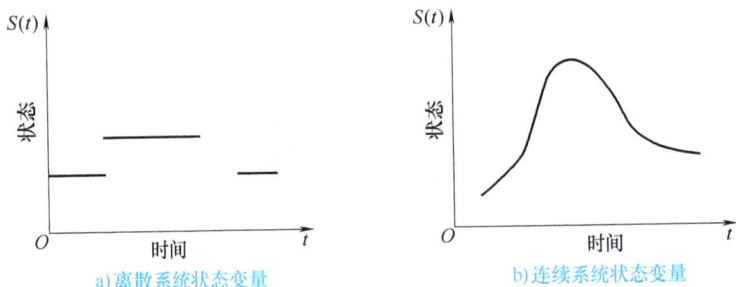

a) 离散系统状态变量

b) 连续系统状态变量

图 1-1   离散系统与连续系统

为了对系统进行描述，人们总结出系统的"三要素"，即实体、属性和活动。以某商品销售系统为例，如图 1-2 所示，所谓的实体是指组成该系统的具体对象，如经理、部门、商品、货币和仓库等；属性是指这些实体所具有的每一项有效特性，如部门的属性有人员数量、职能范围，商品的属性有生产日期、进货价格、销售日期、销售价格等；活动是指随着时间的推移，在系统内部由于各种原因而发生的变化过程，如在该商品销售系统中库存商品数量的变化、零售商品价格的增长等。

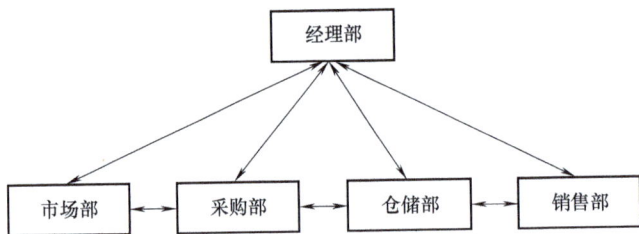

图 1-2   商品销售系统

尽管世界上的事物是相互联系的，但当对某一对象进行研究的时候，总是要将该对象与其所处的环境区别开来。因此，在定义一个系统时，首先要明确系统的边界。边界确定了系统的范围，边界以外对系统的作用称为系统的输入，系统对边界以外的环境的作用称为系统的输出。

系统边界的选取，有时依赖于研究的目的。举例来说，在工厂系统中，控制订单到达的因素可以被认为是处于工厂的影响之外，因此属于环境的一部分。然而，如果考虑供应对需求的影响，则在工厂输出和订单到达之间将会存在一种关系，而这一关系必须被认为是系统的一个活动。

1.1.2   模型

模型被定义为"用于研究目的的系统的表示"，是对现实世界的一种抽象。它描述了现实世界中实际系统的某些主要特点或属性，具有以下三个方面的特征：

① 它是对现实世界一部分的抽象或模仿。

② 它由与分析问题有关的因素构成。

③ 它表明了有关因素间的相互联系。

一般来说，模型可以划分为图形与实物模型和数学（分析）模型两大类。数学模型是使用符号标记和数学方程来对系统进行描述的。仿真模型则是系统的一类特殊数学模型，它又可以被进一步划分为静态的或动态的、确定性的或随机的、离散的或连续的，如图 1-3 所示。

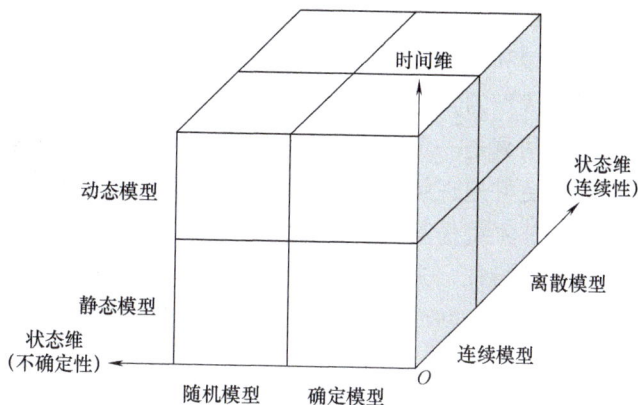

图 1-3 仿真模型的分类

从定义上看，一方面，模型是系统的简化；另一方面，又要求模型必须足够详细，以便能够对真实的系统得出有效的结论。开发模型的目的是用模型作为替代来帮助人们对原物进行假设、定义、探究、理解、预测、设计，或与原物的某一部分进行通信。为了研究、分析、设计和实现一个系统，需要进行实验。实验的方法基本上可分为两大类：一种是直接在真实系统上进行；另一种是先构造模型，通过对模型的实验来代替或部分代替对真实系统的实验。传统上大多采用第一种方法，随着科学技术的发展，尽管第一种方法在某些情况下仍然是必不可少的，但第二种方法正逐渐成为人们更为常用的方法，其主要原因在于：

① 系统还处于设计阶段，真实的系统尚未建立，人们需要更准确地了解未来系统的性能，这只能通过对模型的实验来了解。

② 在真实系统上进行实验可能会破坏系统或引发故障。

③ 需要进行多次实验时，难以保证每次实验的条件相同，因而无法准确判断实验结果的优劣。

④ 实验后，系统难以复原。

⑤ 实验时间太长或费用昂贵。

因此，用模型来进行实验已经成为科学研究与工程实践中不可缺少的手段，日益为人们所青睐。

1.1.3 仿真

1961 年，摩根扎特（G. W. Morgenthater）首次对"仿真"进行了技术性定义，即仿真是指"在实际系统尚不存在的情况下,对系统或活动本质的实现。"接着科恩(G. A. Korn)于1978年在其所著的《连续系统仿真》一书中将仿真定义为"用能代表所研究的系统的模型做实验"。1982年,斯普瑞特(J. Spriet)进一步将仿真概念的内涵加以扩充,将其定义为"所有支持模型建立和模型分析的活动即为仿真活动"。奥伦(Orën)在1984年在给出了仿真的基本概念框架"建模—实验—分析"的基础上,提出了"仿真是一种基于模型的活动"的定义,这被认为是现代仿真技术的一个重要概念。

综上所述,系统、模型和仿真三者之间有着密切的关系。系统是研究的对象,模型是系统的抽象,仿真通过对模型的实验以达到研究系统的目的。

从应用的角度来看,仿真是一个设计和建立实际系统或所设想系统的计算机模型的过程,以便通过数值实验来更好地理解系统在给定条件下的行为。现代仿真技术大多是在计算机支持下进行的,因此,系统仿真也往往被称为计算机仿真,即借助于专门的计算机软件来模仿实际系统的运作或特征(通常随时间变化),进而来研究各种不同的系统模型的方法。尽管也可以用它来研究一些简单系统,但只有在研究复杂系统时,其威力才能真正地得以充分发挥出来。

计算机仿真包含了系统建模、仿真建模和仿真实验三个基本的活动。联系这三个活动的是系统仿真的三要素,即系统、模型和计算机(包括硬件和软件)。三者之间的关系可用图1-4来描述。

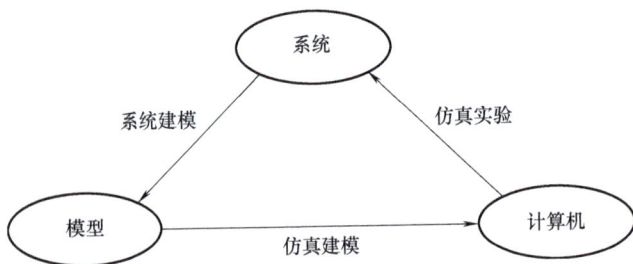

图1-4 计算机仿真的要素与内容

注:该图来源于肖田元,张燕云和陈加栋(2000)。

1.2 生产系统及其建模与仿真分析

1.2.1 生产系统的基本概念

从系统的角度来考察产品的生产过程,就得出了生产系统的概念。按照国际生产工程科学院(CIRP)对生产系统所下的定义,生产系统是"生产产品的制造企业的一种组织体,它具有销售、设计、加工、交货等综合功能,并有提供服务的研究开发功能"。在这一定义的基础上,人们进一步地把供应商和用户也作为生产系统的组成部分纳入其中。

生产是一切社会组织的基本活动之一。作为企业系统的一个子系统，生产系统体现为一个有序的把各种生产要素的输入转换为产品的输出过程。它包括以下三个基本的组成部分：

（1）输入（或投入）。它主要是指加工对象及其他生产要素，如原材料、资料和能源等。

（2）转换过程（或生产过程）。它是指如何进行实体上的转换，如制造；如何进行位置上的转换，如运输；如何进行服务上的转换，如医疗及娱乐等。

（3）输出（或产出）。它是指系统通过转换过程形成并输出的结果，如一种有形的产品或者无形的服务。

生产系统的基本框图如图 1-5 所示，方框内表示的即为一个生产系统，方框外表示生产系统所处的外界环境。整个生产过程分为三个阶段：①决策和控制阶段，由工厂最高决策层根据生产动机、技术知识、经验以及市场情况，对所生产的产品类型、数量等作出决定，同时对生产过程进行指挥与控制；②产品设计和开发阶段；③产品制造阶段，在此阶段必须从外部输入必要的能源和物质（如材料等）。经过上述三个阶段的生产活动，系统最后输出所生产的产品。产品输出后，应及时地将产品在市场上的竞争能力、质量评价和用户的改进要求等信息反馈到决策机构，以便使其及时地对生产作出新的决策。

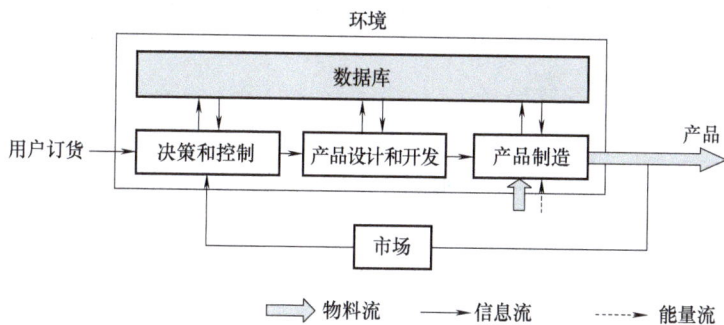

图 1-5　生产系统的基本框图

注：该图来源于沈斌、陈炳森和张曙（1999）。

整个系统由信息流、物料流和能量流联系起来。信息流主要是指计划、调度、设计和工艺等方面的信息；物料流主要是指从原材料经过加工、装配到成品的过程，包括检验、油漆、包装、储存和运输等环节；能量流主要是指动力能源系统。

根据企业生产经营活动各方面的具体目标和活动内容，生产系统一般又可划分为供应保障子系统、计划与控制子系统和加工制造子系统等。

1.2.2　生产系统的特性分析

作为一类特殊的复杂社会系统，生产系统具有如下的几个基本特性：

（1）集合性

生产系统是由多个可以相互区别的要素（或子系统）所组成的。

（2）相关性

生产系统内各要素是互相联系的。构成生产系统的各要素（或子系统）正是通过这种联系，形成了生产系统的相对稳定的结构。

（3）目的性

任何一个实际的生产系统，都是为完成特定的生产任务而存在的。或者说，它要实现一个或多个既定的目标，如盈利。

（4）环境适应性

一个具体的生产系统，必须具有对周围环境变化的适应性。生产系统应是具有动态适应性的系统，表现为以最少的时间延迟去适应不断发展变化的环境：①生产系统总是处于生产要素（如原材料、能量和信息等）的不断输入和产品的不断输出这一动态过程中；②生产系统的各构成要素或子系统及其内部结构也处于不断的动态变化发展中；③特别是在激烈的市场竞争中，生产系统总是处于不断发展、不断更新、不断完善的过程中，以适应生存环境。

（5）反馈特性

生产系统在运行过程中其输出状态如质量信息和生产资源的利用状况等，总是要不断地反馈到生产过程的各个环节中去，从而实现产品生命周期中的不断调节、改进和优化。

（6）随机特性

生产系统中有很多偶然性的因素（如产品市场需求的波动等），使得生产系统表现出随机性的特性。这为解决生产控制等问题带来了极大的困难。

1.2.3　当前生产系统面临的主要问题

当前，随着经济全球化与市场竞争的日趋激烈，企业生产系统也逐渐呈现出柔性化、自动化、集成化、智能化及市场导向化的发展趋势。在生产系统，尤其是大型复杂的生产系统中，其规划设计和运行管理正面临着越来越多的问题，如由于系统本身的复杂性难以评估设计风险、系统适应性差和系统运行过程中生产调度困难等。引发这些问题的原因主要在于：

① 在新生产系统的设计过程中，业务流程缺乏有效的辅助设计与验证分析手段，系统内各业务部门和设计、物流、销售等部门之间的关系以及各种决策过程对整个生产系统的影响缺乏定性与定量分析。

② 在制造单元设计过程中，对于初步设计方案缺少一个验证、分析与比较的工具，如生产能力和生产周期的测度、关键设备的数量和各种资源的分配与利用率的计算以及物流情况的合理性分析、设备故障对整个制造系统的影响等，都需要作一些事前的分析与比较。

③ 在生产系统的运行过程中，生产计划和调度的合理性缺乏合理的验证手段，往往

是决策和调度人员根据自身的经验进行决策，而缺乏足够的科学性。这个问题尤其较为突出地反映在库存管理和生产调度问题上。

长期以来，人们为更好地解决上述问题，在生产管理的过程中，在利用数学和运筹学的方法对生产系统中的各种具体问题进行抽象、建模和分析方面进行了大量的探索，并取得了一些比较有代表性的成果，如马尔可夫模型、排队模型、Petri 网模型和存储模型等。但是，一方面，这些方法的不足之处在于它们通常都是仅局限于具体问题，无法完成对整个生产系统的总体分析和比较，也不能真实地反映实际系统的诸多特性；另一方面，随着生产自动化水平的不断提高，生产节奏越来越快，生产系统越来越复杂，导致数学模型十分复杂和抽象，一般的生产管理人员难以理解和掌握，甚至根本无法建立。而计算机仿真技术的产生与发展，则在一定程度上弥补了这一缺陷。

作为一种系统建模和实验分析的方法，计算机仿真能够把生产资源、产品工艺路线、库存和管理等信息动态地结合起来，以系统活动过程的"生动再现"代替以往数学方法的抽象描述，表达形式易于理解，并能全面反映生产系统动态过程和特征，为生产系统的设计、方案验证和运行过程中的管理提供了一种比较理想的分析手段和工具。

1.2.4　生产系统建模与仿真的主要内容

生产系统建模与仿真的主要内容，可概括为以下几个方面：

(1) 生产系统的规划设计

在一个新的生产系统建立时，往往要对该生产系统的方案设计进行评价。除了其他一些系统设计与评价方法外，仿真是最常用的一种方法。通过仿真，可以对新系统建立模型并进行动态执行，来帮助人们发现系统方案中存在的问题，以寻求一个较优的方案。

(2) 物料管理

企业在生产运营中需要消耗大量的物资材料。这些物料的供应及仓储管理等问题是整个生产系统要解决的重要问题之一。不同的物料管理策略，会产生不同的效果。策略得当，可以保证物料适时、适量的供应，保障生产系统的均衡生产；反之，则可能会造成生产物流的失调，或出现积压浪费，或出现供料不足。对各种物料管理策略进行仿真与建模分析，可以帮助人们确定出最适合的物料管理方案。

(3) 生产计划模拟

企业在制订计划时，通常都要采用一些定量分析的方法来预测计划下达后的效果，对计划进行分析与评价。仿真则是众多定量分析方法中应用最为广泛的一种。

(4) 生产系统协调

在多工序、多设备的复杂生产线中，由于各加工工序生产节奏的不协调，往往会严重影响到生产系统的整体效率。借助于计算机仿真技术，人们可以迅速地找到生产过程中的瓶颈环节，并通过采取相应措施来消除瓶颈，以协调生产节拍，充分发挥现有生产设备和人力资源的潜力，实现系统生产的总体高效率。

（5）生产成本分析

仿真可以对生产的动态过程进行模拟分析，得到生产成本的相关统计性能数据。改变有关参数，并多次执行仿真过程，就能够帮助人们从中寻求降低成本、提高生产效率的较优方案。

除上述应用外，仿真还可用于生产系统的可靠性分析、产品市场的预测及需求分析等。表1-1列举了仿真在生产系统中的几个应用实例。

表1-1 计算机仿真在生产系统中的应用实例

生产类型	生产中提出的问题	仿真目标	仿真后的改进建议	改进后的效果
半导体生产	在制品种类过多 加工周期长 经常由于紧急用户而中断原生产过程	缩短加工周期	通过分析全过程，给每台设备定出在制品数的上限和下限	缩短加工周期30% 减少了投资 生产线始终顺畅 紧急用户中断生产的现象大大减少
家用电器生产	由于扩大生产，增加了设备和托盘，经常出现托盘积压和堵塞通道的现象	优化托盘数量	将原来的26个托盘减少到24个	减少了投资100万美元，保证生产线的畅通
汽车配件生产	规划设计与生产线相配套的旋转实验台	优化实验台的工位数	建议每个旋转实验台设12个工位	在满足生产要求的同时，比原设计减少了1个实验台
电话机生产	总装配以前的各道工序生产时间不协调，影响总装	协调各工序的生产节奏，减少在制品数	建议保证加工周期最短的工件优先加工	增加了产量 缩短了制造周期 减少了在制品数
PCB[①]装配与检测线	每周更换一次产品品种，经常需要周末突击加班才能完成本周任务	制订日产量规划，合理分配每日工作量	制订出切实可行的日产量规划	增加了生产的透明度 每日生产负荷均衡 减少了在制品数
空调器生产	规划设计装配生产线	优化自动导引车数量	在提供不同利用率（50%、60%、70%、80%、90%）的情况下，设置不同的自动导引车数量	生产线投资有的放矢，避免了浪费
电子产品生产	有两种产品同时生产，经常出现生产不平衡的现象	达到均衡生产	给出两种产品投入数量的适当比例	减少了加班 降低成本29% 保持生产均衡

注：资料来源于张晓萍（1995）。

① PCB 即 Printed Circuit Board，印制电路板。

复习思考题

1. 以某一产品的生产线为对象，分析系统的组成、功能和边界，并阐述该系统是如何运作的。

2. 试举例说明模型的概念，并对比分析数学模型与计算机仿真模型的异同。

3. 如何理解"仿真是基于模型的活动"？

4. 系统、模型和仿真三者之间具有怎样的相互关系？

5. 试述生产系统的概念及其基本特性。

6. 通过因特网查阅相关资料，认识和了解计算机仿真技术在生产系统领域中的应用现状及其发展趋势。

第 2 章

离散事件系统仿真基础

现实中的大多数生产系统都属于一类特殊的离散系统，称为离散事件系统。对生产系统进行建模与仿真，首先要求必须了解离散事件系统的基本概念以及离散事件系统仿真中一些常用的术语和基础理论知识。本章主要对这些基本概念进行了介绍，并系统地阐述了蒙特卡罗方法、离散事件系统仿真的基本原理及其一般步骤等。对本章知识要点的理解和掌握，是学习后续各章节的基础。

2.1 基本概念

在绪论中已经提到，系统可以被划分为离散系统和连续系统两大类。实际中所遇到的大多数生产系统，如订单处理、机械零件的生产车间及库存系统、汽车装配线等，都属于这样一类特殊的离散系统——系统的状态仅在离散的时间点上发生变化，并且这种状态变化一般是由事件引起的。通常可认为，状态变化与事件的发生是一一对应的。事件的发生可以看做是在一个时间点上瞬间完成而没有持续性，并且这些离散时间点是不确定的，因此，可以说事件发生的时间点是离散的。这类系统称为离散事件系统（Discrete Event System）。本书所关注的主要就是这种类型的生产系统。

由于离散事件系统固有的随机性，对这类系统的研究往往十分困难。经典的概率及数理统计理论和随机过程理论虽然为之提供了理论基础，并能对一些简单系统提供解析解，但对于实际工程中的大量系统，唯有依靠计算机仿真技术才能提供较为完整的结果。这类系统的仿真，即是离散事件系统仿真。

首先，结合下面的例子来介绍离散事件系统仿真中一些常用的基本概念。

【例 2-1】 如图 2-1 所示为一个简单加工系统。零件"毛坯"到达钻孔加工中心，在仅有的单台钻床上加工，然后离开。

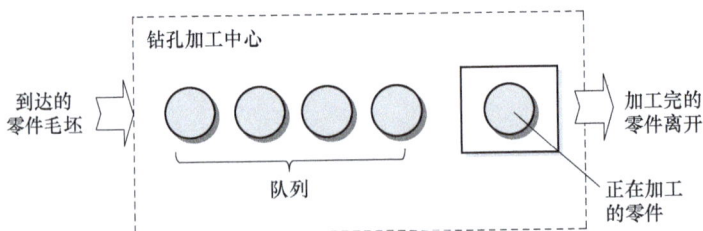

图 2-1 简单加工系统

1. 实体

实体（Entity）通常是指需要在模型中明确表示的系统中的任何对象或要素，如用来加工零件的机器设备和接受服务的顾客等，它是描述系统的三个基本要素（即实体、属性、活动）之一。例如，在上述简单加工系统中，待加工零件毛坯就是一类实体。当毛坯到达系统时，实体被创建出来，然后在系统中通过队列流动（如果需要排队的话），在钻床上接受服务（加工过程），然后离开系统时被清除。像这样一类在系统中只存在一段时间的实体，通常被称为临时实体。但也有一些实体，例如这里的钻床设备，它被创建出来以后就一直存在于系统中而从不离开。这类实体通常称之为永久实体。

在对系统建立模型时，要做的第一件事情就是必须明确系统中的实体。

2. 属性

属性（Attribute）是对实体特征的描述，如一个等待加工的零件实体的优先级、或者作业通过加工车间的路径等。属性是所有实体的共有特征。在每一个特征上，不同的实体具有不同的属性值，以相互区别。例如，在上述的简单加工系统中，钻孔设备具有机床名称、机床编号、加工范围和加工精度等属性；待加工零件具有零件名称、零件编号、材料、几何尺寸和加工工艺过程等属性。

对于一个客观存在的实体来说，其属性往往很多，在仿真建模过程中，应根据具体情况和研究的目的决定所需要的属性，而忽略其他次要的或无关的属性。一般可参照下列原则：

① 便于实体的分类。

② 便于对实体行为的描述。

③ 便于排队规则的确定。

但需要强调的一点是，属性与具体的实体是不可分割的。不同的实体在同一属性上一般具有不同的取值，正像不同的零件会有不同的交货期、优先级和颜色编码等一样。与传统的计算机编程相类比，可以把属性看做是"仅仅局限于"各个实体内部的变量。

3. 状态

在某一时刻，系统的状态（State）就是系统中所有实体的属性的集合，它包含了描述系统在任何时间所必需的所有信息。在生产系统中，状态变量可以是正在进行作业的操作工人数、等待服务队列中的工件数，或正在加工处理中的工件数以及下一个工件到达加工设备的时间等。此外，加工设备的忙、闲或设备故障等也可能是一种状态变量。

4. 事件

事件（Event）是描述离散事件系统的一个重要概念，它是指引起系统状态发生变化的事情。从某种意义上来说，这类系统就是由事件驱动的。例如，在上述的简单加工系统中，可以把"一个新的待加工零件毛坯的到达"定义为一类事件，由于该零件的到达，系统的状态——钻床设备的"状态"可能从"闲"变到"忙"（如果没有等待加工的零件），或者另一个系统——等待加工的零件队列的长度（即等待加工的零件数目）发生变化（增加1）。此外，也可以定义"一个零件加工完毕离开系统"为另一类事件，由于零件的离开，设备的"状态"可能由"忙"变成了"闲"。

在一个系统中，往往有许多不同类型的事件，而事件的发生一般与某一类实体相联系。某一类事件的发生还可能会引起其他事件的发生，或者是另一类事件发生的条件等。在仿真模型中，通常要建立事件表，来对系统中的事件进行管理（参见2.3节）

此外，在仿真模型中还有另外一类所谓的"程序事件"，用于控制仿真的进程，如仿真模型的开始执行或结束等。

5. 活动

实体在两个事件之间保持某一状态的持续过程称为活动（Activity）。活动的开始与结束都是由事件引起的。活动总是与一个或几个实体的状态相对应，它标志着系统状态的转变。例如，在上述简单加工系统中，一个零件从"开始加工"到"加工结束"可看做是一个"加工"活动。在该活动中，钻床处于"加工"的状态。又如，仓储系统中的"物品到达"是一个事件，该事件的发生可能会使仓储系统的货位从"空闲"状态变为"占用"状态。从"物品到达"直到"物品取出"，物品都处在货位中存储的状态，即处于"存储"活动中。因此，"存储"活动的开始和结束标志着物品的"到达"和"离开"，标志着货物的"空闲"与"占用"两种状态的转变。

6. 进程

进程（Process）描述了它所包括的事件及活动之间的逻辑关系和时序关系，一个进程由与某类实体相关的若干有序事件及活动组成。以上述简单加工系统为例，可以把一个零件到达系统、等待加工（排队）、开始加工、加工结束离开系统的过程看做是一个进程。

事件、活动和进程之间的关系可用图2-2来描述。

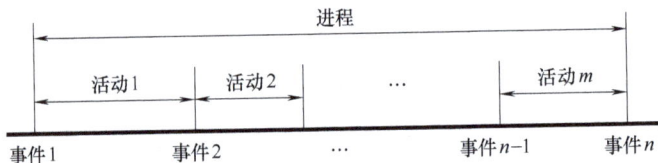

图2-2　事件、活动和进程之间的关系

7. 仿真时钟

仿真时钟（Simulation Clock）是用于记录仿真过程中当前时间的一个特殊变量。它所表示的仿真时间变化是系统运行时间在仿真过程中的表示，而不是计算机执行仿真过程的实际时间长度。在离散事件系统中，由于引起系统状态变化的事件的发生时间是随机性的，因此仿真时钟的推进也具有一定的随机性，并不是连续推进、均匀取值的。而且，因为在两个相邻发生的事件之间系统状态不会发生任何变化，所以也就没有必要来考虑这两个事件之间的过程。因此，仿真时钟可以跨过这些"不活动"的周期，从当前事件的发生时间跳跃到下一个事件的发生时间。关于仿真时钟的更深入的知识，将在本书后面的有关章节详细介绍。

8. 统计累加器

离散事件系统的状态变量随着事件的不断发生而呈现出动态变化的过程。由于这种变化是随机性的，某一次仿真运行得到的状态变化过程，只不过是随机过程的一次取样，它们只有在统计意义下才有参考价值。因此，在仿真模型中需要有一个统计累加器（Statistical Accumulator）的构件，用来跟踪记录各种输出性能指标在仿真进程中的中间结果，通过统计分析，得到更有价值的信息。例如在上述的简单加工系统中，通常用于观察的性能指标主要有：迄今为止所加工完的零件数量、系统平均队长、零件平均等待时间、最大系统逗留时间以及设备的利用率等。

2.2 蒙特卡罗方法

2.2.1 蒙特卡罗方法的基本思想

蒙特卡罗（Monte Carlo）方法，也称为随机抽样（Random Sampling）方法或统计测试（Statistical Testing）方法，是一种与一般数值计算方法有本质区别的计算方法，属于实验数学的一个分支。蒙特卡罗方法源于美国在第二次世界大战中研制原子弹的"曼哈顿计划"中，数学家冯·诺依曼（Von Neumann）所主持的一项秘密工作。其最早的提出，可追溯到19 世纪后半叶的蒲丰（C. Buffon）投针实验，两者在方法和思想上有着高度的相似之处。

蒙特卡罗方法的基本思想是：当实验次数充分多时，某一事件出现的频率近似等于该事件发生的概率。即：当 N 充分大时，有

$$\frac{n}{N} \approx p \tag{2-1}$$

式中，p 为某一事件发生的概率；N 为实验次数；n 在 N 次实验中该事件出现的次数。

当所求解的问题是某种事件发生的概率或某一随机变量的数学期望，或者其他数字特征时，通过实验方法可以得到该事件发生的样本频率或样本均值等；当实验次数足够多时，通过统计推断，就可以获得样本参数代表总体参数的置信度或置信区间等。

对于具有随机性质的复杂系统，往往很难建立精确的数学模型，或者很难用解析方法求得模型的精确数值解，或者为了简化模型而需要作过多的假设，从而可能会影响模型对系统的代表性。这时，采用蒙特卡罗方法，通过对系统进行必要的实验来求得系统的近似解或者一定置信度下的解，不失为一种可行的途径。因此，人们有时也称该方法为一种"绝处逢生"的方法。

蒙特卡罗方法已经在工程领域的研究中发挥了极其重要的作用，并正在日益广泛地应用于经济和金融等方面。由于蒙特卡罗方法的计算复杂性不再依赖于问题的维数（即变量的个数），因此能够很好地用来应对"维数的灾难"。并且，人们还提出了许多所谓的"方差缩减"技巧，来提高该方法的效率。

下面给出应用蒙特卡罗方法来计算单位圆形面积的一个例子，以此来说明蒙特卡罗方法的价值和意义。

【例 2-2】 单位圆形面积的计算。

求解圆形的面积，自古以来就是一个非常吸引人的问题。人们现在知道，只要有了圆半径参数 r，根据公式 $S_c = \pi r^2$ 就可以通过计算得出圆形的面积。显然，这里的圆周率 π 是计算圆形面积的关键。由于 π 的无理数性质，因此从本质上说，人们是无法得到圆形面

积的精确值的。

而如果应用蒙特卡罗方法，就可以巧妙地避开如何计算 π 的问题。例如，给定如图 2-3 所示的半径为 1 的单位圆形，并且选取圆心为坐标系的原点，利用蒙特卡罗方法求解圆形面积的基本思路可概括如下：

① 对要计算的圆形构造一个外接正方形。该正方形的面积可以很容易地得到，即：

$$S_S = (2r)^2 = 4$$

② 在该正方形区域中随机采样 N_S 个点，则显然有些点落在圆形内，有些点落在了圆形的外面。记某一个点的坐标为 (x, y)，则可以通过下面的不等式来判断该点是否落在圆形内：

$$x^2 + y^2 \leqslant 1$$

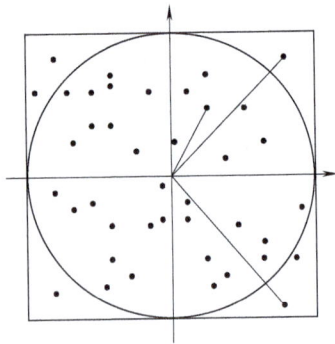

图 2-3　运用蒙特卡罗方法的随机采样来求解圆面积

注：资料来源于卫青和陈国青（2008）。

如果采样点的个数 N_S 非常大，能够密密麻麻地覆盖整个正方形区域，则就可以认为落在圆形里面的点的个数 N_C 与采样点的总数 N_S 的比值应该非常接近于圆形面积 S_C 与正方形面积 S_S 的比值。并且采样点的个数越多，这两个比值就越接近。由此可以得到近似的表达式：

$$S_C/S_S \approx N_C/N_S$$

③ 根据上式即可得到圆形面积的计算表达式：

$$S_C \approx S_S \times N_C/N_S$$

上述就是应用蒙特卡罗方法计算圆形面积的一般过程。对这一过程进行仿真实验，图 2-4 给出了当采样点的个数从 100 增加到 20000 时，所对应计算出的单位圆形面积的值。可以看到，虽然随着采样点个数 N_S 的增加，S_C 计算结果不断变化，但是很明显波动的幅度呈逐渐下降的趋势，并收敛于理论值 π 的附近。

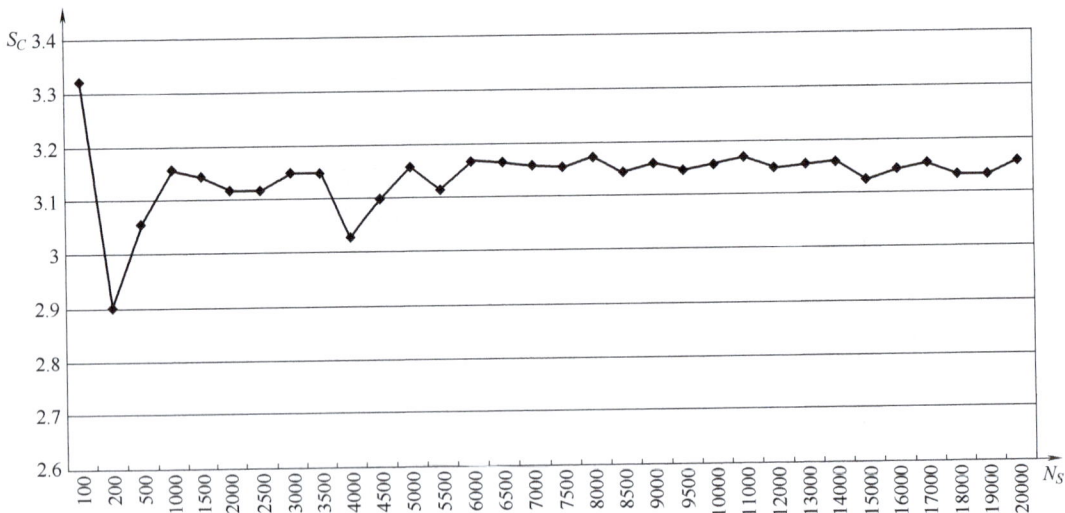

图 2-4　进行多次采样的蒙特卡罗方法计算单位圆面积的值

从上例的计算过程及结果中可以看出，蒙特卡罗方法的求解过程通常需要做大量的独立重复实验。这对于大型的复杂系统而言，不仅经济上是十分昂贵的，而且在时间上也往往是不可行的。但由于电子计算机的出现，使得人们可以模仿复杂随机系统的行为，在不作假设或作很少假设的情况下，按系统的运行过程，建立仿真模型，应用蒙特卡罗方法对仿真模型在计算机上进行大量独立、重复的实验，通过统计推断得到系统参数的解。因此，系统仿真，尤其是离散事件系统仿真，可以说是在蒙特卡罗方法支持下的实验思考的方法论，是继理论分析和实物实验之后，求解复杂系统的一种十分重要的途径。鉴于此，系统仿真可以看做是在计算机支持下对蒙特卡罗方法的应用和发展。

2.2.2　蒙特卡罗方法的应用

应用蒙特卡罗方法进行仿真分析的原理是：利用各种不同分布随机变量的抽样序列来仿真实际系统的概率模型，给出问题数值解的渐近统计估计值。其要点如下：

首先，对问题建立一个简单且便于实现的概率统计模型，使要求的解恰好是所建模型的概率分布或数学期望。

其次，根据概率统计模型的特点和实际计算的需要，对模型进行改进，以便减小仿真结果的方差，降低成本、提高效率。

再次，建立随机变量的抽样方法，其中包括产生伪随机数及各种分布随机变量抽样序列的方法。

最后，给出问题解的统计估计值及其方差或标准差。

具体来说，蒙特卡罗方法的应用或实施过程，主要包括如下三个步骤：

（1）构造或描述概率过程

对于本身就具有一定随机性质的问题，如某种产品订单的到达，主要是正确描述和模拟这个概率过程；而对于一些本来不具有随机性质的确定性问题，如例 2-2 中单位圆形面积的计算，就必须事先构造出一个人为的概率过程，使得它的某些参量正好是所求问题的解。也就是说，要将不具有随机性质的问题转化为具有随机性质的问题。

（2）以已知概率分布进行抽样

在构造了概率模型之后，由于各种概率模型都可以看做是由一些概率分布构成的，因此产生已知概率分布的随机数或随机变量就成为实现蒙特卡罗方法仿真实验的基本手段。这也正是蒙特卡罗方法被称为随机抽样方法的原因。有关随机数及随机变量的生成方法，将在本书第 4 章中详细介绍。

（3）建立各种估计量

一般来说，构造了概率模型并且能够从中进行抽样生成已知概率分布的随机数或随机变量后，即实现了仿真实验后，就需要确定出一个随机变量来作为所求问题的解。这类随机变量称为无偏估计量。建立各种估计量，也就相当于对仿真实验的结果进行考察和记录，并从中得到所求问题的解。

2.3 离散事件系统仿真的基本原理

2.3.1 随机离散事件

如前所述，事件是离散事件系统的一个重要概念。在离散事件发生的时间点上，可以启动或终止某一具体的活动，并使系统的状态发生瞬间的跃变，从而实现模拟真实系统行为的仿真运行。由于这些事件只在可数的离散时间点上发生，具有离散性和随机性的特征，因此又称为随机离散事件。

【例 2-3】 继续例 2-1 的讨论。现考虑在原有的加工中心系统内再增加一台不同型号的钻床设备，构成一个典型的并行随机服务系统，如图 2-5 所示。

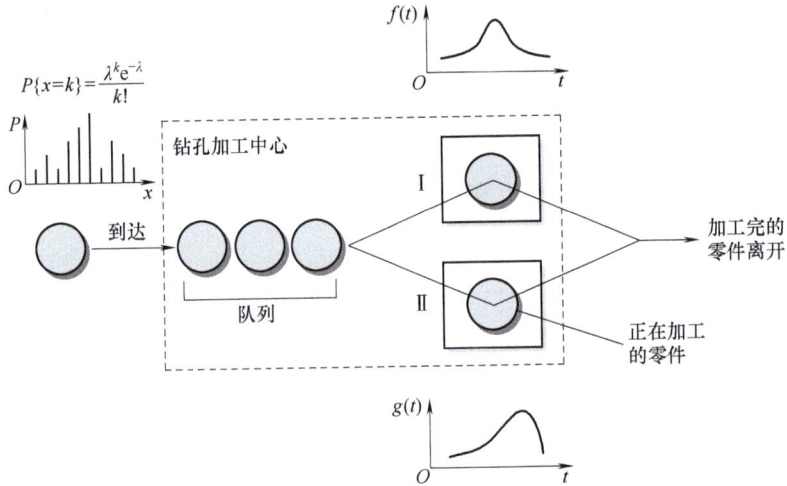

图 2-5 并行加工中心系统

在该系统中，零件毛坯按某一特定概率分布（如泊松分布）的间隔时间到达加工中心，若两台钻床设备均处于"空闲"状态，则任选一台来加工零件；如果某一台设备已有零件正在加工，则安排到达的零件到另一台设备上进行加工；如果两台设备都处于"忙碌"状态，则将刚到的零件排入队列等待。两台设备由于工作效率不同，加工时间分别为不同概率分布的随机变量。

当零件到达时，若有钻床设备处于"空闲"状态，则占用该设备，使该设备的状态变量由"空闲"状态变为"忙碌"状态。如果两台设备均处于"忙碌"状态，则将零件排入队列，使得描述系统状态的变量——队长增加 1。而当 1 个零件加工完毕时，则离开系统，相应的设备由"忙碌"状态变为"空闲"状态，如果这时有零件正在排队等待加工，则该设备又由"空闲"状态转为"忙碌"状态，并且队长变量减小 1。

本例中能够引起系统状态发生变化的随机离散事件主要包括：零件毛坯的到达（E_A）、零件在设备 I 上加工完毕后离开（E_{W1}）和零件在设备 II 上加工完毕后离开

（E_{W2}）。表 2-1 列出了该并行加工中心系统中的离散事件以及系统状态的变化情况。

表 2-1　并行加工中心系统的离散事件和系统状态

事件发生时刻	离散事件	系统状态		
		队长（QL）	设备Ⅰ的状态（E_{W1}）	设备Ⅱ的状态（E_{W2}）
0	—	0	0	0
t_1	E_{A1}	0	1	0
t_2	E_{A2}	0	1	1
t_3	E_{W11}	0	0	1
t_4	E_{A3}	0	1	1
t_5	E_{W21}	0	1	0
t_6	E_{A4}	0	1	1
t_7	E_{A5}	1	1	1
t_8	E_{A6}	2	1	1
t_9	E_{W12}	1	1	1
t_{10}	E_{A7}	2	1	1
t_{11}	E_{W22}	1	1	1

由表 2-1 可见，随机发生的离散事件是导致系统状态发生变化的原因。离散事件系统仿真，就是通过对这些随机离散事件按发生时刻的先后进行排序，并根据不同事件发生时对系统状态变化的影响来模拟实际系统运行特性的。随机离散事件是离散事件系统仿真中最基本的要素之一，在离散事件系统仿真中有着特别重要的地位和作用。

2.3.2　仿真时钟的推进方式

仿真时钟表示了仿真运行的系统时间，是离散事件系统仿真中的基本组成部分之一。在离散事件系统仿真中，有两种基本的仿真时钟推进方式。

（1）面向事件的仿真时钟推进方式

在这种时钟推进方式下，仿真时钟是按照下一个离散事件预计要发生的时刻，以不同的时间间隔向前推进的。即仿真时钟每次都跳跃性地推进到下一事件发生的时刻。为了实现这一方式，就必须对各离散事件按发生时间的先后次序进行排列。仿真时钟则按照这些离散事件顺序发生的时刻向前推进。每当某一事件发生时，系统开始处理相应的"活动"，并计算出由该事件触发产生的下一个"未来事件"的发生时刻，经过特定的活动处理时间后，仿真时钟就推进到下一事件发生的时刻上。这一过程不断地重复，直到仿真运行满足规定的终止条件时为止。

（2）面向时间间隔的仿真时钟推进方式

在这种时钟推进方式下，仿真时钟按照某一足够小的时间间隔等距地向前推进，使得在每个时间间隔中基本上不会同时出现两个或两个以上的离散事件。每次仿真时钟向前推进时，都需要对所有活动的完成时刻进行扫描，以检查在此时间间隔中有无离散事件的发生。若在该段时间间隔内有事件发生，则记录这一时间区间，从而更新由这一事件的发生所引起的系统状态变量的变化。

这种时钟推进方式，要求在每次时钟推进中，都必须扫描所有正在执行的活动，因此它主要应用于系统事件的发生时间具有较强周期性的仿真模型中，如定期订货的库存系统和以年或月为单位的经济计划系统等。

下面结合例2-3中的并行加工中心系统（见图2-5），来说明两种仿真时钟推进方式的特点。

假设零件毛坯按泊松流到达，其到达间隔时间为A_1，A_2，A_3，…，相应的到达事件为E_{A1}，E_{A2}，E_{A3}，…。每个零件在设备Ⅰ和设备Ⅱ上的加工时间分别为S_{W11}，S_{W12}，S_{W13}，…和S_{W21}，S_{W22}，S_{W23}，…，相应的加工完后离开系统的事件为E_{W11}，E_{W12}，E_{W13}，…和E_{W21}，E_{W22}，E_{W23}，…。其中，A_i和S_{W1i}、S_{W2i}（$i=1$，2，3，…）是在仿真过程中，分别按照它们各自的概率分布而产生的随机时间，因此各项事件发生的时刻均有随机性。图2-6给出了在面向事件和面向时间间隔的两种仿真时钟推进方式下，该并行加工中心系统中随机离散事件和各项活动的实现过程。

对于面向事件的仿真时钟推进方式，令TNOW为仿真时间的当前值，W_i为第i个零件的排队等待时间。仿真开始时，令TNOW=0，系统中的两台钻床设备均处于"空闲"状态，第一个零件的到达间隔时间由仿真系统按照到达过程的概率分布随机地产生，如果事件E_{A1}的发生时刻为t_{A1}，则仿真时钟被推进到TNOW=TNOW+t_{A1}=t_{A1}（因这时TNOW=0）。

当第一个零件到达事件E_{A1}发生时，将触发第二个零件的到达事件E_{A2}和第一个零件加工完毕离开事件E_{W11}。如果第二个零件的到达间隔时间为A_2，则事件E_{A2}的发生时刻t_{A2}=TNOW+A_2。如果第一个零件到达后按优先规则选择设备Ⅰ进行加工，则$W_1=0$，设备Ⅰ也即由"空闲"转为"忙碌"状态。第一个零件的加工时间S_{W11}可按照设备Ⅰ加工时间的概率分布随机地产生，所以可计算出第一个零件加工完后离开的事件E_{W11}的发生时刻为t_{W11}=TNOW+S_{W11}。由以上分析可知，第一个零件的到达事件可以引起两个新的未来事件E_{A2}和E_{W11}。在这种情况下，仿真时钟将推进到下一个紧接发生的事件时刻上去，即

$$TNOW = \min\{t_{A2}, t_{W11}\} = t_{A2} \tag{2-2}$$

即事件E_{A2}先发生。

类似地，第二个零件的到达事件E_{A2}的发生将引起第三个零件的到达事件E_{A3}和第二个零件加工完后离开的事件E_{W21}，这时，t_{A3}=TNOW+A_3。由于此时设备Ⅱ处于"空闲"状态而设备Ⅰ正在被零件占用，因此第二个零件又直接进入设备Ⅱ进行加工，$W_2=0$，设备Ⅱ的状态由"空闲"状态变为"忙碌"状态。第二个零件离开系统的时间t_{W21}=TNOW+S_{W21}。随后，仿真时钟将推进到下一个紧接事件的时刻上去，即

$$TNOW = \min\{t_{A3}, t_{W11}, t_{W21}\} = t_{W11} \tag{2-3}$$

即下一个发生的离散事件将是E_{W11}。由此还将触发新的离散事件。

依照上述步骤不断地更新仿真时钟的当前值，就可以使仿真时钟按照系统中随机离散事件发生时刻的先后次序跳跃式地向前推进，从而构成离散系统仿真中面向事件的仿真时

a) 面向事件的仿真时钟推进

b) 面向时间间隔的仿真时钟推进

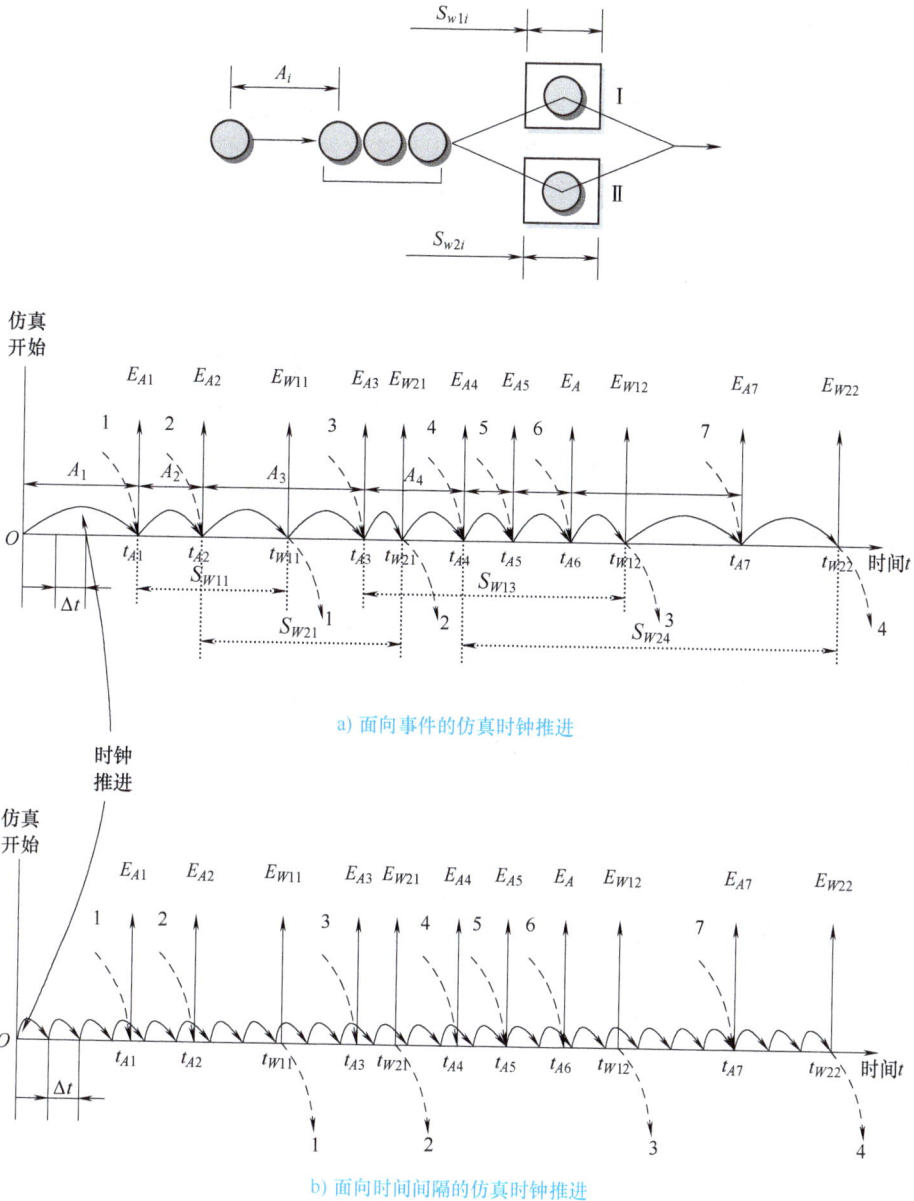

图 2-6　并行加工中心系统的离散事件和仿真时钟推进方式

注：资料来源于冯允成、邹志红和周泓（1998）。

钟推进方式，如图 2-6a 所示。

对于面向时间间隔的仿真时钟推进方式，仿真开始时，令 TNOW = 0。首先按零件到达过程随机地产生第一个零件的到达时间 t_{A1}，表明离散事件 E_{A1} 将在 t_{A1} 时刻发生。与此同时，仿真时钟按预先设定的固定步长 Δt 向前推进，每推进一个 Δt 的时间间隔，仿真系统将扫描所有正在执行的活动，在本例中当前只有一个活动正在执行中，即第一个零件的到达活动。如果在某一 Δt 的时间间隔中并无任何事件发生，则系统立即再次推进 Δt。如果

在第 n 个 Δt 时间间隔内事件 E_{A1} 发生，则令 TNOW $= n\Delta t = t_{A1}$。与面向事件的仿真时钟推进方式相似，由事件 E_{A1} 将触发引起第二个零件到达事件 E_{A2} 和第一个零件加工完后离开事件 E_{W1} 这两个新的事件。而仿真时钟则继续按步长 Δt 向前推进，并不断扫描正在执行的各项活动。当有事件发生时，就将 TNOW 推进到与该事件相应的时刻上。这一过程持续进行，同样可以实现对离散事件系统的仿真，见图 2-6b。

一般来说，面向事件的仿真时钟推进方式多用于离散事件系统仿真，而面向时间间隔的仿真时钟推进方式既可用于离散事件系统仿真，也可用于连续系统仿真。它们之间的主要区别在于：

在离散事件系统仿真中，面向事件的仿真时钟总是按离散事件发生的时间顺序跳跃式地向前推进，具有比较高的效率，但是在可视化仿真的图形动态显示中往往显得平稳性较差。而面向时间间隔的仿真时钟每向前推进一步，均需要对事件表进行检查以确定是否有事件发生，因此增加了执行的时间；并且面向时间间隔的仿真时钟要求必须按某一很小的固定步长和逐项扫描正在执行的活动过程推进，因此效率比较低。但是其优点是在图形动态显示中具有较好的平稳性。另外，在连续系统仿真和离散—连续混合型系统的仿真中，通常必须采用面向时间间隔的仿真时钟推进方式。随着系统仿真软件逐步向多功能集成化方向发展，这两种仿真时钟推进方式将长期共存。

最后，需要指出的是：在实际的仿真运行中，仿真时钟的推进通常都是由仿真软件中相应的时钟推进子程序来自动执行的，并不需要用户做具体的程序设计工作。

2.3.3　未来事件表

离散事件系统仿真的核心是随机离散事件的发生和由此引起的对应活动的执行。随着仿真时钟的向前推进，某一随机事件的出现，必然将引发新的未来事件，并使系统的状态发生相应的变化，从而使仿真进程得以持续。为了在仿真执行过程中跟踪未来（仿真）时间假定发生的各种事件，常常需要把发生时间大于仿真时钟当前时刻的所有事件放在一个时序列表中。这种由发生时间大于当前时刻的随机离散事件所构成的时序列表，即被称为未来事件表（Future Event Calendar）。在未来事件表中，各个事件按它们所发生的时间顺序由先向后排列，最早发生的事件排在最前面。

未来事件表是离散事件系统仿真的基本组成部分之一。未来事件表中包含了由已发生事件所触发的所有未来事件以及它们的发生时刻。当仿真时钟推进到下一个紧接事件的发生时刻时，该事件就会发生，同时也意味着一项或多项相关活动的开始。因此，可以说未来事件表既是仿真时钟推进的依据，同时也是保证系统中的未来事件严格按照时间顺序正确排列的工具。

在仿真执行的过程中，当 $t =$ TNOW 时，系统中应包括以下内容：

① 被仿真系统在 t 时所处的状态。

② 系统在 t 时正在执行的活动。

③ 由 t 时刻发生事件所产生的新的未来事件以及由它们构成的未来事件表。

④ 系统统计数据的当前值和累计数等。

接下来，通过一个具体的例子来介绍未来事件产生的逻辑关系。

【例2-4】 在例2-1所示的简单加工系统中，假定零件毛坯的到达过程服从泊松分布，钻床设备的加工时间为服从某一负指数分布的随机变量，零件在系统中的排队规则为先到先服务（FCFS），排队队列的长度不限。此即一个典型的 $M/M/1$ 排队系统，如图2-7所示。

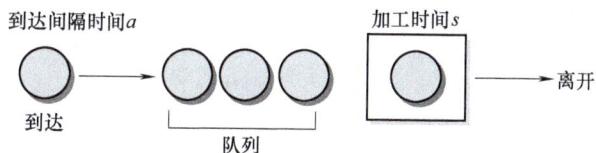

图2-7 典型的 $M/M/1$ 排队系统

在该简单加工系统中，仅有两类随机离散事件，即零件到达事件（设 $I=1$）和零件加工完后离开事件（$I=2$）。分别用 E_A 和 E_D 表示第 j 个零件的到达事件和加工完后离开事件。

当有1个零件到达系统，即事件 E_A 发生时，将触发下一个零件的到达事件，并由随机数发生器（有关随机数发生器的内容，详见本书第4章）抽样产生服从负指数分布的到达间隔时间 a。

当钻床设备完成某一零件的加工作业，即事件 E_D 发生时，则正在排队的下一零件将进入设备开始加工，随机数发生器将按某一特定的负指数分布抽样产生该零件的加工时间 s，从而由事件 E_D 触发下一个零件加工完后的离开事件。

但是需要说明的是，上述由当前事件触发产生新未来事件的逻辑，还与该系统当时所处的状态有关。

在不同的系统状态下，新未来事件产生的逻辑关系如表2-2所示。

表2-2 未来事件产生的逻辑关系

当前事件	系统状态	触发产生的新未来事件	随机数抽样组	未来事件时间	图 例
在 TNOW 时刻发生一个到达事件	闲	FEL（1）[①] FEL（2）	a s	TNOW + a TNOW + s	
	忙	FEL（1）	a	TNOW + a	
在 TNOW 时刻发生一个加工完后离开事件	$Q \geqslant 1$[②]	FEL（2）	s	TNOW + s	
	$Q = 0$	无	—	∞	

① FEL（1）、FEL（2）分别表示第Ⅰ类和第Ⅱ类事件。
② Q 表示队列长度。

对于给定时刻 t，当 TNOW $= t$ 时，设系统中共有 m 个未来事件，分别用 (E_A, t_1)，(E_A, t_2)，(E_A, t_3)，$\cdots$，(E_A, t_m) 表示，且有 TNOW $= t < t_1 < t_2 < \cdots < t_m$。则时刻 t 时的未来事件表如表 2-3 所示。

表 2-3　时刻 t 时的未来事件表

TNOW	未来事件
t	(E_{A2}, t_1) "零件 2 在 t_1 时刻到达" 事件
	(E_{A3}, t_2) "零件 3 在 t_2 时刻到达" 事件
	(E_{D1}, t_3) "零件 1 在 t_3 时刻加工完后离开系统" 事件
	$\cdots\cdots$
	(E_{A8}, t_m) "零件 8 在 t_m 时到达" 事件

在表 2-3 中，事件 (E_{A2}, t_1) 将是下一个紧接事件，当仿真时钟由时刻 t 推进到时刻 t_1 时（即 TNOW $= t_1$），则紧接事件 (E_{A2}, t_1) 将从未来事件表中被消除，并由它触发产生一个或多个新的未来事件，这些新的未来事件都属于一定的类别并且附有一个未来的发生时刻。这些事件将按照发生的先后顺序依次排入到未来事件表中适当的位置。于是，便在时刻 t 的未来事件表的基础上产生了时刻 t_1 的未来事件表。

假设由事件 (E_{A2}, t_1) 触发产生的新的未来事件为 (E_A, t^*) 和 (E_D, t^{**})，并且有 $t_2 < t^* < t_3$，和 $t^{**} > t_m$，则可以得到新的未来事件表，如表 2-4 所示。

表 2-4　时刻 t_1 时的未来事件表

TNOW	未来事件
t_1	(E_{A3}, t_2) "零件 3 在 t_2 时刻到达" 事件
	(E_{A4}, t^*) "零件 4 在 t^* 时刻到达" 事件
	(E_{D1}, t_3) "零件 1 在 t_3 时加工完后离开系统" 事件
	$\cdots\cdots$
	(E_{A8}, t_m) "零件 8 在 t_m 时到达" 事件
	(E_{D6}, t^{**}) "零件 6 在 t^{**} 时加工完后离开系统" 事件

由上述分析可见，未来事件表的长度和内容都是随着仿真过程的推进而不断变化的。它不仅是仿真时钟向前推进的依据，同时也是控制仿真运行的依据。

在仿真运行过程中，未来事件表的驱动机制如图 2-8 所示。

【例 2-5】　在图 2-1 给出的简单加工系统中，假定系统在第 0min 时开始运行，开始时系统中没有零件，而且钻床设备是处于"空闲"状态的。零件的到达时间、到达间隔时间和加工时间如表 2-5 所示。

下面考察仿真运行从第 0min 开始至第 10min 的情况。在本例中，共涉及三种类型的事件，即零件的到达、零件加工完后离开和仿真的结束。各事件处理的内容如下：

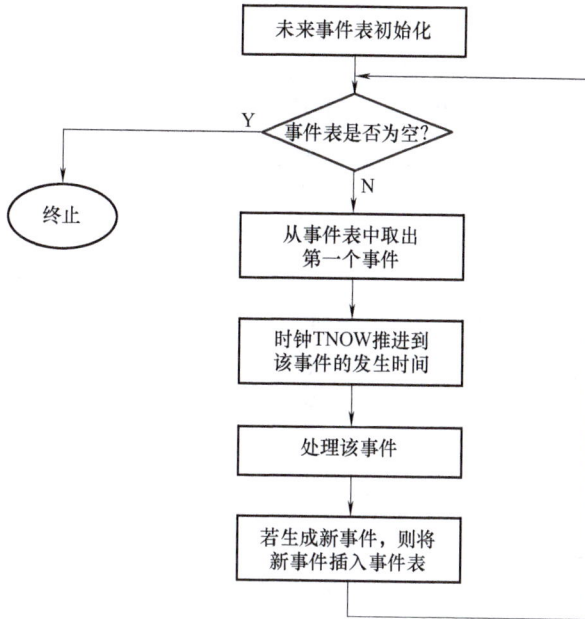

图 2-8　未来事件表的驱动机制

表 2-5　零件的到达时间、到达间隔时间和加工时间　（单位：min）

零件编号	到达时间	到达间隔时间	加工时间
1	0.00	1.73	2.90
2	1.73	1.35	1.76
3	3.08	0.71	3.39
4	3.79	0.62	4.52
5	4.41	14.28	4.46
6	18.69	0.70	4.36
7	19.39	15.52	2.07
8	34.91	3.15	3.36
9	38.06	1.76	2.37
10	39.82	1.00	5.38
11	40.82	⋮	⋮
⋮	⋮		

（1）到达事件：新零件进入系统

① 安排下一个零件适时到达，将其到达事件插入未来事件表中。

② 更新随时间离散变化的各统计量（从上一事件发生到现在）。

③ 将零件的到达时间（即仿真时钟当前值）保存在一个属性中，用以在后面计算该

零件的系统逗留时间和排队时间。

④ 若设备"空闲"，则到达零件立即开始加工（其排队时间为零），设备状态置为"忙碌"，并安排该零件的离开事件，统计该零件的排队时间；否则，若设备正在加工其他零件，则将到达零件放入队列的末尾，队长变量加 1。

（2）离开事件：零件在设备上加工完后离开

① "已完成加工零件数"统计计数器加 1。

② 计算该离开零件的逗留时间，即用仿真时钟当前值减去该零件的到达时间。

③ 更新随时间离散变化的各统计累加器。

④ 若队列不空，则从中取出排在最前的一个零件开始加工，并计算该零件在队列中的等待时间，然后安排其离开事件；否则，若队列为空，则将设备状态置为"空闲"。

（3）终止事件：仿真过程结束

① 更新随时间离散变化的各统计量。

② 计算各输出性能指标的最终值，并汇总成总结报告。

该简单加工系统的仿真运行过程及结果如表 2-6、图 2-9 和图 2-10 所示。

表 2-6　简单加工系统仿真运行过程　　　　（单位：min）

零　件　号	事 件 类 型	发 生 时 间
（a）初始化：TNOW = 0.00		
1	A	0.00
—	E	10.00
（b）TNOW = 0.00，零件 1 到达		
2	A	1.73
1	D	2.90
—	E	10.00
（c）TNOW = 1.73，零件 2 到达		
1	D	2.90
3	A	3.08
—	E	10.00
（d）TNOW = 2.90，零件 1 离开		
3	A	3.08
2	D	4.66
—	E	10.00
（e）TNOW = 3.08，零件 3 到达		
4	A	3.79
2	D	4.66
—	E	10.00

（续）

零 件 号	事 件 类 型	发 生 时 间
（f）TNOW=3.79，零件4到达		
5	A	4.41
2	D	4.66
—	E	10.00
（g）TNOW=4.41，零件5到达		
2	D	4.66
—	E	10.00
6	A	18.69
（h）TNOW=4.66，零件2离开		
3	D	8.05
—	E	10.00
6	A	18.69
（i）TNOW=8.05，零件3离开		
—	E	10.00
4	D	12.57
6	A	18.69
（j）TNOW=10.00，仿真结束		
4	D	12.57
6	A	18.69

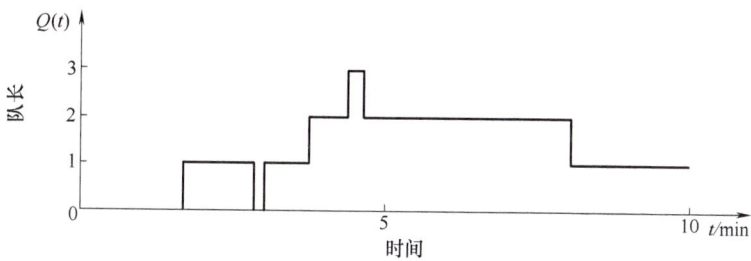

图2-9 简单加工系统仿真中队长变量随时间变化曲线

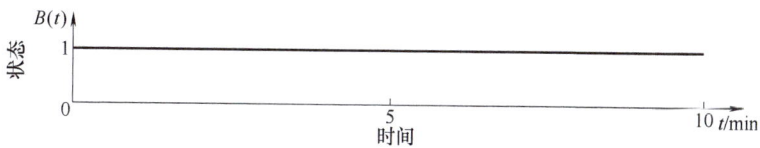

图2-10 简单加工系统仿真中设备状态随时间变化曲线

2.3.4 仿真运行的终止

例2-5已经提到了仿真运行的终止事件。通常，终止仿真运行的主要方法有以下两种：

1. 规定仿真运行时间长度 T_E

当仿真时钟推进到时刻 T_E（即 $TNOW \geq T_E$）时，则仿真运行终止。例如在机械加工生产线仿真时，若要了解一个工作班的生产情况，可规定 $T_E = 480min$（即8h）；而在作长期经济预测时，则可规定 T_E 为5年或10年等。

2. 规定某个未来事件 E

在仿真运行中，如果系统发现规定的某个未来事件 E 已经发生，则立即终止仿真运行。采用这种方法来控制仿真运行，与未来事件 E 相对应的时刻 T_E 将不是一个确定的常数，而是一个随机变量。例如，人们希望了解第100个零件加工完毕后，生产线的状态（如生产周期、各道工序上在制品的数量、设备负荷率等），则可以设置

$$E = \{第100个零件加工完毕\} \tag{2-4}$$

这时，仿真运行的时间长度 T_E 将取决于每道工序加工时间的随机抽样值，因此是无法事先确定的。

2.4 离散事件系统仿真的一般步骤

离散事件系统仿真的一般步骤如下：

1. 阐明问题与设定目标

不论是针对已有的系统还是待建系统，在建模与仿真开始之前都要求必须预先对所研究的对象有一个直观和明确的理解。只有对该系统具有了深入的了解、明确需要解决的问题以及应实现的目标，并且在这些问题上同决策者取得一致性的意见，才能为仿真建模与仿真运行提供可靠的前提与基础。

因此，在问题阐述阶段，需要首先对应用仿真方法是否能够得到所研究问题的答案和实现预期的目标等作出判断。在切实可行的情况下，通常还需要制定一种非仿真建模的方案，以便于对不同方法所得到的结果进行比较，验证仿真模型的正确性、有效性和经济性。

在确定了一致认可的目标之后，还需选择对这些目标进行描述的主要环节和状态变量，并对所研究问题的范围和边界进行明确的定义。此外，还要求给出仿真所需要的初始条件，并充分估计这些初始条件对系统主要性能的影响。

2. 仿真建模

仿真模型是对所研究的实际系统运行过程的一种抽象描述，并能反映实际系统的本质属性。仿真建模通常是面向问题和运行过程的一种建模方式，有着其自身所固有的一些特点。在离散事件系统仿真的建模过程中，主要应根据随机发生的一系列离散事件、代表实

际系统中所描述主要对象的实体流和仿真时间的推进方式等，按照系统实际运行的进程来建立相应的模型。

然而需要说明的是，仿真建模，尤其是对于离散事件系统的仿真建模来说，即便是针对同一实际系统的同一个问题，由于仿真建模人员知识背景和偏好不同，不同人员对问题描述的逻辑、繁简程度以及模型结构等都有可能存在差异，最后所得到的模型往往不是唯一的。但是，这些各不相同的模型，它们的运行结果却又可能比较相近，均能够满足仿真目标的基本要求。因此，仿真建模在一定程度上可以被认为是一种"艺术"，而并不是单纯的技术。从本质上来说，仿真过程仍是一种科学的实验过程。为了保证仿真建模的正确性和有效性，仿真模型必须能够经受得起理论和实践的检验。这就是仿真模型的校验和验证问题。

3. 数据采集

在建立仿真模型之后，还需要输入正确的数据，才能够调动模型内部的逻辑关系和属性关系，进行相应的运算和统计计算，并得到准确的仿真输出结果。缺乏正确的输入数据，只能使仿真误导决策。

随着系统随机性与复杂性的增强，数据采集工作在建模与仿真过程中所占的份额也越来越大。从确定仿真目标开始就应该进行数据采集的工作，并使其贯穿于整个系统建模与仿真的全过程。为了将所采集到的数据输入仿真模型，实施仿真运行，通常需要对输入数据进行必要的分布拟合、参数估计以及假设检验等步骤，并确定随机变量的概率密度函数或经验分布函数。除此之外，往往还要求必须采集与仿真初始条件及系统内部变量有关的一些数据。这些数据往往是某种概率分布的随机变量的抽样结果，因此需要大量系统运行的历史数据，或对类似现实系统进行大量实验才能够获得。

4. 仿真模型的验证

在仿真建模过程中，所建立的仿真模型能否代表所研究的实际系统，是决定仿真成败的关键。按照特定的统一标准对仿真模型及其代表性进行衡量，这就是模型的验证。目前常用的是由内勒（T. H. Naylor）和芬格（J. M. Finger）于 1967 年提出的仿真模型验证"三步法"。本书将在后面的章节中对此作详细介绍。

这里需要指出的是，仿真模型的验证是一个不断反复的过程。并且其理论和方法在当前都尚未达到完善的程度，这仍是今后的重要研究课题之一。

5. 仿真程序的编制与校核

仿真模型只是所考察的实际系统的一种抽象和运行框架。要通过计算机进行必要的仿真实验，还必须将仿真模型转化成计算机能够识别和执行的程序代码。早期的仿真往往采用通用的程序语言编程，如 FORTRAN 语言、BASIC 语言和 ALGOL 语言等。由于仿真器本身的复杂性和用户对仿真输入/输出数据的苛刻要求，使用通用程序设计语言进行编程的工作量一般都非常巨大，只有少数的程序设计专家可以使用，而广大的管理人员、科技人员和决策人员被排除在外。

近年来，随着仿真技术的应用和发展，一大批适用于不同需要的仿真语言被开发出

27

来，如面向事件的 SIGMA、GASP 等仿真语言，面向过程的 GPSS/H、SIMSCRIPT/Ⅱ.5、SLAM/Ⅱ、SIMAN/Ⅴ等，面向对象的 SIMPLE＋＋、SIMULINK 等。这些仿真语言的问世，极大地方便了用户的编程工作。特别是随着许多以图形/图标输入方式建模和仿真程序自动生成技术为主流的仿真软件的推出，如 AutoMod、ProModel、Taylor/Ⅱ 和 Arena 等，这些软件都能够提供友好的图形用户界面，并能根据用户输入的图形流程自动生成无错误的仿真程序，从而可免去烦琐的程序编制和调试工作，为非仿真专业人员有效地应用仿真技术提供了方便。

然而，仿真程序的编制过程，完全依靠编程人员对仿真模型的理解，并将这种理解转变成相应的仿真程序。如果这个转变过程发生偏差或者错误，则所编制的仿真程序就不能代表仿真模型，因此也将使仿真结果失去意义。这就要求必须对仿真程序进行校核，即对仿真程序的逻辑和数学关系以及输入/输出响应与仿真模型的一致性进行测试和检验，以保证仿真程序的正确性和有效性。

6. 仿真模型的运行

在仿真模型已得到验证、仿真程序也经过校核之后，就可以正式运行仿真模型了。由于仿真模型中往往包含多种随机变量，每次仿真运行仅是对系统运行的一次抽样，因此需要用相同的初始条件和输入数据（包括输入随机变量）作多次独立的重复仿真运行，才能得到仿真输出的统计规律。这种独立的重复仿真运行应采用相互独立的随机数流，以便模拟一种独立的随机抽样过程。在这种情况下才能应用经典统计方法，由仿真输出结果对系统的总体性能作出正确的推断。

此外，在仿真运行中往往需要根据仿真的目的来确定主要的决策变量，从大量不同决策变量取值的组合中，找出一种满意的方案，作为决策的参考。由于这种变量组合的数目往往随变量数和变量取值范围的增大而呈现指数级的增长关系，为了用最少的仿真运行次数取得合适的仿真输出数据，在仿真运行之前还应作好仿真的实验设计，以便对决策变量的取值组合进行设计和安排，提高仿真运行的效率。

7. 仿真输出结果的统计分析

对仿真模型进行多次独立的重复运行后，可以得到一系列仿真输出响应和系统性能测度的均值、标准差、最大和最小数值、变异系数和观察数等。但是，这些参数也仅是对所研究系统所作仿真实验的一个样本，要估计系统的总体参数及其分布特征，还需要在仿真输出样本的基础上，进行必要的统计分析和统计推断。根据仿真输出数据的统计分析结果，对系统方案进行评价，并形成正式的仿真分析报告，以供上级领导部门进行决策时参考。

以上所述就是离散事件系统仿真过程中一般应当经历的主要步骤，它们的执行顺序和关系可用图 2-11 来表示。

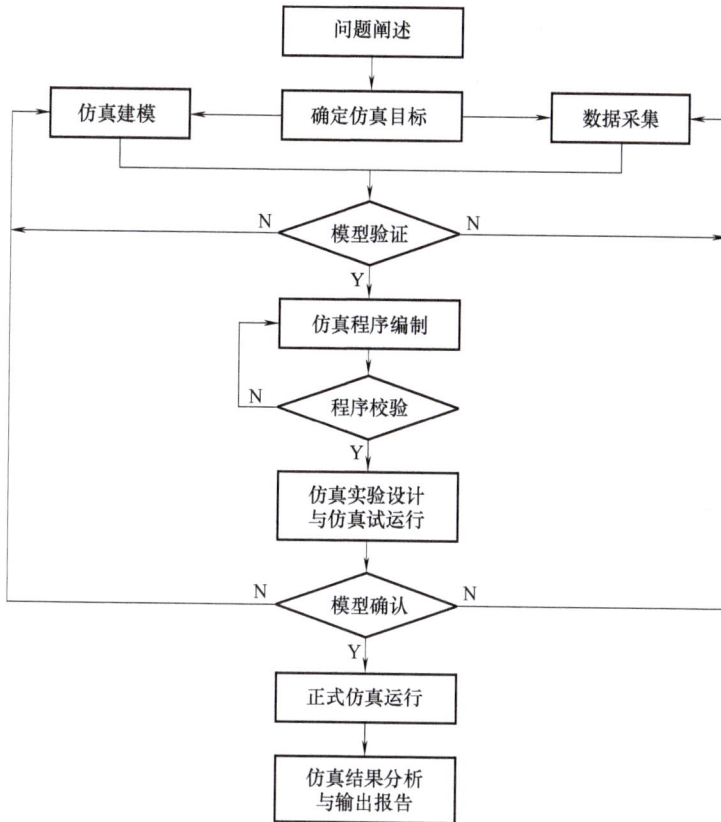

图 2-11　离散事件系统仿真的一般步骤

复习思考题

1. 离散事件系统仿真中常用的基本概念有哪些? 简述它们的含义, 并结合某一具体的生产线系统, 谈谈你对这些基本概念的理解和认识。

2. 通过因特网查阅有关蒲丰投针实验的文献资料, 理解蒙特卡罗方法的基本思想及其应用的一般步骤。

3. 试述随机离散事件的基本概念。

4. 现假定在例 2-1 的简单加工系统中, 零件毛坯到达系统并在钻床设备上完成加工后, 尚需要经过一台检验设备对加工质量进行检验后才能离开系统。则由该检验设备与钻床设备构成了一个串行随机服务系统, 如图 2-12 所示。试结合例 2-3 的分析, 说明该串行加工中心系统中的离散事件及系统状态的变化情况。

5. 离散事件系统仿真中常用的仿真时钟推进方式有哪两种? 并论述它们各自的主要特点和两者之间的区别。

6. 针对图 2-5 所示的并行加工中心系统和图 2-12 所示的串行加工中心系统, 分别分析它们未来事件产生的逻辑关系。

7. 试结合具体实例，理解仿真运行的终止条件。

8. 简述离散事件系统仿真的一般步骤。

$$P\{x=k\}=\frac{\lambda^k e^{-\lambda}}{k!}$$

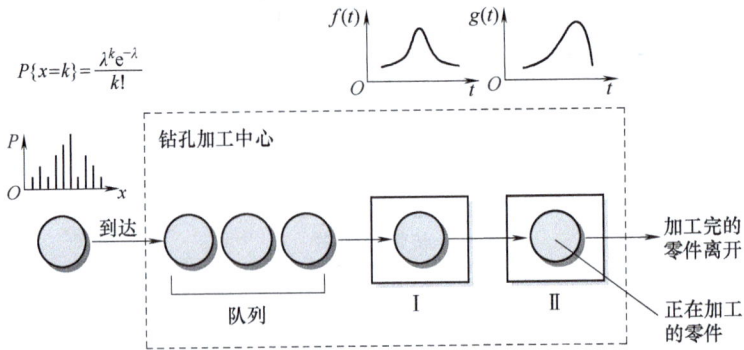

图 2-12　串行加工中心系统

第 3 章
生产系统建模方法

本书绪论已经介绍了模型的基本概念。模型是对实际系统的抽象和描述，系统模型的建立是仿真的前提和关键技术内容之一。如果模型不正确，仿真的结果也将会变得毫无意义。因此，系统模型的建立对于包括生产系统在内的离散事件系统仿真研究来说是十分重要的。本章将以生产系统为对象，对实体流图法、活动循环图法、面向对象的建模方法和统一建模语言（UML）以及 Petri 网等几类比较常用的离散事件系统建模方法逐一系统地介绍。

3.1 系统建模方法概述

经过第 2 章内容的学习，可以知道，离散事件系统的状态是随时间离散变化的，而且引发状态变化的离散事件又是随机发生的。人们发现，离散事件系统本身所具有的这些离散性和随机性特征，往往很难用数学的方法来对这类系统的模型进行精确的描述。离散事件系统建模中存在的困难，主要可概括为以下几个方面：

① 离散事件的发生时刻是离散的，不连续性是它的本质特征。

② 离散系统的性能指标往往具有一些离散的特征，如零件的加工时间等。

③ 系统中普遍存在着一些随机性的因素。

④ 复杂离散系统通常具有分层和递阶特征。为降低建模和分析的难度，常需要将系统分解为若干既相互独立又相互作用的子系统，在完成局部和低层次系统建模与分析的基础上，再构建整个系统模型，完成系统性能的分析。

⑤ 存在"状态爆炸"性和计算可行性问题。离散事件系统的状态随着系统规模呈指数方式增加，由此导致计算量急剧增加，带来模型求解上的困难。

当前，对离散事件系统模型进行研究的主要工具有：形式语言/有限状态机、极大极小代数、活动循环图法、Petri 网、Markov（马尔可夫）链、摄动分析法以及排队论和库存模型等。它们研究的重点和建模手段各有不同，适用于不同的研究对象和研究目标。但总的来说，尚没有形成一套统一的和具有普适性的建模理论与方法。本章中，以生产系统为对象，仅介绍其中的几种应用较为广泛的离散事件系统建模方法。

3.2 实体流图法

3.2.1 实体流图法的建模原理与过程

实体流图法，采用与计算机程序流程图相类似的图示符号和原理，来建立表示系统中临时实体的产生、流动、接受永久实体提供的服务以及消失等过程的流程图。借助实体流图，可以表示事件、状态变化及实体间相互作用的逻辑关系。

在实体流图中，常用的几种符号如图 3-1 所示。

由于计算机程序框图的思想和绘制方法已广为人们所接受，加上实体流图绘制

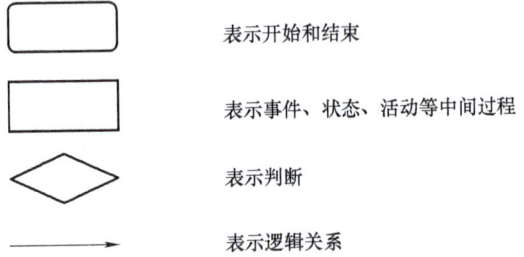

表示开始和结束

表示事件、状态、活动等中间过程

表示判断

表示逻辑关系

图 3-1　实体流图法常用的图示符号

方法简单和对系统描述较为全面等特点，实体流图法得到了普遍的应用。

下面，结合具体例子来说明实体流图的建模方法。

【例 3-1】　仍以第 2 章中图 2-1 所示的简单加工系统为例。建模的目的是在假定零件毛坯的到达间隔和加工时间服从一定的概率分布时，考察设备的利用率（忙闲）情况。

在该系统中，零件和钻床设备分别代表了临时实体和永久实体的基本行为特征。零件到达系统后，如果钻床设备上已有零件正在加工，则该零件进入队列等待。钻床设备按先来先服务（FIFO）的原则对每一个零件进行加工。它们的活动及状态之间存在如下的逻辑联系：

① 当某一零件到达时，如果设备处于"忙碌"状态，则零件进入队列等待；否则进入加工状态。

② 当设备完成对某一零件的加工时，如果队列处于非空状态，则立即开始下一个零件的加工活动，否则进入"空闲"状态。

零件到达或零件结束排队都可以导致设备加工活动的开始，而零件加工完后离开可以导致设备加工活动的结束，因此可以把它们看做是三类不同的事件。但由于零件结束排队是以设备状态是"空闲"为条件的，因此它是条件事件；而队列状态为非零时设备状态为"空闲"是由事件零件加工完后离开导致的，因此将零件结束排队事件并入零件加工完后离开事件，不予单独考虑。零件到达将使设备由"空闲"状态变为"忙碌"状态，或者使队列长度增加 1。零件加工完后离开将使设备由"忙碌"状态变为"空闲"状态。零件结束排队将使队列长度减少 1，并使设备由"空闲"状态变为"忙碌"状态。

根据上述分析，可以画出该简单加工系统的实体流图，如图 3-2 所示。这里，需要给出的模型属性变量主要有零件的到达时间和零件加工时间等，它们的值可分别按照各自所服从的概率分布函数抽样得到。

实体流图描述了系统中实体流动及其相互间的逻辑关系。但需要说明的是，它和计算机程序框图有所不同，与计算机编程的要求也有一定的距离。

3.2.2　实体流图模型的人工运行

在实体流图模型建立后，通常还需要选取有代表性的例子将流图全部运行一遍，这就是模型的人工运行。人工运行模型要求遍历流图的所有分支和实体的各种可能的状态，在

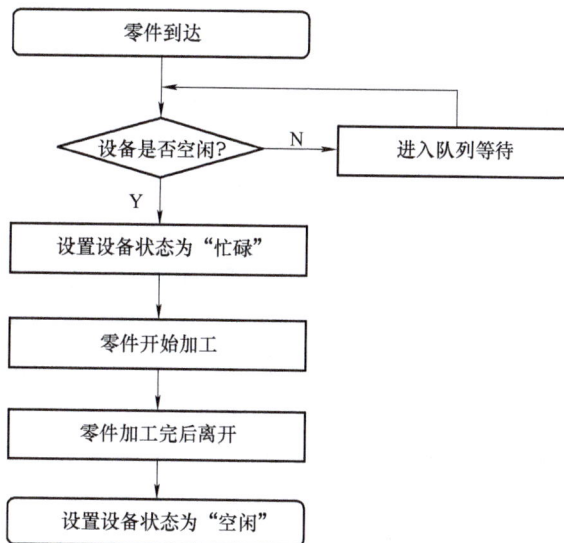

图 3-2　简单加工系统的实体流图

时间逐步变化的动态条件下，分析各类事件的发生和系统状态变化的过程，以便检查模型的构成和逻辑关系是否正确。

在对例 3-1 简单加工系统的实体流图模型进行人工运行时，需要给定系统的初始状态、相关参数及变量的取值（如零件到达间隔时间及加工时间等）以及相关事件的处理规则等。如果采用事件驱动的仿真策略（即面向事件的仿真时钟推进方式），该模型的人工运行过程与前述的例 2-4 和例 2-5 中未来事件表的推演过程十分类似，读者可参照自行完成，这里不再赘述。

3.3　活动循环图法

3.3.1　活动循环图法的建模原理与过程

活动循环图（Activity Cycle Diagram）法，简称 ACD 法，是用于表示系统内各要素（实体）间逻辑关系的一种方法。在活动循环图中，实体的状态被分成了静止状态和激活状态两类，并分别用不同的符号来表示，如图 3-3 所示。状态之间用箭头线相连，不同的实体用不同的线型，以表示各种实体的状态变化历程。

实体的激活状态通常与系统的活动相对应。而相反地，静止状态则通常表示系统中无活动发生，是实体等待参与某一活动的状态，其持续时间取决于有关活动的发生时刻和忙期，因而无法事

图 3-3　活动循环图法的基本符号

前确定。每一类实体在其生命周期内都由一系列的状态组成。随着时间的推移和实体间的

33

相互作用，各个实体从一种状态变换到另一种状态，形成一个动态变化的过程。

在绘制活动循环图时，首先需要将系统中的实体按照某种行为特征加以分类。例如，根据实体在给定时间点的状态，可以将机床分为"加工"和"空闲"状态，将工人分为"工作"和"等待"状态等。或者也可以将系统中相同类型的实体进行分类，如将机床分为"钻床"、"铣床"、"车床"和"磨床"等，将工人分为"操作工"、"搬运工"和"维修工"等，以便于对系统特征进行更详细的描述。

当涉及对象比较复杂、包含的实体数目较多时，也可以根据研究的目的和需要，对所分析的系统建立不同层次的模型，并且还可以将高层次模型进一步分解为低层次的模型。

接下来，仍以例2-1的简单加工系统为例，来说明活动循环图法建模的一般过程和步骤。

【例3-2】 在例2-1的简单加工系统中，假设钻床设备是半自动化的，需要有操作工人来将待加工的零件毛坯安装好，然后设备就可以自动地完成零件的加工。加工完后，设备停止运转，直到工人将已加工完的零件取下，并安装新的待加工零件后，再开始下一个加工的循环。

对于半自动化钻床设备这类实体而言，存在"安装"和"加工"两种活动，存在"设备空闲"和"设备就绪"两种等待状态。建立该钻床设备的活动循环图，如图3-4所示。

同样，对于操作工人这类实体来说，如果假定某一操作工人只负责安装待加工的零件，则可建立该工人的活动循环图，如图3-5所示。

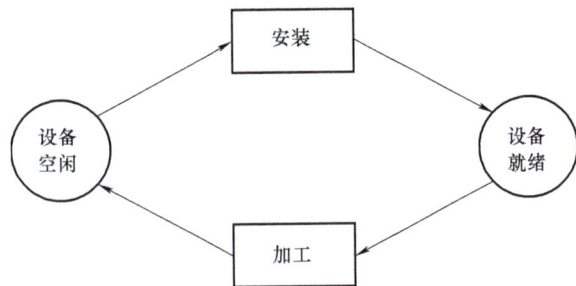

图3-4 钻床设备的活动循环图

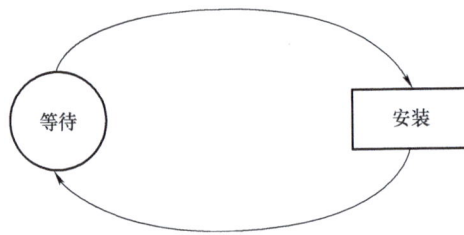

图3-5 操作工人的活动循环图

在完成系统中各类实体的活动分析和活动循环图的绘制后，就可以将它们综合起来，构成整个系统的活动循环图，如图3-6所示。在该图中，用"——▶"来表示设备的活动循环，用"┈┈▶"来表示工人的活动循环，D表示各活动的延迟时间。

如果一个活动要求必须包含有多个（或多类）实体的参加，则称之为合作活动，如上例中的"安装"。对于这类活动，只有当参与合作活动的所有实体都在该活动的前置队列存在时，即必须有操作工人在"等待"状态并且设备处于"空闲"状态，该活动才能开始。如果只满足其中一个条件，则另一个实体将在队列中等待，由此可能造成设备和资源的闲置，导致系统的性能下降。

在活动循环图上，可以使用标志来代表实体，并用该标志在活动循环图中的位置来代

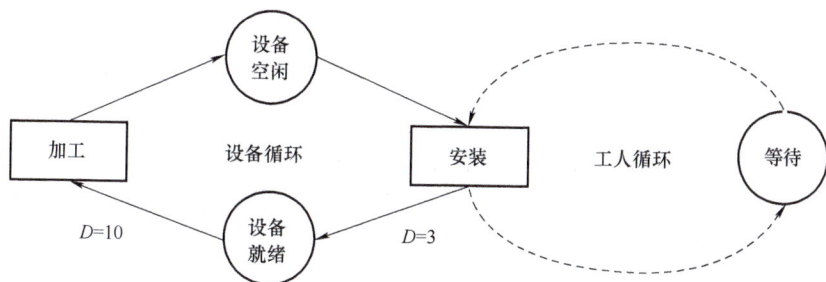

图 3-6 系统的活动循环图

表相应实体的状态。当一个活动开始时，相应实体的标志就从队列中移动到该活动中。活动完成后，则释放相关的实体，并使后续的活动有了开始的可能。

在建立活动循环图后，如果要进行仿真，还需要如下三类信息：

① 每个活动的持续时间（即周期值）。它可以是一个常数，也可以是一个随机变量，或者是它们的组合。

② 每个队列的排队规则。在活动循环图法中，排队规则可以采用先进先出（FIFO）或后进先出（LIFO）等方式。如果没有特别指明，则一般默认为是先进先出方式。

③ 系统仿真的初始条件。在确定仿真的初始条件时，应在活动循环图上恰当地给出每个实体的初始位置，以尽可能地使初始状态接近系统的稳态。

最后，需要说明的是，活动循环图法是按照实体类的行为模式建立的，它与实体类中的实体数量无关。只要系统的行为模式相同，即使它们的实体类型和活动周期不同，也可以用同一个活动循环图来描述。例如，例 3-2 的活动循环图也可以应用于设备数和操作工人数较多的大型制造系统。

3.3.2 活动循环图法与实体流图法的比较

活动循环图与 3.2 节中介绍的实体流图两种系统建模方法，它们各自的特点及其区别如下：

① 实体流图法是以临时实体在系统中的流动过程为主线建立的模型，在实体流图中，队列被作为一类特殊的实体来对待，各类临时和永久实体没有独立的符号表示；而活动循环图法则是基于各类临时和永久实体的行为模式，它们均有其单独的图示表达，队列则被看做是实体生命周期中的一种状态。

② 实体流图是一种树形流程图，而活动循环图则是由多个环套在一起组成的一种环形的循环图。

③ 在实体流图中，事件是其重要的组成部分；而在活动循环图中，事件则是隐含在活动之中的。

④ 在实体流图中，状态判断框有着十分重要的作用；而在活动循环图中，则是将需要判断的状态用"空闲"或"等待"等静止状态来表示，对实体是否处于该状态的判断则隐含在模型运行的规则中。

⑤ 从人工运行规则来看，实体流图的运行规则中只有一条是通用的（体现了事件驱动的仿真策略），其他各条规则均是从具体的实体流图中抽取，普适性较差；而活动循环图中则存在着与每个具体的活动循环图无关的、普适性很强的运行规则。

⑥ 实体流图可以对队列的排队规则和服务规则进行比较详细的描述；与实体流图相比较来说，活动循环图更易于用面向对象的技术来实现，软件上也更易于实现仿真程序的自动生成，而且可以更为方便、直观地对冲突和并发等现象进行表示。如果不考虑模型的运行问题，实体流图法具有比活动循环图法更为广泛的适用范围。

3.4 面向对象的建模方法与统一建模语言

3.4.1 面向对象的概念

面向对象的思想较早出现在程序语言设计中，并伴随着研究与应用的不断深入与发展，以其良好的机制和能力越来越受到人们的普遍重视。

按照面向对象的观点，客观世界是由许多各种各样的对象所组成的，每个对象都有它们自己的内部状态与运动规律，不同的对象之间通过相互作用和联系构成了各种不同类型的系统。显然，这与人们认识世界的自然思维方式是一致的。因此，可以说面向对象的方法不仅仅是一种程序设计技术，更是一种完全不同于传统功能设计的新的思维方式。其最大优点是能够帮助分析、设计人员和用户清楚地描述抽象的概念，相互之间能够更容易地进行信息交流。

与面向对象有关的几个基本术语，简要介绍如下：

（1）对象（Object）

在某种意义上讲，客观世界中的任何事物都可以被认为是一个对象。对象的表示可概括为属性、活动和关联关系三个主要的方面。在计算机中，通常用如下的三元组来表示：

$$对象::=（接口，数据，操作） \tag{3-1}$$

其中，接口用来描述对象与其他对象的关系；数据用来描述对象的属性；操作用来描述对象的行为（活动）。

（2）面向对象（Object- oriented）

对面向对象这一概念的理解，包含以下两个方面的内容：

① 面向对象是一种认识客观世界的世界观，根据这种世界观，可以把客观世界视为是由许多对象构成的，每个对象都有自己的内部状态和运动规律，它们相互联系、相互作用，构成了完整的客观世界。

② 面向对象是从结构组织的角度去模拟客观世界的一种方法，该方法着眼于对象这一构成客观世界的基本成分，将现实中的客观对象抽象为一组概念上的对象，再转换成相应的计算机对象。

从面向对象的观点来认识客观世界，用面向对象的方法来对客观世界进行模拟，这就构成了面向对象的完整含义。

（3）消息（Message）

消息是描述对象间相互作用的一种方式。在面向对象方法中，用对象间的通信（收发消息）来表示它们之间的相互作用。程序的执行就是由在对象间传递消息来完成的。当发送一个消息给某一对象时，该消息中就包含了要求接受对象去执行某些活动的信息，接到消息的对象将会对这些信息进行解释并予以响应。

（4）类（Class）

类是建立对象的模板，用来对一组具有相同数据结构和操作的对象进行描述。这些对象既有相同的属性和行为模式，同时也允许有它们自己一些单独的属性和行为模式。例如，对生产系统中一般运输工具（Vehicle）的描述，可能含有型号、载重量和运行速度等属性，则可以描述为一个 Vehicle 类。

（5）继承（Inheritance）

继承是自动共享类中数据和方法的一种机制，它使得可以利用现有的类来定义新的类。例如，自动导引车（AGV）是一种运输工具，那就可以利用继承的机制，通过修改 Vehicle 类的结构来创建 AGV 类（例如，可以通过添加对固定运输路线的描述等）。

（6）多态性（Polymorphism）

对象根据接收的消息执行相应的操作，但是当同样的消息为不同的对象所接收时，也有可能会导致完全不同的操作，这种特性称为多态性。应用多态性，用户就可以发送一个通用的消息给多个对象，而每个对象则根据自身的情况来决定是否响应和如何响应。

与多态性有密切联系的另一个概念是动态联编，即只有系统运行时才将对象接收到的消息和实现它的特定方法连接在一起。

3.4.2　面向对象分析与设计

1. 面向对象分析

将面向对象的思想应用于系统分析中，即形成了面向对象分析（Object-oriented Analysis，OOA）方法。面向对象分析是建立在对处理对象客观运行状态的信息造型（实体—关系图、语义数据模型）和面向对象程序设计语言的概念基础之上的。它从信息造型中汲取了属性、关系、结构以及对象作为问题域中某些事物的、实例的表示方法等概念；从面向对象程序设计语言中汲取了属性和方法的封装以及分类结构和继承性等概念，如图 3-7 所示。

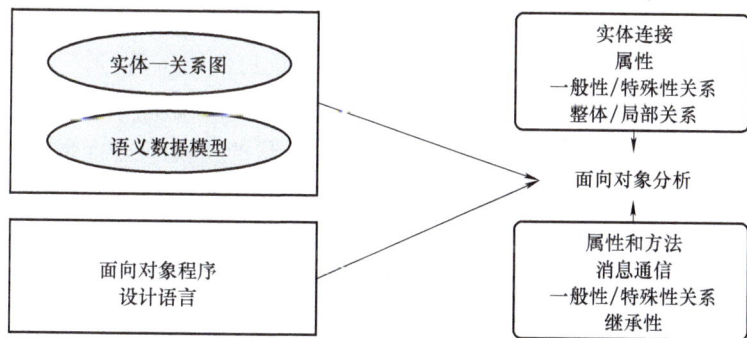

图 3-7　面向对象分析的基本结构

面向对象分析的一般内容和步骤如下：

（1）识别对象

辨别所研究的实际系统中包含的客观对象有哪些，并根据研究的目的将其抽象和表示出来。对一个复杂系统中的对象的识别，往往在很大程度上依赖于具体的研究问题的具体特征和分析人员的经验，并没有普遍适用的规则。

（2）识别结构

这里所说的结构，是指对象间的组织方式。它用来反映实际系统中诸多复杂事物之间的关系。常用的对象结构主要有两种：一是分类结构，大多用于描述事物类别之间的继承关系；二是部分—整体结构，大多用于描述事物的部分与整体之间的组合关系。

（3）识别主题

主题是关于模型的一种抽象机制，它给出了系统分析结果的概貌，以帮助理解对象和结构之间的关联关系。

（4）定义属性

属性是记录对象状态信息的数据元素，为描述对象及结构提供了更多的细节。

（5）定义方法

定义方法通常包括两部分内容，即首先定义每一种对象和分类结构应有的行为；其次，定义对象的实例之间必要的通信，也就是定义各实例之间的消息关联。

2. 面向对象设计

面向对象设计（Object-oriented Design，OOD），认为系统的设计过程就是将所要求解的问题分解为一些对象及对象间传递消息的过程。从面向对象分析到面向对象设计是一个逐渐扩充模型的过程。面向对象分析主要是对问题域和系统任务进行描述，通过分析得到对象及其相互间的关系；而面向对象设计则主要是增加系统实现所必需的各种组成成分，解决的是这些对象及其相互关系的实现问题。

设计阶段又可划分为概要设计和详细设计两大步骤。概要设计的主要任务是定义系统是如何工作的，因此，对诸如工作平台、计算能力和存储容量等可以不加限制；而详细设计则必须要考虑这些问题，并进一步细化概要设计的结果。

3.4.3 对象建模技术

对象建模技术（Object Modeling Technology，OMT）是由兰博（J. Rumbaugh）等人提出的。该方法包含了一整套面向对象的概念和独立于语言的图示符号，主要应用于对问题需求进行分析、问题求解方法的设计及其程序设计语言或数据库实现。OMT 方法从对象模型、动态模型和功能模型三个既不相同但又相互关联的角度来进行系统建模，如图3-8所示。这三种模型从各自不同的角度反映了系统的实质，全面地描述了系统的需求。

（1）对象模型

对象模型是对系统中对象结构的描述，表示了系统数据的静态的、结构化的性质，包括对象的唯一标志、与其他对象的关系和对象的属性等。对象模型可以用含有对象类的对象图来表示，它为动态模型和功能模型提供了实质性的框架。

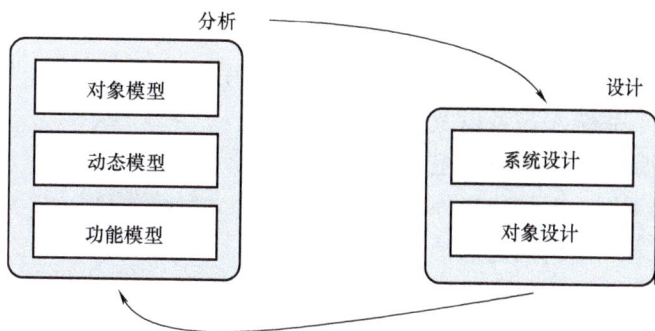

图 3-8　OMT 方法

（2）动态模型

动态模型是对与时间和操作次序有关的系统属性的描述，表示了系统控制的瞬时的、行为化的性质，包括触发事件、事件序列、事件状态、事件与状态的组织等。动态模型可以用状态图来表示，表达了一个类中所有对象的状态和事件的正确次序。

（3）功能模型

功能模型描述的是与值的变化有关的系统属性功能、映射、约束及功能依赖条件等。功能模型可以用数据流图来描述，表示了变化的系统的功能性质。

OMT 方法的主要特点可简单总结如下：

① 注重并擅长于分析，可很好地用于信息建模，但不适合行为建模。

② 具有丰富、生动的图示和表示法，但有时语义不太清晰。

③ 可贯穿于从分析到实现的整个过程，但缺乏清晰的步骤以降低设计耦合。

3.4.4　统一建模语言

在面向对象方法形成与发展的过程中，出现了多种建模语言，它们各有优缺点，相互差别较大，这在一定程度上妨碍了用户之间的交流。在这种背景下，统一建模语言（Unified Modeling Language，UML）应运而生。统一建模语言是由著名的面向对象技术专家布奇（G. Booch）、雅各布森（I. I. Jacobson）和兰博（J. Rumbaugh）发起，在 Booch 方法、面向对象软件工程方法（Object-oriented Software Engineering，OOSE）和对象建模技术等方法的基础上，集众家之长，经过反复修改而完成的。统一建模语言于 1997 年 11 月由对象管理组织（Object Management Group，OMG）批准正式成为一种标准化的建模语言。

统一建模语言是一种通用的可视化、规范定义、构造和文档化的建模语言。它基于用例驱动，提供了一系列的视图来对系统建模过程进行描述。

接下来，对统一建模语言中定义的五类视图分别作以简要的介绍。

1. 用例图

用例分析是基于统一建模语言的面向对象建模过程的一个显著的特点。在基于统一建模语言的建模过程中，用例处在一个核心的位置。它除了被用来准确获取用户需求以外，还将驱动包括系统分析、系统设计、系统实现、系统测试和系统配置等阶段在内的整个系统开发过程。

在统一建模语言中，一个用例模型通常由若干个用例图（Use Case Diagram）来描述。用例图描述了用例、系统参与者以及它们之间的关系。每个用例图由一组被系统边界包围的用例、系统边界外的参与者以及参与者和用例间的通信关系三部分组成。其中，①用例是指系统执行的一系列动作，而且动作执行的结果能够被指定的参与者察觉；②参与者是指用户在系统中扮演的角色；③通信关联则表示执行者触发用例，并和用例进行信息交互。

例如，图3-9所示为某生产车间任务管理的用例图描述。

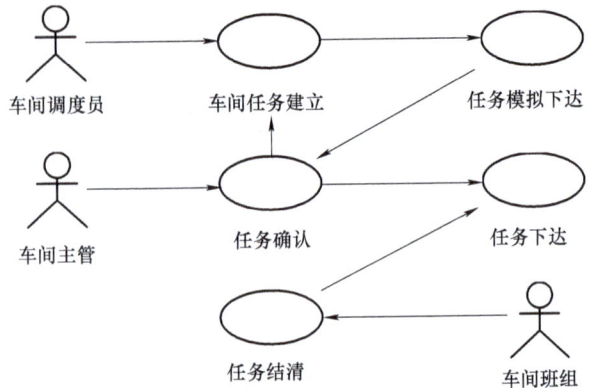

图3-9　某生产车间任务管理用例图描述

注：资料来源于许晓栋和李从心（2006）。

2. 静态图

静态图主要包括类图、对象图和包图。

（1）类图（Class Diagram）

类图用于描述系统中类、接口、协作及其之间的关系，主要有关联、聚合和泛化（继承）等，它揭示了系统的静态逻辑结构。例如，图3-10所示为某制造车间的类图描述。

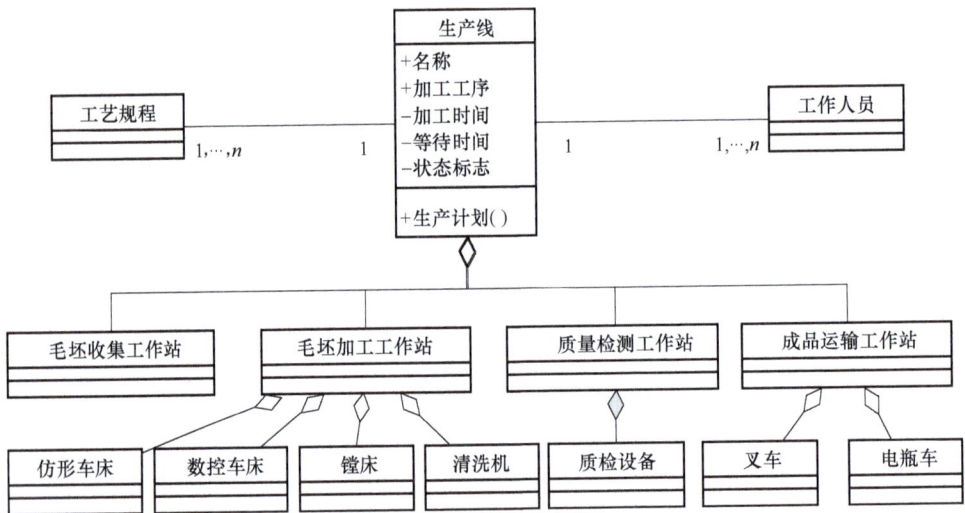

图3-10　某制造车间的类图描述

注：资料来源于朱华炳和吴文涛（2009）。

（2）对象图（Object Diagram）

对象图是类图的实例，它显示了在某一时间点上系统中的一组对象以及它们之间的关系。对象图多用于具体示例的设计，描述了系统的静态进程。可以把对象图看成是类图的一个实例：对象是类的实例，对象之间的关系是类关系的具体化。

（3）包图（Package Diagram）

包图由包和类组成，主要表示包与包、包与类之间的关系，用于描述系统的分层结构。

3. 行为图

行为图主要用来描述系统的动态模型和对象之间的交互关系，包括状态图和活动图。两者都是用来描述对象的动态行为的，它们之间的区别在于：状态图侧重于从行为的结果来描述，即一个个的状态；而活动图侧重于从变化的活动进行描述。

（1）状态图（State Diagram）

状态图主要用于描述一个特定对象的所有可能状态以及由于各种事件的发生而引起的状态之间的转移。例如，图 3-11 所示为某订单接受流程中"客户审查"的状态图描述。

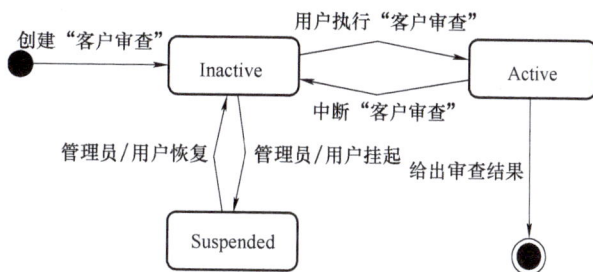

图 3-11 订单接受流程中"客户审查"的状态图描述

注：资料来源于谢子松、武友新和牛德雄等（2005）。

（2）活动图（Activity Diagram）

活动图描述满足用例要求所要进行的活动以及活动间的约束关系，常用于表示较为复杂的业务活动，以帮助确定出用例或用例之间及用例内部的交互作用。例如，图 3-12 所示为某产品制造过程的活动图描述。

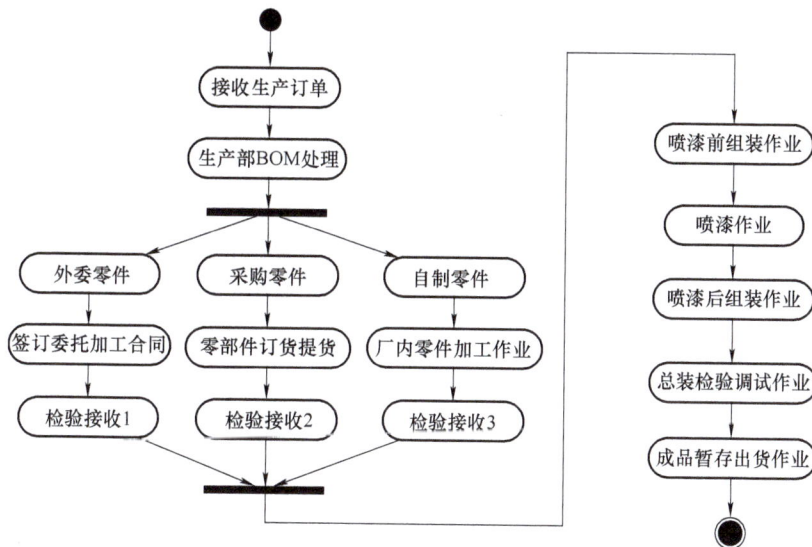

图 3-12 某产品制造过程的活动图描述

注：资料来源于许之伟、刘永贤和盛忠起（2006）。

4. 交互图

交互图主要用来描述对象之间的交互关系，包括顺序图和合作图。它们之间的不同之处在于：顺序图着重体现交互的时间顺序；而合作图则着重体现交互对象间的静态连接关系和消息的传递。

（1）顺序图（Sequence Diagram）

顺序图是用以描述参与者和对象之间以及对象和对象之间按照时间先后顺序交互动作的过程。其关键思想是：对象之间的交互是按照特定的顺序发生的，这些按照特定顺序发生的交互序列从开始到结束需要一定的时间。例如，图3-13所示为某产品生产过程的顺序图描述。

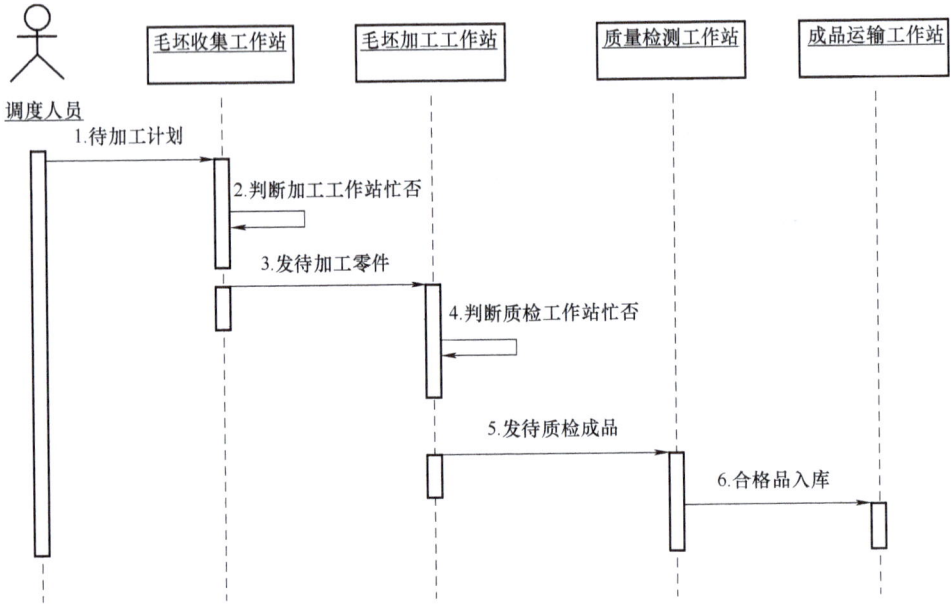

图3-13　某产品生产过程的顺序图描述
注：资料来源于朱华炳和吴文涛（2009）。

（2）合作图（Collaboration Diagram）

合作图也译成协作图，主要由对象和消息组成。它也用来描述对象间交互关系，展示对象之间的消息传递。例如，图3-14所示为某产品生产过程对应的合作图。

5. 实现图

实现图用以描述系统源代码的结构和运行时刻的实现结构，包括构件图和部署图等。

（1）构件图（Component Diagram）

构件图用来描述代码构件的物理结构以及各构件之间的依赖关系。构件图中常用的符号如图3-15所示。

（2）部署图（Deployment Diagram）

部署图用来描述如何将某一软件系统部署到相应的硬件环境中。它的用途是显示该系统不同的组件将在何处物理地运行，以及它们将如何彼此通信。部署图中常用的符号如图3-16所示。

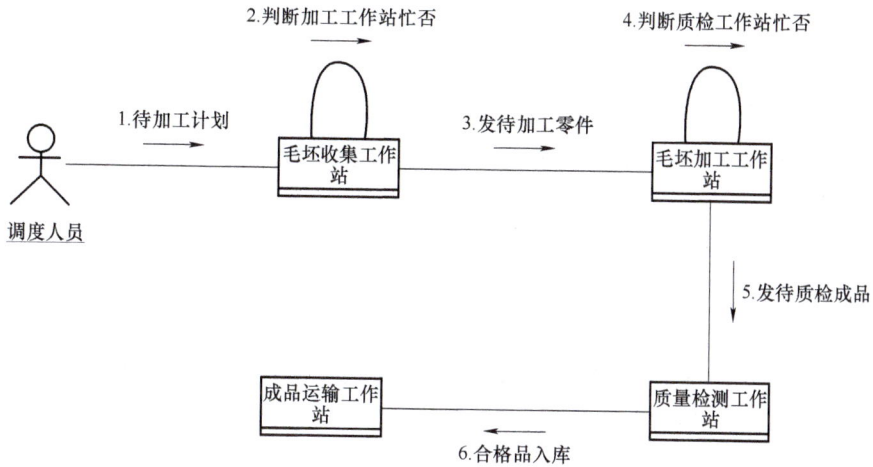

图 3-14　某生产系统的合作图描述

图 3-15　构件图中的常用符号

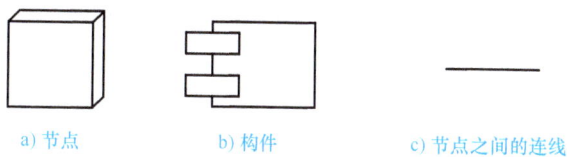

图 3-16　部署图中的常用符号

3.5　Petri 网建模理论与方法

3.5.1　Petri 网的基本概念

Petri 网是由德国学者佩特（Carl A. Petri）于 1962 年在其博士论文中首先提出的一种用于描述事件和条件关系的网络模型。它能够较好地描述系统的结构，表示系统中的并行、同步、冲突和因果依赖等关系，并以网络图的形式直观、简洁地对离散事件系统进行模拟，分析系统的动态性质。经过几十年的发展，目前 Petri 网建模方法已经在生产系统和决策系统等众多领域得到了广泛的应用。

根据 Petri 网的理论，任何系统都可以认为是由两类元素构成的：一类是表示状态的元素，如机床、仓库和工人等；另一类是表示状态变化的元素，如工件的安装、切削加工和装配等。在 Petri 网中，前者用库所（Place）表示，后者用变迁（Transition）来表示。变迁的作用是改变状态（如同离散事件系统中的事件），库所的作用是决定变迁能否发生

（如同离散事件系统中的状态/活动）。两者之间的这种依赖关系用弧线（箭头）表示出来，就是一个 Petri 网。Petri 网的严格数学定义如下：

定义 3-1： 一个三元组 $N = (P, T; F)$，其中 $P = \{p_1, p_2, \cdots, p_n\}$ 为库所集，n 为库所的数量；$T = \{t_1, t_2, \cdots, t_m\}$ 为变迁集，m 为变迁数量。则它们构成一个 Petri 网的充分必要条件是：

① Petri 网的非空性：$P \cup T \neq \varnothing$，表示网中至少有一个元素。

② Petri 网的二元性：$P \cap T = \varnothing$，表示库所和变迁是两类不同的元素。

③ Petri 网中不能有孤立的元素：F 是由一个 P 元素和一个 T 元素组成的有序偶的集合（称为流关系），它建立了从库所到变迁、从变迁到库所的单向联系，并且规定同类元素之间不能直接联系，即满足

$$F \subseteq (P \times T) \cup (T \times P) \tag{3-2}$$

若令 dom (F) 和 cod (F) 分别为 F 中有序偶的第一个元素和第二个元素组成的集合，分别构成了 F 的定义域和值域，则有

$$\mathrm{dom}(F) \cup \mathrm{cod}(F) = P \cup T \tag{3-3}$$

在 Petri 网的图形化表示方法中，通常采用圆圈"○"和短竖线"｜"来分别表示库存和变迁。这样，就可以将 Petri 网看做是由库所和变迁这两类节点通过有向弧连接而组成的一种有向图。例如，一个包含 5 个库所和 3 个变迁的 Petri 网如图 3-17 所示。

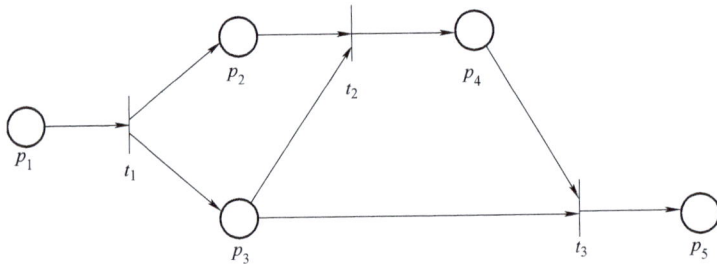

图 3-17 Petri 网示例

除库所、变迁和有向弧线之外，在 Petri 网中，还经常采用令牌（Token）来表示库所中拥有的资源数量，并以库所中的令牌数量的改变来表示系统的不同状态。这样，就可以通过令牌在库所之间的移动模拟系统的动态变化过程。

在 Petri 网中，以权函数（Weight Factor）来表示每个变迁发生一次所引起的相关资源数量的变化，它也称为权重。分别记由库所 p 指向变迁 t 或者由变迁 t 指向库所 p 的权重为 $w(p, t)$ 或者 $w(t, p)$，则一般满足 $0 < w(p, t) < +\infty$，$0 < w(t, p) < +\infty$。缺省时，通常表示权重为 1。

Petri 网理论认为发生变迁所需要的资源数量以及库所的容量是有限的，以表示资源有限的事实。在 Petri 网中，用 $K(p)$ 表示库所 p 的容量，称为容量函数（Capacity Function）。当库所的容量不会对系统的行为构成限制时，也允许某些库所的容量为无穷大。

此外，在 Petri 网中，还经常将库所中拥有的资源（令牌）数量及其分布称为标志（Marking），通常记为 M，在有向图中用库所中的黑点来表示；将系统开始运行时的标志

称为初始标志（Initial Marking），通常记为 M_0。显然，标志的数量应小于相应库所的容量，即有 $M(p) \leqslant K(p)$。

【例3-3】 对图2-1中给出的简单加工系统，可以建立其相应的 Petri 网模型，如图3-18所示。

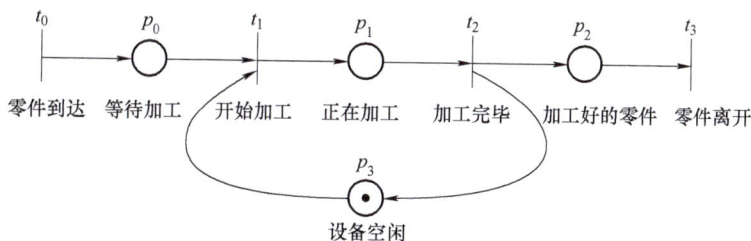

图 3-18　简单加工系统的 Petri 网模型

45

【例3-4】 某工业生产线包含两项操作，分别用变迁 t_1 和变迁 t_2 来表示。变迁 t_1 将传入生产线的半成品 s_1、部件 s_2 用两个螺钉 s_3 固定在一起，成为半成品 s_4；变迁 t_2 再将 s_4 和部件 s_5 用 3 个螺钉 s_3 固定在一起，得到产品 s_6。完成操作 t_1 和 t_2 时都需要用到工具 s_7。假定由于存放空间的限制，部件 s_2 和 s_5 最多不能超过 100 件，停放在生产线上的半成品 s_4 最多不能超过 5 件，螺钉 s_3 存放最多不超过 1000 件。建立该生产线生产过程的 Petri 网模型，如图 3-19 所示。

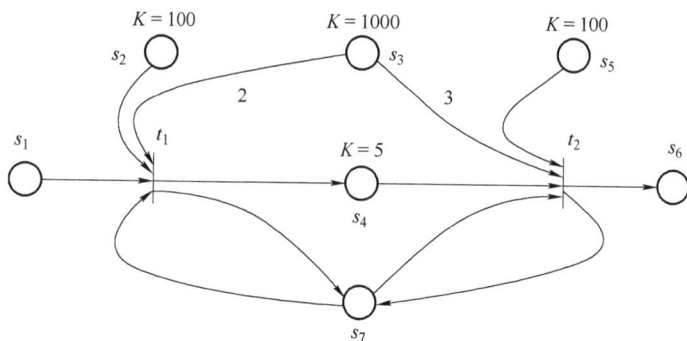

图 3-19　工业生产线的 Petri 网模型

注：资料来源于齐欢和王小平（2004）。

在图 3-19 所示的 Petri 网模型中，弧上的权值即表示了某一变迁对资源的消耗量或产品的生产量，未加标注的弧权值默认为 1。K 表示某一库所的容量值，即该库所中所允许存放资源的最大数量，未加标注的库所容量默认为无穷大。

Petri 网建模方法的主要特点有以下几个：

① 采用图形建模方法，可以清晰地描述系统内部的相互作用，如并发、冲突和因果依赖等关系。模型直观、易于理解。

② 与系统结构关系密切，对系统内部的数据流和物流都可以很好地进行表述，容易在控制模型的基础上直接实现控制系统。

③ 可以采用自顶向下的方法，来分层次建立系统的 Petri 网模型。

④ 具有良好的数学基础和语法，便于模型的形式化描述。

3.5.2 Petri 网系统及其运行规则

Petri 网只是系统静态结构的基本描述，要实现对系统动态行为的模拟，还需要定义 Petri 网系统。

定义 3-2： 一个六元组 $\Sigma = (P, T; F, K, W, M_0)$ 构成 Petri 网系统，当且仅当：

① $N = (P, T; F)$ 是 Petri 网，称为 Σ 的基网。

② K、W 和 M 分别是 N 上的容量函数、权函数和标志。M_0 是 Σ 的初始标志，表示起始状态时，库所中令牌的分布

$$M_0 = (m_1, m_2, \cdots, m_n) \tag{3-4}$$

Petri 网系统增加了库所容量、变迁发生的规则以及资源分布等，具备了完整地描述系统结构和资源静态特征的能力。

为描述系统的动态运行过程，需要首先给出变迁发生的条件和结果，称之为 变迁规则。具体描述如下：

设 Petri 网系统：$\Sigma = (P, T; F, K, W, M_0)$，其中，$M$ 为其基网上的标志，$t \in T$，为任一变迁。

定义 3-3： 变迁发生的条件

$$\forall p \in {}^*t : M(p) \geq w(p,t) \land \forall p \in t^* : M(p) + w(p,t) \leq K(p) \tag{3-5}$$

此时，称 M 授权 t 发生或 t 在 M 下有发生权，记为 $M \lbrack t > 0$。

定义 3-4： 变迁发生的结果

若 t 在 M 下有发生权，即 $M \lbrack t > 0$，则 t 在 M 下可以发生，同时将标志 M 改变为 M'。且对于任一 $p \in P$，有

$$M'(p) = \begin{cases} M(p) - w(p,t) & p \in {}^*t - t^* \\ M(p) + w(t,p) & p \in t^* - {}^*t \\ M(p) - w(p,t) + w(t,p) & p \in {}^*t \cap t^* \\ M(p) & p \notin {}^*t \cup t^* \end{cases} \tag{3-6}$$

由变迁 t 的发生引起标志 M 变为 M'，记作 $M \lbrack t > M'$，并称 M' 为 M 的后续标志。

对定义 3-3 和定义 3-4 的解释如下：

① 一个变迁被授权发生，当且仅当该变迁的每一个输入库所中令牌的数量均大于或等于输入弧的权值，并且该变迁的输出库所中已有令牌的数量与输出弧的权值之和小于输出库所的容量，即"前面够用，后面够放"。

② 变迁发生的充分必要条件是：该变迁是有效的。

③ 变迁发生时，从该变迁的输入库所中移出与输入弧的权值数量相等的令牌，在该变迁的输出库所中产生与输出弧的权值数量相等的令牌。

【例 3-5】 根据 Petri 网的运行规则，按照 t_1、t_2、t_3、t_4 的顺序，依次对图 3-20a 中变迁的发生权进行检查。显然可得：① t_1 可以发生，t_1 发生后的结果如图 3-20b 所示；② t_2

不能发生；③t_3 可以发生，t_3 发生后的结果如图 3-20c 所示；④t_4 可以发生，t_4 发生后的结果如图 3-20d 所示。

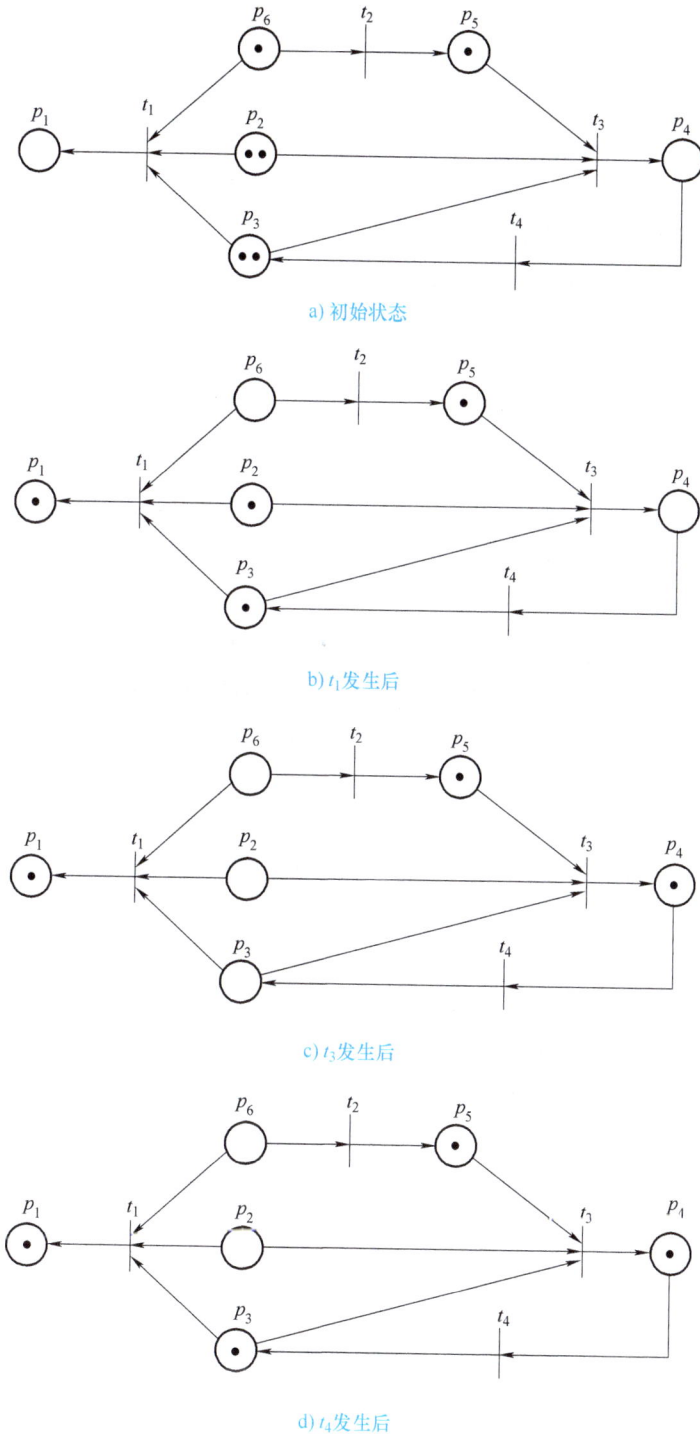

a) 初始状态

b) t_1 发生后

c) t_3 发生后

d) t_4 发生后

图 3-20　Petri 网的运行过程

这里需要强调指出的是：在 Petri 网系统运行时，一定要事先规定变迁的扫描顺序，不同的扫描顺序将导致不同的结果。

3.5.3　Petri 网分析技术

1. 可达树分析法

这里所谓的可达树，是指以 Petri 网中初始标志 M_0 为根，以可达的标志 M 为节点，以触发变迁为有向分枝而构成的一种映射图。可达树能够清楚地表示各种可能发生的变迁序列，并且能据此判断 Petri 网是否有界。

【例 3-6】　在图 3-17 所示的 Petri 网模型中，若 $M_0 = (1, 0, 1, 0, 0)$，则对应的可达树如图 3-21 所示。

$$M_0 \xrightarrow{\hspace{2cm}} M_1 \xrightarrow{\hspace{2cm}} M_2 \xrightarrow{\hspace{2cm}} M_3$$
$$(1,0,1,0,0) \quad\quad (0,1,2,0,0) \quad\quad (0,0,1,1,0) \quad\quad (0,0,0,0,1)$$

图 3-21　图 3-17 所示 Petri 网对应的可达树

可达树分析法的基本思想是：枚举出 Petri 网中所有的可达标志。但由于"组合爆炸"问题，该方法仅适用于较小规模 Petri 网的分析。

2. 矩阵分析法

设 $N = (P, T; F)$ 是一个 Petri 网，$\Sigma = (P, T; F, K, W, M_0)$ 是以 N 为基网的 Petri 网系统。记 $C^+ = W(T, P)$ 和 $C^- = W(P, T)$ 分别为 Petri 网系统 Σ 的输出函数矩阵和输入函数矩阵，其元素 $c_{ij}^+ = W(t_j, p_i)$，$c_{ij}^- = W(p_i, t_j)$ 分别是变迁 j 至库所 i 的权值和库所 i 到变迁 j 的权值（$i = 1, 2, \cdots, n; j = 1, 2, \cdots, m$）。

令 m 维向量 $e[j]$ 表示变迁 t_j 发生的第 j 个元素为 1，其他元素均为 0。若变迁 t_j 在标志 M_0 下有发生权，即 $M_0 \geq e[j] C^-$。则变迁 t_j 发生后，标志变为 M，有

$$M = M_0 - e[j] C^- + e[j] C^+ = M_0 + e[j] C \tag{3-7}$$

其中 $C = C^+ - C^-$，称为网系统 Σ 的关联矩阵。

对于某一变迁序列 $\delta = t_{j1}, t_{j2}, \cdots, t_{jk}$，显然可得

$$\begin{aligned} M &= M_0 + e[j_1] C + e[j_2] C + \cdots + e[j_k] C \\ &= M_0 + (e[j_1] + e[j_2] + \cdots + e[j_k]) C \\ &= M_0 + f(\delta) C \end{aligned} \tag{3-8}$$

这里 $f(\delta) = e[j_1] + e[j_2] + \cdots + e[j_k]$，称为变迁序列 δ 的发生向量。

若记向量 $X = f(\delta)$，则有

$$M = M_0 + XC \tag{3-9}$$

此即为 Petri 网的状态方程。

对于上述状态方程式（3-9），要求 X 必须有非负的整数解。这一结论可以为 Petri 网的可达性问题分析提供很大的方便。

矩阵分析法最大的优点是能够利用计算机工具，但该方法在一些具体问题上还有待于进一步地完善。

至此，以上内容都是围绕基本 Petri 网系统来介绍的。这种基本 Petri 网系统在应用上主要存在以下两个方面的局限性：

① 表达能力有限。稍微复杂一些的系统就需要使用大量的库所和变迁，由此所引起的"组合爆炸"问题往往使得 Petri 网模型比较难于理解和分析。

② 不能表示各事件之间的时间关系。

为了有效地解决这两个问题，人们后来又提出了高级 Petri 网系统。例如谓词/变迁网和有色网，分别使用谓词和色彩的抽象方法把具有"同类"功能的库所和变迁分别进行合并，从而大大减少了库所和变迁的数目；又如时间 Petri 网，通过在 Petri 网中引入时间概念，可用来评价网系统的实时性质，以更真实地反映系统状态等。有关高级 Petri 网的内容，读者可参考相应的书籍资料。

复习思考题

1. 针对某一具体产品的生产线系统，分析离散事件系统的基本特征。

2. 理解实体流图法的一般步骤，并结合第 2 章中未来事件表的有关内容，完成例 3-1 中简单加工系统实体流图的人工运行。

3. 以第 2 章中图 2-5 所示的并行加工中心系统为对象，试分别画出相应的实体流图和活动循环图，并比较它们两者有何区别与联系。

4. 结合实例，谈谈你对"面向对象"的理解和认识。

5. 通过查阅相关资料，学习统一建模语言的基础知识，并了解其在生产系统建模中的应用。

6. 以第 2 章中图 2-5 所示的并行加工中心系统为对象，建立 Petri 网模型。

7. 根据 Petri 网的运行规则，按照 t_3、t_2、t_1、t_4 的顺序，重新分析图 3-20a 所示 Petri 网模型的运行过程，并将分析结果同例 3-5 相比较。

第 4 章
随机数与随机变量的生成

仿真模型的运行，离不开随机数与随机变量的驱动。那么，在仿真模型运行的过程中，对随机数与随机变量都有什么样的要求？随机数与随机变量是怎样产生的？又如何来保证所生成的这些随机数与随机变量都能够满足仿真运行的要求？本章就是围绕这些问题来展开的，主要内容包括：随机数的基本性质、几种常用随机数发生器的基本思想和原理、随机数发生器的性能检验以及随机变量的生成方法等。

4.1 随机数的生成及其性质

对于包括生产系统在内的几乎所有离散事件系统来说，其仿真程序或模型都要求必须具备比较完善的能够产生指定分布的随机变量生成模块或子程序。在仿真程序或模型运行过程中，当用户赋予某一随机变量以确定参数的分布时，仿真系统就可以通过调用这些模块或子程序来生成相应的随机变量，以便在仿真运行的过程中复现系统的随机特征。而各种分布类型的随机变量，都可以通过采用某种方法对 [0，1] 区间上的均匀分布 U（0，1）进行相应的转换来得到。在不引起混淆的前提下，本书后面所提到的随机数，均是特指在 [0，1] 区间上的均匀分布 U（0，1）随机数；而把其他各种分布的随机数称之为随机变量。因此，可以说随机数是包括生产系统在内的所有离散事件系统仿真中一个必不可少的基本元素，是整个仿真过程得以运行的基础。

对随机数生成方法的研究已经有很长的历史。目前，在用计算机生成随机数的方法中，一类使用最广泛、发展也比较快的方法是数学方法。也就是按照某一特定的算法（递推公式）来生成随机数列（也称为随机数流）的方法。用户只需任意给定一个初始值（或称为种子值），当调用该算法时，就可以按照确定的关系计算出下一个随机数。随后，以这个新生成的随机数作为第二个种子值，再计算出下一个新的随机数。多次调用该算法就可以生成一个随机数的序列。这种根据算法来生成随机数的方法，只要给定了初始的种子值，则接下来所生成的随机数从本质上说并不具有真正的随机性，而只是一些确定的数值，因此通常也称之为伪随机数。相应地，称这种用数学方法生成随机数所依赖的算法和程序为（伪）随机数发生器。

通过对算法的精心设计，可以使所生成的伪随机数具有和真正的随机数相同的一些统计性质。通常，只要所生成的伪随机数能通过一系列统计检验（如独立性、均匀性等），就可以把它们作为真正的随机数来使用。

到目前为止，人们已经开发设计出了各种各样的随机数发生器，供仿真建模时选择使用。一个品质优良的随机数发生器通常应当具备以下几个主要特征：

① 生成的随机数序列要尽可能地逼近理想的均匀总体随机样本所具有的随机性、均匀性和独立性等统计性质。

② 生成的随机数序列必须要有足够长的周期，以满足仿真计算的需要。这里的周期（又称循环长度）指的是随机数序列以先前的顺序再次出现之前的序列的长度。也就是说，如果需要产生 2000 个随机数，那么就要求相应随机数发生器所生成随机数序列的周期必须为 2000 的若干倍。

③ 生成随机数序列的速度必须要快，以控制整个仿真运行的总成本。

④ 所生成的随机数序列必须是完全可重复的。也就是说，对于给定的起始点（或者初始条件），应当能够产生相同的随机数序列，而且与被仿真的系统或仿真所使用的编程语言等其他因素完全无关。

近年来，许多学者致力于研究性能完善的随机数发生器，产生了大量的理论和相关文献。然而，要发明真正能够生成具有独立性且均匀分布的随机数序列的方法，却是十分困难的。现有的大多数常用随机数发生器都往往很难同时具备上述的各项特征，因此也很难达到非常满意的结果。目前，关于这一课题还有待进行进一步的理论研究和应用研究，以适应系统仿真的现实需要。

4.2 几种常用的随机数发生器

4.2.1 平方取中法

最早的随机数发生器是由冯·诺依曼在 20 世纪 40 年代提出的著名的平方取中法。该方法的基本思路是：

① 任取一个 $2k$ 位的正整数作为种子值，即随机数发生器的初始值。

② 将该数值自乘（平方）以后，一般会得到一个 $4k$ 位的乘积（若不是 $4k$ 位，则在前面补 0），将此乘积去头截尾，取其中间 $2k$ 位，则得到第一个随机数。

③ 再把第一个随机数自乘，从其乘积中去头截尾，取其中间 $2k$ 位，得到第二个随机数。

④ 以此类椎，就可以得到一系列随机数，形成随机数序列。

其递推公式为

$$\begin{cases} x_n = \left[\dfrac{x_{n-1}^2}{10^k}\right] \mathrm{mod} \ (10^{2k}) \\ u_n = x_n / 10^{2k} \end{cases} \qquad (n = 1, \ 2, \ \cdots) \qquad (4\text{-}1)$$

式中，种子值 x_0 为 $2k$ 位的非负整数；$[x]$ 表示取 x 的整数部分；$N \bmod M$ 表示对 N 进行模为 M 的求余运算，即

$$N \bmod M = N - \left[\frac{N}{M}\right] \times M \qquad (4\text{-}2)$$

【例 4-1】 取 $k=1$，$x_0=77$（种子值），则由平方取中法式（4-1）可得到数列 x_n 和 u_n，如表 4-1 所示。

表 4-1　平方取中法得到的随机数序列

n	x_{n-1}^2	x_n	u_n	n	x_{n-1}^2	x_n	u_n
1	5929	92	0.92	8	1296	29	0.29
2	8464	46	0.46	9	0841	84	0.84
3	2116	11	0.11	10	7056	05	0.05
4	0121	12	0.12	11	0025	02	0.02
5	0144	14	0.14	12	0004	00	0
6	0196	19	0.19	13	0000	00	0
7	0361	36	0.36	⋮	⋮	⋮	⋮

在例 4-1 中，由于所选取的 k 值较小，因而很快进入了退化（当 $n \geq 12$ 时，$u_n = 0$）。当 k 取值较大时，将会使这种退化现象向后推迟。但是，这种算法最终还是会进入退化状态，并且所得到的随机数序列同均匀分布的差异显著，所以目前该方法已经很少被采用。

除平方取中法以外，早期比较有代表性的随机数发生器还有乘积取中法、常数乘子法以及基于斐波那契（Fibonacci）序列的 Fibonacci 法等。

4.2.2　线性同余法

线性同余法（Linear Congruence Generator）由莱默尔（D. H. Lehmer）于 1948 年提出，是目前在离散事件系统仿真中应用最为广泛的随机数发生器之一。该方法的递推公式为

$$\begin{cases} x_n = (ax_{n-1} + c) \bmod m \\ u_n = \dfrac{x_n}{m} \end{cases} \qquad (n=1,2,\cdots) \qquad (4\text{-}3)$$

式中，参数 m 为模数；a 为乘子（乘数）；c 为增量（加数）；并且 m、a 和 c 均为非负整数。设 x_0 为给定的种子值，为非负整数。

这里，如果 $c \neq 0$，则通常称该方法为混合线性同余法；如果 $c = 0$，则称之为乘同余法。

显然，根据式（4-3）可知，由该线性同余法得到的随机数 x_n 满足 $0 \leq x_n < m$。因此，x_n 至多只能取 m 个不同的整数。则称所得到的数列 x_n（$n=1,2,\cdots$）重复数之间的最短长度（循环长度）为该随机数列的周期，记为 T。若 $T = m$，则称之为满周期。可以验证，乘同余法（即当 $c = 0$ 时）是不可能取到满周期的。

【例 4-2】 令 $m=16$，$a=5$，$c=3$，并取种子值 $x_0=5$。则由线性同余法式（4-3）可得到数列 x_n 和 u_n，如表 4-2 所示。

表4-2 例4-2得到的随机数序列

n	$5x_n+3$	x_n	u_n	n	$5x_n+3$	x_n	u_n
1	28	12	0.750	11	38	6	0.375
2	63	15	0.938	12	33	1	0.063
3	78	14	0.875	13	8	8	0.500
4	73	9	0.563	14	43	11	0.688
5	48	0	0.000	15	58	10	0.625
6	3	3	0.188	16	53	5	0.313
7	18	2	0.125	17	28	12	0.750
8	13	13	0.813	18	63	15	0.938
9	68	4	0.250	19	78	14	0.875
10	23	7	0.438	$\vdots$	$\vdots$	$\vdots$	$\vdots$

由表4-2可以看出，在本例中所得到的第1个数x_1与第17个数x_{17}是相同的，并且从$n=17$开始，x_n循环取x_1到x_{16}的值，u_n循环取u_1到u_{16}的值，该数列的周期$T=16=m$，故为满周期。

下面再看一个不能取到满周期的例子。

【例4-3】 令$m=8$，$a=3$，$c=1$，并取初始值$x_0=7$。则由线性同余法式（4-3）可得到数列x_n和u_n如表4-3所示。

表4-3 例4-3得到的随机数序列

n	$3x_n+1$	x_n	u_n	n	$3x_n+1$	x_n	u_n
1	22	6	0.750	6	19	3	0.375
2	19	3	0.375	7	10	2	0.250
3	10	2	0.250	8	7	7	0.875
4	7	7	0.875	9	22	6	0.750
5	22	6	0.750	$\vdots$	$\vdots$	$\vdots$	$\vdots$

由表4-3可以看出，在本例中所得到的第1个数x_1与第5个数x_5是相同的，并且从$n=5$开始，x_n循环取x_1到x_4的值，u_n循环取u_1取u_4的值，故该数列的周期$T=4<m$。

接下来，再举一个乘同余法的例子，来考察种子值x_0的选取对随机数序列的影响。

【例4-4】 令$m=2^6=64$，$c=0$，$a=13$，种子值x_0分别取为1，3，4，8，则由线性同余法式（4-3）可得到相应的数列x_n，如表4-4所示。

表4-4 例4-4得到的随机数序列

n	x_{1n}	x_{3n}	x_{4n}	x_{6n}	n	x_{1n}	x_{3n}	x_{4n}	x_{6n}
1	13	39	52	14	6	57	43	36	22
2	41	59	36	54	7	37	47	20	30
3	21	63	20	62	8	33	35	4	6
4	17	51	4	38	9	45	7	52	14
5	29	23	52	46	10	9	27	36	54

n	x_{1n}	x_{3n}	x_{4n}	x_{6n}	n	x_{1n}	x_{3n}	x_{4n}	x_{6n}
11	53	31	20	62	15	5	15	20	30
12	49	19	4	38	16	1	3	4	6
13	61	55	52	46	17	13	39	52	14
14	25	11	36	22	⋮	⋮	⋮	⋮	⋮

根据表 4-4 的计算结果可知，当种子值 x_0 取值为 1 或 3 时，所得数序的周期为 16；而当种子值 x_0 取值为 4 或 6 时，所得数列的周期分别为 4 和 8。

从上面的这几个例子可以看出，用线性同余法生成随机数序列时，参数 c、m、a 和种子值 x_0 的选取是十分关键的。它们的不同取值对于所产生的随机数序列的统计性质和周期有着很大的影响。

在实际应用中，通常希望所得到的随机数序列是均匀分布的，并且具有最大可能的周期。这可以通过选取适当的 c、m、a 和种子值 x_0 来实现。综上所述，可以得到如下结论：

① 如果 $m = 2^b$，并且 $c \neq 0$，当 c 是相对于 m 的素数（即 c 与 m 的最大公约数为 1），且 $a = 1 + 4k$（k 为整数）时，所得随机数序列的最大可能周期为 $T = m = 2^b$。

② 如果 $m = 2^b$，并且 $c = 0$，当种子值 x_0 为奇数，且乘子 a 满足 $a = 3 + 8k$ 或者 $a = 5 + 8k$（$k = 0$，1，2，…）时，所得随机数序列的最大可能周期为 $T = m/4 = 2^{b-2}$。

③ 如果 m 为素数，并且 $c = 0$，在乘子 a 具有如下性质时：$a^k - 1$ 能被 m 整除的最小 k 为 $k = m - 1$，所得随机数序列的最大可能周期为 $T = m - 1$。

【例 4-5】 本例是一个实际的应用。令 $a = 7^5 = 16807$，$m = 2^{31} - 1 = 2147483647$（$m$ 为一素数）且 $c = 0$。这些参数的取值满足周期 $T = m - 1$（超过 20 亿）的条件。若令种子值 $x_0 = 123457$，则由式（4-3）可得到该乘同余发生器（$c = 0$）所生成数列 x_n 和 u_n 的前 100 项数据，如表 4-5 所示。

表 4-5　例 4-5 得到的随机数序列

n	x_n	u_n	n	x_n	u_n	n	x_n	u_n
1	2074941799	0.966220069	15	457580859	0.213077692	29	70005286	0.032598752
2	559872160	0.260710791	16	422557306	0.196768579	30	1905286893	0.887218347
3	1645535613	0.766262232	17	192221313	0.089510024	31	1028150234	0.478769762
4	1222641625	0.569336873	18	848202503	0.394975069	32	1467559076	0.683385449
5	1814256879	0.844829194	19	743019135	0.345995247	33	1415704537	0.659238797
6	95061600	0.044266507	20	305194640	0.142117329	34	1774828246	0.826468806
7	2119961479	0.987183991	21	1215365444	0.565948637	35	990473692	0.461225254
8	1291390176	0.601350412	22	1930050691	0.898749889	36	1745593547	0.812855338
9	1924951450	0.896375370	23	621475702	0.289397175	37	1416642762	0.659675692
10	817878095	0.380854167	24	1929148153	0.898329612	38	363706645	0.169364105
11	34318218	0.015980666	25	484905065	0.225801517	39	1079123153	0.502505877
12	1260672530	0.587046393	26	98987090	0.046094456	40	1323433556	0.616271773
13	1049550408	0.488734994	27	1523678852	0.709518256	41	1459643713	0.679699570
14	363030798	0.169049389	28	1875458736	0.873328529	42	1526184710	0.710685137

（续）

n	x_n	u_n	n	x_n	u_n	n	x_n	u_n
43	1041741202	0.485098549	63	1840297760	0.856955424	83	2101948627	0.9787961
44	110208023	0.051319610	64	1824968226	0.849817053	84	1344580839	0.6261192
45	1135338847	0.528683349	65	1879527928	0.875223394	85	399743692	0.1861452
46	1247797934	0.581051192	66	1888922173	0.879597931	86	1163383628	0.5417427
47	1562063783	0.727392632	67	864208010	0.402428214	87	150029861	0.0698631
48	618416306	0.287972533	68	1312119409	0.611003213	88	406072249	0.1890921
49	2049487109	0.954366805	69	281336020	0.1310073	89	153258777	0.0713667
50	92143083	0.042907467	70	1802981093	0.8395785	90	987372286	0.4597810
51	313086494	0.145792260	71	1708970881	0.7958016	91	1159870433	0.5401068
52	709769508	0.330512183	72	79818342	0.0371683	92	1233303612	0.5743017
53	1971945518	0.918258688	73	1477078266	0.6878182	93	621646040	0.2894765
54	373196875	0.173783337	74	343457342	0.1599348	94	497051625	0.2314577
55	1667628885	0.776550213	75	51503858	0.0239834	95	235274545	0.1095582
56	1029593198	0.479441694	76	189431665	0.0882110	96	549089734	0.2556898
57	2097134907	0.976554540	77	1207228801	0.5621597	97	813928179	0.3790148
58	2044767385	0.952169013	78	468961551	0.2183772	98	220073063	0.1024795
59	224636754	0.104604640	79	571803167	0.2662666	99	801129707	0.3730551
60	193673052	0.090186043	80	306507444	0.1427287	100	549089734	0.2556898
61	1625259759	0.756820552	81	1804825802	0.8404375	⋮	⋮	⋮
62	1896263320	0.883016419	82	500740339	0.2331754			

4.2.3　组合发生器

组合发生器是把两个或者更多个独立的随机数发生器（通常是两个不同的线性同余发生器）以某种方式组合起来，使得新组合的随机数发生器具有更长的周期和良好的统计性质。

迄今为止，已有多种将两个或多个随机数发生器组合起来的方法。其中，最著名的是由麦克拉伦（M. D. Maclaren）和马尔萨利亚（G. Marsaglia）于 1965 年提出的组合同余法，它由两个线性同余发生器 LCG1 和 LCG2 构成。具体步骤如下：

① 采用第一个线性同余发生器 LCG1 生成 k 个随机数，一般取 $k = 128$，把这 k 个数按顺序依次存放在某一向量 $\boldsymbol{T}$ 中，$\boldsymbol{T} = (t_1, t_2, \cdots, t_k)$；并置 $n = 1$。

② 采用第二个线性同余发生器 LCG2 生成一个随机的整数 j，满足 $1 \leqslant j \leqslant k$。

③ 令 $x_n = t_j$，然后再采用第一个发生器 LCG1 生成一个新的随机数 y 来替代 t_j，亦即令 $t_j = y$；并置 $n = n + 1$。

④ 重复②～③，得到随机数序列 $\{x_n\}$，此即组合同余发生器生成的数列。若第一个发生器 LCG1 的模为 m，令 $u_n = x_n/m$，则 $\{u_n\}$ 即为由该组合发生器生成的均匀随机数序列。

现有的研究表明，这种组合同余发生器具有随机性增强、周期增大的特点。并且它一般对构成组合发生器的线性同余发生器的统计特性要求较低，但仍然能够得到统计特性比较好的随机数序列。

组合发生器的不足之处在于，由于需要产生两个或多个基础的随机数位并执行一些辅助操作，才能得到一个随机数，因此该方法的计算速度相对较慢一些，成本比较高。

4.3 随机数发生器的性能检验

4.3.1 检验方法概述

在前面的论述中已经提到，当参数给定的情况下，采用某种随机数发生器所生成的随机数序列都是"伪"随机数，它们从本质上来说都是一些确定的数值，并不具有真正意义上的随机性，而只是在某种程度上的近似。在系统仿真中经常用到的各种分布类型的随机变量，都可以根据一些方法通过对 $[0, 1]$ 区间上的均匀分布 $U(0, 1)$ 进行转换来得到。因此，由随机数发生器所生成的 $[0, 1]$ 区间上的均匀分布 $U(0, 1)$ 随机数序列是实现其他分布随机变量、随机变量序列及仿真系统中的随机模型的基础。该数列的统计性质如何，将是仿真系统中的一个十分关键的问题。因此，对随机数发生器所生成的均匀分布 $U(0, 1)$ 随机数序列的统计性质进行检验，具有重要的意义。

在实际应用中，随机数发生器的性能检验方法，主要包括有两大类：一类是经验检验方法，另一类是理论检验方法。经验检验方法是基于发生器所生成随机数序列 $\{x_n\}$ 的一种统计检验，在统计的意义上分析该随机数序列与真正的 $[0, 1]$ 均匀分布随机数的简单随机样本之间有无显著差异。理论检验方法则是用一种综合的方法对随机数发生器的数值参数进行评估。而不需要生成任何随机数。例如，可以通过对某一线性同余发生器的 m、a 和 c 等参数的分析，来判断该发生器的性能如何。

这里需要说明的是，无论是理论检验方法还是经验检验方法，它们都只是分别从不同的角度来对随机数发生器进行分析，因此这两类方法并无实质上的优劣之分。它们的区别在于：理论检验方法通常是着眼于全局，能够检验发生器在整个周期上的性质，但其不足之处是，该方法并不能表明一个周期中某个特定时间段的实际情况如何。

鉴于理论检验方法涉及一些专门学科的理论知识，对其深入的介绍已经超出了本书的范围，有兴趣的读者可以查阅相关的资料。本节只给出几种常用的统计检验方法。

4.3.2 参数检验

参数检验所检验的是由某个发生器生成的随机数序列 $\{u_n\}$ 的一些数字特征，如均值、方差或各阶矩等与均匀分布的理论值是否存在显著的差异。

记由某个发生器所生成的一组随机数序列为 $u_1, u_2, \cdots, u_n$，并假定 $\{u_n\}$ 独立同服从均匀分布 $U(0, 1)$，则其样本均值和样本方差分别为

$$\bar{u} = \frac{1}{n}\sum_{i=1}^{n}u_i, \quad s^2 = \frac{1}{n-1}\sum_{i=1}^{n}(u_i - \bar{u})^2$$

于是有

$$E(\bar{u}) = \frac{1}{2}, \mathrm{Var}(\bar{u}) = \frac{1}{12n}$$

$$E(s^2) = \frac{1}{12}, \mathrm{Var}(s^2) = \frac{1}{180n}$$

因此，可知统计量

$$v_1 = \frac{\bar{u} - E(\bar{u})}{\sqrt{\mathrm{Var}(\bar{u})}} = \sqrt{12n}\left(\bar{u} - \frac{1}{2}\right) \tag{4-4}$$

$$v_2 = \frac{s^2 - E(s^2)}{\sqrt{\mathrm{Var}(s^2)}} = \sqrt{180n}\left(s^2 - \frac{1}{12}\right) \tag{4-5}$$

渐进服从标准正态分布 $N(0, 1)$。

给定显著性水平 α 后，从标准正态分布表可查得

$$P\{Z > z_{\alpha/2}\} = \frac{\alpha}{2}$$

由式（4-4）和式（4-5）计算出 v_1、v_2 的值，若 $|v_i| \leqslant z_{\alpha/2}(i=1, 2)$，则可以认为该随机数序列 $\{u_n\}$ 的均值和方差与均匀总体的均值和方差不存在差异显著。反之，则由于存在显著差异，因此不能认为随机数序列 $\{u_n\}$ 独立同服从均匀分布 $U(0, 1)$。

【例4-6】 给定显著性水平 $\alpha = 0.05$，对例4-5中得到的随机数序列 $\{u_n\}$ 的前100项数据（见表4-5）进行参数检验。

假定其总体分布为 $U(0, 1)$，则总体均值和总体方差分别为 1/2 和 1/12。计算样本均值和样本方差分别为

$$\bar{u} = 0.4771944, \quad s^2 = 0.0935623$$

对给定的显著性水平 $\alpha = 0.05$，$z_{0.025} = 1.96$。而由式（4-4）和式（4-5）计算可得

$$v_1 = \sqrt{12 \times 100}\left(\bar{u} - \frac{1}{2}\right) = -0.790009, \quad |v_1| < 1.96$$

$$v_2 = \sqrt{180 \times 100}\left(s^2 - \frac{1}{12}\right) = 1.3723579, \quad |v_2| < 1.96$$

故可以认为：在显著性水平 $\alpha = 0.05$ 时，该随机数序列 $\{u_n\}$ 总体的均值和方差与均匀分布 $U(0, 1)$ 的均值和方差没有显著的差异。

4.3.3 均匀性检验

均匀性检验是指检验由某个随机数发生器生成的随机数序列 $\{u_n\}$ 是否"均匀"地分布在 [0, 1] 区间上。该检验方法实际上就是检验经验频率与理论频率两者是否具有显著的差异，所以也称为频率检验。

均匀性检验是为确认随机数发生器的有效性而必须要进行的基本检验之一。常用的均匀性检验方法主要有柯尔莫戈罗夫-斯米尔诺夫检验（K-S 检验）和 χ^2 检验两种。这两种

方法都是基于样本分布与理论分布之间不存在显著差异的假设，来对所产生的随机数序列样本的分布与理论上的均匀分布之间的一致程度进行度量的。

1. 柯尔莫戈罗夫-斯米尔诺夫检验

柯尔莫戈罗夫-斯米尔诺夫（Kolmogorov-Smirnov）检验，简称 K-S 检验，是对连续分布的拟合性进行检验。它将均匀分布的连续累积分布函数 $F(x)$ 同 N 个观测样本的经验累积分布函数 $F_N(x)$ 相比较，具体步骤如下：

① 将所生成序列中的随机数 u_1，u_2，$\cdots$，u_n 按照从小到大的顺序进行重新排序，并重新标记为 $u_{(1)}$，$u_{(2)}$，$\cdots$，$u_{(n)}$，其经验分布函数为

$$F_N(x) = \begin{cases} 0 & x < u_{(1)} \\ \dfrac{i}{n} & u(i) \leqslant x < u_{(i+1)} \quad (i=1,2,\cdots,n-1) \\ 1 & x \geqslant u_{(n)} \end{cases} \quad (4\text{-}6)$$

② 将 $F_N(x)$ 与 $U(0，1)$ 的分布函数 $F(x) = x(0 \leqslant x \leqslant 1)$ 相比较，计算其最大偏差

$$D_n = \max \{D_n^+，D_n^-\} \quad (4\text{-}7)$$

则统计量 D_n 渐近服从 K-S 分布。

其中

$$D_n^+ = \max_{1 \leqslant i \leqslant n} \{F_N(u_{(i)}) - F(u_{(i)})\} = \max_{1 \leqslant i \leqslant n} \left\{\frac{i}{n} - u_{(i)}\right\} \quad (4\text{-}8)$$

$$D_n^- = \max_{1 \leqslant i \leqslant n} \{F(u_{(i)}) - F_N(u_{(i-1)})\} = \max_{1 \leqslant i \leqslant n} \left\{u_{(i)} - \frac{i-1}{n}\right\} \quad (4\text{-}9)$$

如图 4-1 所示。

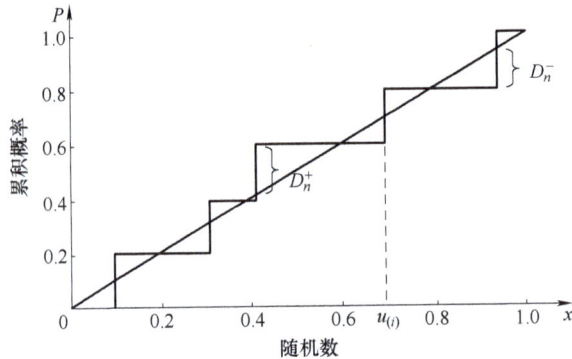

图 4-1 $F(x)$ 与 $F_N(x)$ 的比较

③ 对给定的显著性水平 α，查 K-S 分布表可得临界值

$$P\{D_n > D_\alpha(n)\} = \alpha$$

④ 若 $D_n \leqslant D_\alpha(n)$，则可以认为该随机数序列 $\{u_n\}$ 的经验分布函数与均匀分布 $U(0，1)$ 的分布函数之间不存在显著的差异；否则，存在显著差异。

【例 4-7】 给定显著性水平 $\alpha = 0.05$，用 K-S 检验方法对例 4-5 中得到的随机数序列 $\{u_n\}$ 的前 10 项数据（见表 4-5）进行均匀性检验。

把随机数按照由小到大的顺序进行重新排列，相关的计算数据及结果如表4-6所示。

表4-6 例4-7的相关数据及计算结果

i	$u_{(i)}$	i/n	$i/n - u_{(i)}$	$u_{(i)} - (i-1)/n$
1	0.044266507	0.1	0.055733	0.044266507
2	0.260710791	0.2	-0.06071	0.160710791
3	0.380854167	0.3	-0.08085	0.180854167
4	0.569336873	0.4	-0.16934	0.269336873
5	0.601350412	0.5	-0.10135	0.201350412
6	0.766262232	0.6	-0.16626	0.266262232
7	0.844829194	0.7	-0.14483	0.244829194
8	0.896375370	0.8	-0.09638	0.196375370
9	0.966220069	0.9	-0.06622	0.166220069
10	0.987183991	1.0	0.012816	0.087183991

由表4-6的计算结果可得 $D^+ = 0.055733$，$D^- = 0.269336873$，故

$$D_n = \max\{0.055733, 0.269336873\} = 0.269336873$$

查 K-S 分布表，有

$$D_{0.05}(10) = 0.410 > 0.269336873$$

因此，可认为该随机数序列 $\{u_n\}$ 的总体分布与均匀分布 $U(0, 1)$ 之间无显著的差异。

2. χ^2 检验

χ^2 检验是对随机数发生器生成的随机数序列 $\{u_n\}$ 进行均匀性检验的另一种比较常用的方法。

假定某发生器生成的随机数序列 $\{u_n\}$ 独立且同服从均匀分布 $U(0, 1)$，χ^2 检验的具体步骤如下：

① 将 $[0, 1]$ 区间划分成 m 个互不相交的小区间 $\left[\dfrac{i-1}{m}, \dfrac{i}{m}\right]$ $(i = 1, 2, \cdots, m)$。

② 根据均匀性假设，某随机数 u_j 落入第 i 个小区间内的概率为 $1/m$，计算

$$\mu_i = n \cdot \frac{1}{m} = \frac{n}{m} \quad (i = 1, 2, \cdots, m)$$

称之为理论频数。

③ 计算数列 $\{u_j\}$ 中落在区间 $\left[\dfrac{i-1}{m}, \dfrac{i}{m}\right]$ 内的随机数的个数 $n_i (i = 1, 2, \cdots, m)$，称为经验频数。

④ 令

$$\chi^2 = \sum_{i=1}^{m} \frac{(n_i - \mu_i)^2}{\mu_i} = \frac{m}{n} \sum_{i=1}^{m} \left(n_i - \frac{n}{m}\right)^2 \tag{4-10}$$

则统计量 χ^2 渐近服从 χ^2 $(m-1)$ 分布。

⑤ 对给定的显著性水平 α，查 χ^2 分布表可得临界值

$$P\{\chi^2 > \chi_\alpha^2 (m-1)\} = \alpha$$

根据④中的式（4-10）计算得到 χ^2 的值，若 $\chi^2 \leq \chi_\alpha^2 (m-1)$，则可认为经验频数与理论频数不存在显著的差异；否则，存在显著差异。

【例4-8】 给定显著性水平 $\alpha = 0.05$，用 χ^2 检验对例4-5中得到的随机数序列 $\{u_n\}$ 的前100项数据（见表4-5）进行均匀性检验。

将 [0，1] 区间等分成10个子区间（即 $m = 10$），显然易见，其相应的理论频数为 $\mu_i = n/m = 10$。

对该随机数序列 $\{u_n\}$ 落在各子区间中的个数（经验频数）进行统计，得到 $n_i(i = 1，2，\cdots，10)$ 分别为13、14、10、7、7、9、9、6、14、5，由此可计算得

$$\chi^2 = \frac{m}{n} \sum_{i=1}^{m} \left(n_i - \frac{n}{m}\right)^2 = 0.1 \times \sum_{i=1}^{10} (n_i - 10)^2 = 10.2$$

查 χ^2 分布表，有 $\chi_{0.05}^2 (9) = 16.919$。由于 $\chi^2 < 16.919$，故可以认为该随机数序列 $\{u_n\}$ 是均匀地分布在 [0，1] 区间上的。

一般来说，对于 $K\text{-}S$ 检验和 χ^2 检验这两种方法，如果样本数足够多，则对于检验数据样本的均匀性来说，它们的结果都是可以接受的，但 $K\text{-}S$ 检验是两者中较好的方法，因此推荐使用 $K\text{-}S$ 检验方法。并且，$K\text{-}S$ 检验可以应用到小样本的场合，而 χ^2 检验却只有在大样本（如 $n \geq 50$）时才比较有效。

4.3.4 独立性检验

一个均匀分布的随机数序列 $\{u_n\}$ 还必须满足独立性的要求。独立性检验就是通过检验各随机数之间的统计相关性是否显著，来判定该数列 $\{u_n\}$ 是否满足独立性的要求。

检验独立性的最常用方法之一是相关系数检验方法。该方法首先计算随机数序列 $\{u_n\}$ 中相邻一定间隔的随机数之间的相关系数，然后通过相关系数来判定它们的相关程度。具体的步骤如下：

设 u_1，u_2，$\cdots$，u_n 是一组待检验的随机数，若它们相互独立，则必有 j 阶自相关系数 $\rho_j = 0 (j = 1，2，\cdots，m)$。现考察样本的 j 阶自相关系数

$$\hat{\rho}_j = \frac{\dfrac{1}{n-j} \sum\limits_{i=1}^{n-j} (u_i - \bar{u})(u_{i+j} - \bar{u})}{\dfrac{1}{n-1} \sum\limits_{i=1}^{n} (u_i - \bar{u})^2} \quad (j = 1,2,\cdots,m) \tag{4-11}$$

当 $n-j$ 充分大，且 $\rho_j = 0$ 成立时，统计量

$$v_j = \hat{\rho}_j \sqrt{n-j} \quad (j = 1，2，\cdots，m)$$

渐近服从标准正态分布 N (0，1)。

在实际应用中，通常取 $m = 10 \sim 20$，利用统计量 v_j 可对随机数序列 $\{u_n\}$ 进行相关性检验。即：对于给定的显著性水平 α，当 $|v_j| \leq z_{\alpha/2}$ 时，可以认为随机数序列 $\{u_n\}$ 是满

足统计上的独立性要求的；反之，则相关性显著。

应用相关系数检验方法对表 4-5 中的 100 项数据的独立性进行检验，这里不再详述，读者可自行练习。

除上述比较常用的检验方法以外，还有许多其他检验，如组合规律性的检验、连检验、间断检验和子序列检验等。具体内容可参阅有关资料。

正如本章前面所提到的，为了保证所得到的随机数序列具有良好的统计性质，在研究和开发新的仿真软件时，对所设计的随机数发生器进行检验是一个必不可少的环节。虽然目前各种高级语言和仿真语言中都已具备通过检验的、性能优秀的随机数发生器，当需要在不同机器、特别是在字长不同的计算机之间移植仿真软件时，往往需要对现有的随机数发生器进行修改。这时，对修改后的发生器进行各种检验就是十分必要的了。

最后，还有一点需要指出的是，这些统计检验方法都是带有一定局限性的。而且，对于所生成的一组随机数序列，即使已经通过多种检验，从理论上说也仍然存在如下的可能：它实际上存在着某种不够理想的统计性质，只是未被检验出来。

61

4.4　随机变量的生成

前文介绍了均匀分布 $U(0,1)$ 随机数的生成方法，但在实际的系统建模与仿真分析中涉及的随机现象的分布规律往往是各种各样的，这就要求在得到具有良好统计性质的均匀分布 $U(0,1)$ 随机数后，还必须研究如何利用均匀随机数来生成非均匀分布的其他随机数的方法，即随机变量的生成方法（也称为抽样方法）。

在设计随机变量的生成方法时，需要考虑以下几个因素：

① 精确性。由算法生成的随机变量要能够准确地表达所期望的分布，满足一定的精度要求。

② 效率。这包括存储占用的空间和执行运算所消耗的时间两个方面。人们总是希望算法占用更小的存储空间，并具有较高的运算速度，以提高仿真运行的效率。但有时往往无法二者兼顾，这就需要在它们之间进行平衡。

③ 复杂性。这即算法设计与实现的复杂程度。

生成随机变量的方法有许多种。具体采用哪种方法往往要取决于所针对的分布函数。本节主要介绍几种比较常用的、有效的随机变量生成方法。

4.4.1　反变换法

反变换法是最常用且最为直观的一种随机变量生成方法。它基于概率积分变换定理，通过对分布函数进行反变换来实现，因此称为反变换法。

设随机变量 X 的分布函数为 $F(x)$，则 $F(x)$ 的取值范围为 $[0,1]$。为了得到随机变量的抽样值，可以先产生在 $[0,1]$ 区间上均匀分布的独立随机变量 U，根据分布函数的性质，可知其分布函数的反函数 $F^{-1}(U)$ 必然满足

$$P\{F^{-1}(x) \leqslant x\} = F(x) \tag{4-12}$$

因此，由 $F^{-1}(U)$ 得到的值即为所需要的随机变量

$$X = F^{-1}(U) \tag{4-13}$$

如图 4-2 所示。

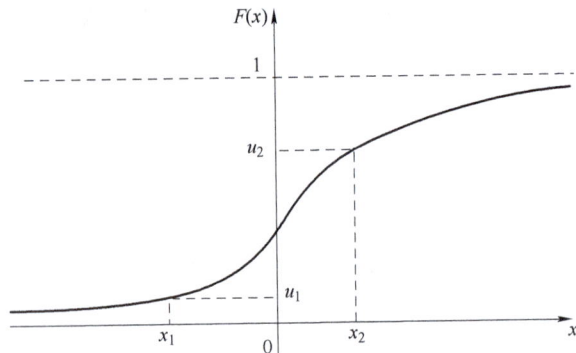

图 4-2　反变换法的原理

反变换法可用于从均匀分布、指数分布、三角分布、威布尔分布以及经验分布中取样，同时也是很多离散分布产生样本的基本方法。下面结合具体的例子来说明生成均匀分布、指数分布和离散均匀分布等几种随机变量的方法和步骤。其他几种分布类型的随机变量的生成，可留给读者作为练习。

【例 4-9】　均匀分布随机变量 X 的生成。

设随机变量 X 是 $[a, b]$ 上均匀分布的随机变量，即概率密度函数

$$f(x) = \begin{cases} \dfrac{1}{b-a} & a \leqslant x \leqslant b \\ 0 & \text{其他} \end{cases} \tag{4-14}$$

则由 $f(x)$ 可得到 x 的分布函数

$$F(x) = \begin{cases} 0 & x < a \\ \dfrac{x-a}{b-a} & a \leqslant x \leqslant b \\ 1 & x > b \end{cases} \tag{4-15}$$

根据其反函数 $F^{-1}(u)$，即有抽样公式

$$x = F^{-1}(u) = (b-a)u + a \tag{4-16}$$

因此，可得采用反变换法生成均匀分布 $U(a, b)$ 的随机变量的一般步骤，具体如下：

① 生成独立的均匀分布 $U(0, 1)$ 随机数序列 $\{u_n\}$。

② 令 $x_i = (b-a)u_i + a(i = 1, 2, \cdots, n)$。则数列 $\{x_n\}$ 即为所求的均匀分布 $U(a, b)$ 的随机变量序列。

【例 4-10】　指数分布随机变量 X 的生成。

设 X 的分布函数为

$$F(x) = \begin{cases} 1 - e^{-x/\beta} & x \leqslant 0 \\ 0 & \text{其他} \end{cases} \tag{4-17}$$

令 $u = F(x) = 1 - e^{-x/\beta}$，可得其反函数

$$x = F^{-1}(x) = -\beta\ln(1 - u) \tag{4-18}$$

由于 $u \sim U(0, 1)$，则 $1 - u \sim U(0, 1)$，即随机变量 u 与 $1 - u$ 的分布是相同的，所以式 (4-18) 可改写为

$$x = -\beta\ln u \tag{4-19}$$

由此，可得到生成指数分布的随机变量的一般步骤如下：

① 生成独立的均匀分布 $U(0, 1)$ 随机数序列 $\{u_n\}$。

② 令 $x_i = -\beta\ln u_i (i = 1, 2, \cdots, n)$，则数列 $\{x_n\}$ 即为所求的指数分布的随机变量序列。

当 X 是离散型的随机变量时，由于离散型随机变量的分布函数也是离散的，因此反变换法的形式也有所不同，不能直接利用反函数来获得 X 的抽样值。

设 X 是离散型随机变量，取值为 $x_1, x_2, \cdots, x_n$，并记其概率密度函数为

$$p(x_i) = P\{X = x_i\}, 且 \sum_{i=1}^{n} p(x_i) = 1 \tag{4-20}$$

相应的分布函数为

$$F(X) = P\{X \leqslant x\} = \sum_{x_i < x} p(x_i) \tag{4-21}$$

为了应用反变换法得到离散随机变量 X，先将 $[0, 1]$ 区间按 $p(x_1), p(x_2), \cdots, p(x_n)$ 的值分成 n 个子区间

$$(0, p(x_1)], (p(x_1), p(x_1) + p(x_2)], \cdots, (\sum_{j=1}^{n-1} p(x_j), \sum_{i=1}^{n} p(x_i)]$$

并依次编号为 $1, 2, \cdots, n$。若 U 是 $[0, 1]$ 区间上的均匀分布随机变量，则某个 u_i 的值落在哪个子区间上，相应子区间对应的 x_i 就是所需要的输出量，如图 4-3 所示。

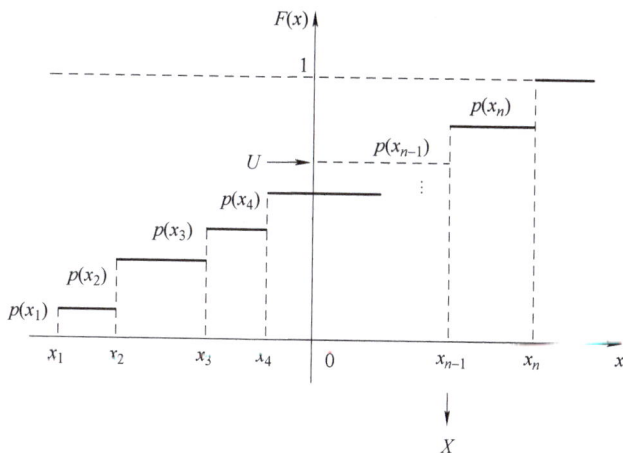

图 4-3　反变换法生成离散型随机变量

【例 4-11】　离散均匀分布。

考察 $\{1, 2, \cdots, n\}$ 上的离散均匀分布，其概率密度函数为

$$p(x) = \frac{1}{n} \quad (x = 1, 2, \cdots, n) \tag{4-22}$$

相应的分布函数为

$$F(x) = \begin{cases} 0 & x < 1 \\ \dfrac{1}{n} & 1 \leqslant x < 2 \\ \dfrac{2}{n} & 2 \leqslant x < 3 \\ \vdots & \\ \dfrac{n-1}{n} & n-1 \leqslant x < n \\ 1 & n \leqslant x \end{cases} \tag{4-23}$$

令 $x_i = i$，$F(x_i) = p(1) + p(2) + \cdots + p(x_i) = i/n$，如果均匀分布 $U(0,1)$ 的随机数 u_i 满足

$$\frac{i-1}{n} < u_i \leqslant \frac{i}{n} \tag{4-24}$$

则可以通过取 $X = i$ 来生成随机变量 X。

由式（4-24）可求解得 $i = \lceil u_i n \rceil$，即取 i 的值为大于或等于 $u_i n$ 的最小整数。因此，生成离散型均匀分布的随机变量的一般步骤如下：

① 生成独立的均匀分布 $U(0,1)$ 随机数序列 $\{u_n\}$。

② 令 $x_i = i = \lceil u_i n \rceil (i = 1, 2, \cdots, n)$，则数列 $\{x_n\}$ 即为所求的离散型均匀分布的随机变量序列。

4.4.2 卷积法

若随机变量 X 可表示为若干个独立同分布的随机变量 Y_1，Y_2，$\cdots$，Y_m 之和，即

$$X = Y_1 + Y_2 + \cdots + Y_m \tag{4-25}$$

则 X 的分布函数与 $\sum_{i=1}^{m} Y_i$ 的分布函数相同，此时称 X 的分布为 Y_i 分布的 m 重卷积。为生成随机变量 X，可先独立地从相应分布函数生成随机变量 Y_1，Y_2，$\cdots$，Y_m，然后利用式（4-25）也就得到了 X，这就是卷积法的基本思想。

【例 4-12】 埃尔朗分布。

设 X 的概率密度函数为

$$f(x) = \frac{\lambda(\lambda x)^{n-1}}{(n-1)!} e^{-\lambda x} \quad (x > 0, \lambda > 0) \tag{4-26}$$

若 Y_1，Y_2，$\cdots$，Y_m 独立且同服从指数分布 $E(\lambda)$，令 $X = Y_1 + Y_2 + \cdots + Y_m$，则 X 服从 n 阶埃尔朗分布。所以可得到生成埃尔朗分布的随机变量的步骤如下：

① 生成独立的均匀分布 $U(0,1)$ 随机数 u_1，u_2，$\cdots$，u_m。

② 计算 $u = u_1 u_2 \cdots u_m$。

③ 令 $x = -(1/\lambda)\ln(u)$，则 x 即为服从 n 阶埃尔朗分布的随机变量。

显然，这种方法要比直接由埃尔朗分布的分布函数来生成相应的随机变量要方便得多。

4.4.3 组合法

当某一分布函数可以表示成若干个其他分布函数的凸组合时，即

$$F(x) = \sum_j p_j F_j(x), \text{其中} p_j \geq 0, \sum_j p_j = 1 \tag{4-27}$$

或者其密度函数可写成

$$f(x) = \sum_j p_j f_j(x) \tag{4-28}$$

这里，p_j 的定义与式（4-27）中相同，$f_j(x)$ 是某种类型的概率密度函数，与之相应的分布函数为 $F_j(x)$。那么，当每个 $F_j(x)$ 的随机变量都比较易于抽样时，常采用组合法，通过 $F_j(x)$ 的随机变量来生成 $F(x)$ 的随机变量。具体步骤如下：

① 随机地生成一个正整数 J，使得

$$P\{J = j\} = p_j \quad (j = 1, 2, \cdots)$$

② 生成一个满足分布函数 $F_j(x)$ 的随机变量 x，则 x 就是 $F(x)$ 的随机数。

重复步骤①~②，就可以得到所求的分布函数为 $F(x)$ 的随机变量数列。

【例 4-13】 双指数分布。

设随机变量 X 的概率密度函数为

$$f(x) = 0.5e^{-|x|}(-\infty < x < +\infty) \tag{4-29}$$

如图 4-4 所示。

可以将函数 $f(x)$ 看做是由一个正指数函数和一个负指数函数分段组成的，即有

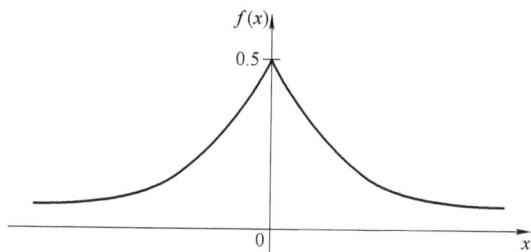

图 4-4 双指数分布的概率密度函数

$$f(x) = 0.5e^x I_{(-\infty,0)}(x) + 0.5e^{-x} I_{(0,+\infty)}(x) = 0.5f_1(x) + 0.5f_2(x) \tag{4-30}$$

其中，

$$I_A(x) = \begin{cases} 1 & x \in A \\ 0 & \text{其他} \end{cases}$$

因此，可用两个密度函数 $f_1(x)$ 和 $f_2(x)$ 的组合来产生服从密度函数 $f(x)$ 的随机变量 X。步骤如下：

① 产生均匀分布 $U(0, 1)$ 的随机数 u_1 及 u_2。

② 如果 $u_1 < 0.5$，则生成服从与密度函数 $f_1(x)$ 相应的分布函数的随机变量，根据反变换法，可得 $X = \ln u_2$。

③ 如果 $u_1 \geq 0.5$，则生成服从与密度函数 $f_2(x)$ 相应的分布函数的随机变量，同样，有 $X = \ln u_2$。

从上述分析显然易知，采用组合法生成分布函数 $F(x)$ 的随机变量，至少需要两个均

匀分布 $U(0,1)$ 的随机数。但该方法在某些情况下可以避免反变换法中对一些复杂分布函数的处理。因此,在实际中究竟采用哪种方法,还要视具体分布函数的性质来确定。

4.4.4 舍选法

前面介绍的三种方法都有一个共同的特点,即以反变换法为基础,直接面向分布函数,因而又称为直接法。然而,当反变换法难于使用(例如随机变量的分布函数不存在封闭形式等)或者效率不高时,有时就需要使用非直接的方法。舍选法就是其中最主要的一种。该方法由于具有计算简单、抽样灵活和使用方便等特点而得到了比较广泛的应用。

设 $f(x)$ 为所求随机变量的概率密度函数,舍选法要求选定一个覆盖函数 $t(x)$,满足

$$f(x) \leqslant t(x), \text{且} C = \int_{-\infty}^{+\infty} t(x) \mathrm{d}x < +\infty \tag{4-31}$$

令 $r(x) = t(x)/C$,则有 $\int_{-\infty}^{+\infty} r(x) \mathrm{d}x = 1$,故 $r(x)$ 是一个概率密度函数。

如果 $X \sim r(x)$,$U \sim U(0,1)$,并且 X 与 U 相互独立,当 $u \leqslant f(x)/t(x)$ 时,令 $X^* = X$,则 X^* 即为所求的随机变量:$X^* \sim F(x)$。

这一方法的基本思路是:从以覆盖函数 $t(x)$ 为顶的曲边梯形中随机地抽取一点 P $(x_0, Ut(x_0))$,若该点 P 落在以 $f(x)$ 为顶的曲边梯形内,则选取该点,该点的横坐标即为所求;否则就舍弃该点。相关情况如图4-5所示。

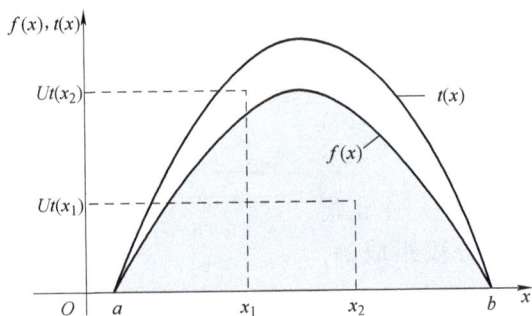

图4-5 舍选法的原理

显然易知,在舍选法中,不被舍弃的点的概率为

$$p = \frac{\int_a^b f(x) \mathrm{d}x}{\int_a^b t(x) \mathrm{d}x} = \frac{1}{C} \tag{4-32}$$

称 p 为抽样概率。为了提高算法的效率,希望抽样概率 p 尽可能大。故应选取适当的覆盖函数 $t(x)$,以使得 C 值尽可能小,同时希望与密度函数 $r(x) = t(x)/C$ 相应分布的随机变量 X 容易生成。一般地,对有限区间 $[a,b]$ 上的概率密度函数 $f(x)$,常取

$$t(x) = M = \sup_{a \leqslant x \leqslant b} f(x) \tag{4-33}$$

此时,$r(x)$ 就是 $[a,b]$ 区间上均匀分布的密度函数。

综上所述，采用舍选法生成分布函数为 $F(x)$ 的随机变量的步骤如下：

① 生成密度函数 $r(x)$ 对应分布的随机变量 x。

② 生成均匀分布 $U(0,1)$ 随机数 u，且 u 和 x 独立。

③ 若 $u \leqslant f(x)/t(x)$，则令 $x^* = x$；否则返回步骤①，重新进行抽样。

④ 最后得到的 X^* 就是所求的分布函数为 $F(x)$ 的随机变量。

【例 4-14】　贝塔分布。

设随机变量 X 的概率密度函数为

$$f(x) = \frac{1}{B(a,b)} x^{a-1}(1-x)^{b-1} \quad (0 < x < 1; a > 0, b < 0) \tag{4-34}$$

其中，$B(a,b)$ 为贝塔函数

$$B(a,b) = \int_0^1 x^{a-1}(1-x)^{b-1} dx \tag{4-35}$$

计算可知，当 $x = (a-1)/(a+b-2)$ 时，$f(x)$ 取得最大值

$$M = \frac{1}{B(a,b)} \left(\frac{a-1}{a+b-2} \right)^{a-1} \left(\frac{b-1}{a+b-2} \right)^{b-1}$$

若取 $t(x) = M$，则显然 $r(x)$ 为均匀分布 $U(0,1)$ 的密度函数。由此可得舍选法抽样的步骤如下：

① 生成独立的均匀分布 $U(0,1)$ 随机数 u_1 和 u_2

② 如果 $u_2 \leqslant f(x)/M$，令 $x = u_1$，x 即为所求的服从贝塔分布 $B(a,b)$ 的随机变量；否则，返回步骤①重新进行抽样。

【例 4-15】　正态分布。

对正态分布 $N(0,1)$ 的随机变量，常通过将其密度函数转换到极坐标后，再应用反变换法，可生成一对服从正态分布的随机变量 X_1 和 X_2（见本章复习思考题第 6 题）。这种方法直观、易于理解，但由于要进行三角函数及对数函数运算，因此计算速度较慢。后来，人们基于舍选法给出了一种效率较高的方法，具体步骤如下：

① 独立产生两个均匀分布 $U(0,1)$ 的随机数 u_1 和 u_2。

② 令 $Y_1 = 2u_1 - 1$，$Y_2 = 2u_2 - 1$，$Y_3 = Y_1 + Y_2$。

③ 若 $Y_3 > 1$，返回步骤①重新进行抽样；否则，令

$$\begin{cases} x_1 = Y_1 [(-2\ln Y_3)/Y_3]^{1/2} \\ x_2 = Y_2 [(-2\ln Y_3)/Y_3]^{1/2} \end{cases}$$

则 x_1 和 x_2 即为两个服从正态分布 $N(0,1)$ 的随机变量。

可以证明，这种方法的舍弃概率为 $1 - \pi/4 \approx 0.2146$。

复习思考题

1. 随机数在系统仿真中具有怎样的重要作用？简述其应具备的主要特征。

2. 取 $k=2$，种子值 $x_0 = 2169$，试采用平方取中法产生 4 位的随机数序列。

3. 根据线性同余法的原理，开发一个周期大于 300 且为满周期的随机数发生器。

4. 任取一整数作为种子值，采用第 3 题中得到的随机数发生器生成随机数序列的前 200 项数据，并对其统计性能进行检验。

5. 三角分布的概率密度函数为

$$f(x) = \begin{cases} \dfrac{2(x-a)}{(b-a)(m-a)} & a \leqslant x < m \\[2mm] \dfrac{2(b-x)}{(b-a)(b-m)} & m \leqslant x < b \\[2mm] 0 & \text{其他} \end{cases}$$

试写出其相应的分布函数，并采用反变换法给出生成该三角分布随机变量的算法步骤。

6. 设 U_1 和 U_2 是相互独立的均匀分布 $U(0, 1)$ 的随机变量，令

$$\begin{cases} X_1 = \sqrt{-2\ln U_1}\cos(2\pi U_2) \\ X_2 = \sqrt{-2\ln U_1}\sin(2\pi U_2) \end{cases}$$

试证明：X_1 和 X_2 为相互独立的标准正态分布 $N(0, 1)$ 的随机变量。

7. 二项分布 $B(n, p)$ 的概率分布为

$$P\{X=k\} = \binom{n}{k} p^k (1-p)^{n-k} \quad (k=0, 1, 2, \cdots, n; 0 < p < 1)$$

试采用卷积法，给出生成该二项分布随机变量 X 的算法步骤。（提示：随机变量 X 可以看做是 n 次独立的贝努利实验的成功次数，每次实验成功的概率为 p。）

8. 超指数分布是指数分布的一种组合分布，其概率密度函数为

$$f(x) = \sum_{i=1}^{k} p_i \lambda_i e^{-\lambda_i x} \quad (x > 0)$$

其中，$\lambda_i > 0$，$p_i > 0 (i=1, 2, \cdots, k)$，且 $\sum_{i=1}^{k} p_i = 1$。试采用组合法，给出生成该超指数分布的随机变量 X 的算法步骤。

9. 伽玛分布的概率密度函数为

$$f(x) = \frac{b^a}{\Gamma(a)} x^{a-1} e^{-bx} \quad (x > 0; a > 0, b > 0)$$

其中，$\Gamma(a) = \int_0^\infty x^{a-1} e^{-x} dx (a > 0)$ 为伽玛函数，具有性质 $\Gamma(1+a) = a\Gamma(a)$。试采用舍选法，给出生成伽玛分布的随机变量 X 的算法步骤。

第 5 章
仿真数据分析

几乎所有的仿真模型都包括特定类型的随机输入数据。而在输入仿真数据和运行仿真模型后，通常也会得到大量的数据。那么，对仿真输入数据进行采集的过程通常包括哪几个主要的步骤？如何通过对实际采集数据的分析来确定输入数据的分布类型及其具体参数？什么是终态仿真和稳态仿真？怎样通过对仿真输出数据的分析，来得到对实际生产系统性能测度的估计？本章将针对这些问题，来详细介绍仿真输入数据的采集以及仿真输入/输出数据的分析方法。

5.1 仿真输入数据采集与分析

5.1.1 仿真输入数据的采集和预处理

在生产系统建模与仿真中，数据的采集和预处理是一项繁重而复杂但同时也是十分重要的工作。输入数据的正确与否，将直接影响生产系统仿真模型输出结果的正确性和有效性。即使模型的结构是正确的，如果输入数据采集得不准确、分析不恰当，或者未能代表生产系统的实际情况，则当将仿真输出用于策略制订和决策时，也会产生让人误解，导致破坏或浪费的后果。因此，为保证系统仿真结果的正确、可靠，首先要求必须有高质量的原始数据。正确地采集原始数据并对这些数据进行分析，是生产系统建模与仿真获得成功的关键环节之一。

一般来说，数据采集的方法主要有以下几种：

① 通过实际观测获得系统的输入数据。

② 采用项目管理人员提供的实际系统运行数据。

③ 从已发表的研究成果等资料中搜集类似系统的输入数据。

在具体的应用中，需要采集哪些数据以及如何采集数据等问题，还往往同所研究的对象和研究的目的密切相关。

在数据采集过程中，一般应遵循的基本步骤及相关要求如下：

① 确定信息/数据需求。即首先要了解目标系统的结构、系统运行的基本流程、系统中有哪些随机过程、所包含的输入数据类型以及所能采集到的具体数值等，确定需要进行采集的信息和数据。这需要对整个系统的运作有充分的了解，通常需要与系统管理者、专家及一线的作业人员进行全面沟通并实地考察。这也是仿真建模中最关键的一个步骤。

② 研究采集方法，编制采集计划。根据各类数据所存在的环境和特点的不同，编制

不同的数据采集计划。计划的内容应包括采集的时间、地点、负责人员、记录方法以及在数据采集的过程中可能需要使用的仪器和工具等。

③ 设计和绘制数据采集表格。对所采集数据的记录同样是非常重要的。在一般情况下，应根据实际需要，并按照数据采集的方法事先设计好数据采集表格。如果各采集点的时间是事先确定的，则应将采集时间也在表格中填好，以免在实施数据采集时没有充足的时间，而且可能影响观测效果。如果是委托他人代理采集的，表格中还应详细注明数据采集的各项具体要求和注意事项。

④ 按照研究目的和系统不同时段的特点，选定数据采集的地点和时间。一般来说，数据采集的开始时间、结束时间及总时间等都应该事先确定好，而不宜到了现场之后再临时作决定，尤其是不能以开始进行数据采集工作的时刻作为计时的起点。如果采集过程持续的时间比较短，这种做法可能会给结果带来很大的误差。

⑤ 在采集任务比较繁重时，要按计划对数据进行分组采集。对于十分重要的数据，还往往要在相同的时间段里多次采集。

⑥ 在数据采集结束后，要对所得到的数据进行整理并作一大概的分析。如果发现记录不清楚或有明显错误的地方，或者存在不正常的、明显不符合规范要求的数据等情况，都要立即进行修改或者安排重新采集。对经过整理后的数据，要及时存档。

在采集到实际生产系统的数据之后，还需要对这些数据进行详细的统计分析，并建立起能够正确地反映这些数据随机特征的输入数据模型。这是能否得到正确仿真结果的重要前提。

对仿真模型的输入数据进行分析的一般过程包括：

① 检查所使用的数据是否独立。

② 大致判断各类数据所服从的概率分布。

③ 估计各类分布有关的参数。

④ 进行拟合优度检验。

在经过这一系列的分析步骤之后，就可以确定各类数据的拟合分布函数，并利用前面第4章中介绍的随机数及随机变量生成方法，得到满足要求的随机数据，并根据这些数据进行后续的仿真分析。

5.1.2 样本数据的独立性判别

在使用统计方法对仿真输入数据 $X_1, X_2, \cdots, X_n$ 进行分析时，一般都要求这些样本数据是独立地取自某个总体分布。因此，首先需要确定这些样本数据是否独立。这里介绍两种粗略地判别样本数据是否独立的图形方法。

1. 相关图法

相关图是对样本相关系数 $\hat{\rho}_j (j = 1, 2, \cdots, l)$ 进行描绘的图形。样本相关系数 $\hat{\rho}_j$ 是相关系数 ρ_j 的点估计，如果样本数据 $X_1, X_2, \cdots, X_n$ 是独立的，则 $\rho_j = 0 (j = 1, 2, \cdots, n-1)$。然而，由于 $\hat{\rho}_j$ 是一个随机变量的观察值，即使 $X_1, X_2, \cdots, X_n$ 是独立的，一般

$\hat{\rho}_j \neq 0$。但如果总存在有一个正整数 ε，使得 $|\hat{\rho}_j| > \varepsilon$，则说明 X_1，X_2，$\cdots$，X_n 不独立。图 5-1a、5-1b 分别给出了独立样本和不独立样本的相关图。

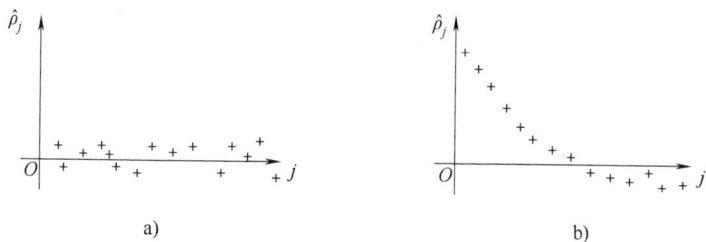

图 5-1　相关图

2. 散点图法

散点图是在一个平面直角坐标系内，将样本数据 X_1，X_2，$\cdots$，X_n 以点对 (X_i, X_{i+1})（$i = 1$，2，$\cdots$，$n-1$）的形式绘制而成的图形。散点图的性质完全依赖于样本的总体分布。为便于表述，假定 X_1，X_2，$\cdots$，X_n 是非负的，如果 X_1，X_2，$\cdots$，X_n 是独立的，则这些点对 (X_i, X_{i+1})（$i = 1$，2，$\cdots$，$n-1$）应该随机地散布在坐标平面的第一象限，如图 5-2a 所示；如果 X_1，X_2，$\cdots$，X_n 正相关，则它们将散布在一条斜率为正的直线附近，如图 5-2b 所示；如果 X_1，X_2，$\cdots$，X_n 负相关，则它们将散布在一条斜率为负的直线附近，如图 5-2c 所示。

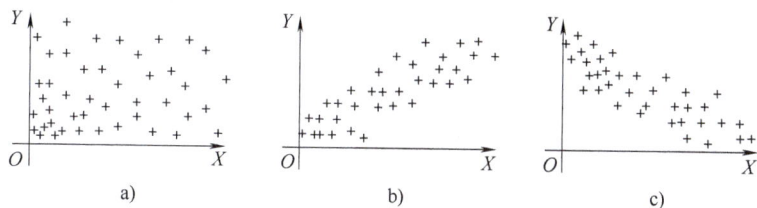

图 5-2　散点图

【例 5-1】　通过数据采集得到某零件检测时间的 100 个样本数据，如表 5-1 所示。

表 5-1　100 个零件检测时间　　　　　（单位：min）

0.99	0.41	0.89	0.59	0.98	0.47	0.70	0.94	0.39	0.92
1.30	0.67	0.64	0.88	0.57	0.87	0.43	0.97	1.20	1.50
1.20	0.98	0.89	0.62	0.97	1.30	1.20	1.10	1.00	0.44
0.67	1.70	1.40	1.00	1.00	0.88	0.52	1.30	0.59	0.35
0.67	0.51	0.72	0.76	0.61	0.37	0.66	0.75	1.10	0.76
0.79	0.78	0.49	1.10	0.74	0.97	0.93	0.76	0.66	0.57
1.20	0.49	0.92	1.50	1.10	0.64	0.96	0.87	1.10	0.50
0.60	1.30	1.30	1.40	1.30	0.96	0.95	1.60	0.58	1.10
0.43	1.60	1.20	0.49	0.35	0.41	0.54	0.83	1.20	0.99
1.00	0.65	0.82	0.52	0.52	0.80	0.72	1.20	0.59	1.60

由表 5-1 给出的 100 个样本数据，可绘出相应的散点图，如图 5-3 所示。

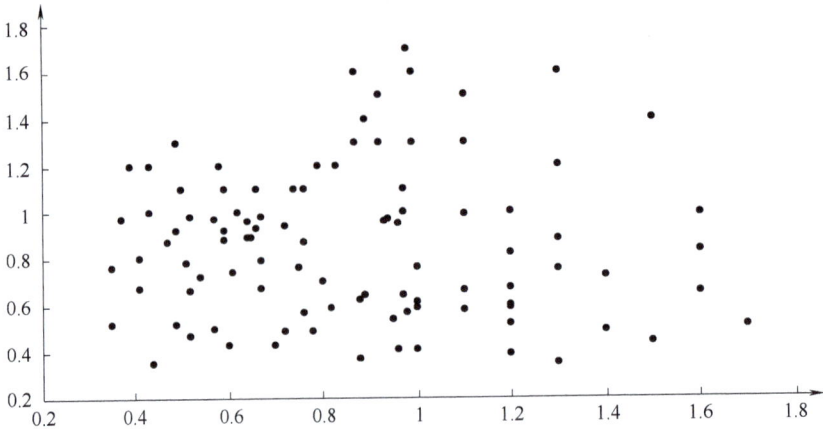

图 5-3　零件检测时间的数据散点图

根据图 5-3 可以初步判定，表 5-1 中的样本数据是大致独立的。

5.1.3　分布形式假定

在样本数据已经满足独立同分布这一假定的前提下，为确定输入随机变量的分布，首先需要确定这些数据能否拟合出一个理论分布。可以通过对采集到的样本数据进行分析来假设一种分布形式。然后通过绘图手段和对一些统计量的测试，来试探出最接近其分布规律的分布族，并用统计检验的方法判断数据是否符合这一分布。

本节接下来主要介绍确定一个拟合最优的理论分布函数的两种常用方法，即点统计法和直方图法。

1. 点统计法

有一些分布函数可以通过实际参数的某些函数来进行确定，这些构造的统计量称为点统计量。而点统计法就是根据某些概率分布的各参数之间存在的一些特殊关系，通过它们构成的某些点统计量来判断分布的类型。表 5-2 中列出了一些统计量函数，以及从独立同分布的采样数据 X_1，X_2，$\cdots$，X_n 能计算得到这些函数估计值的公式（将 X_1，X_2，$\cdots$，X_n 由小到大重新排序后得到 $X_{(1)}$，$X_{(2)}$，$\cdots$，$X_{(n)}$）。

表 5-2　常用的点估计统计量

函　　数	样本估计量（点统计量）	连续或离散	说　　明
最小值，最大值	$X_{(1)}$，$X_{(n)}$	连续或离散	$[X_{(1)}，X_{(n)}]$ 是对分布区域的粗略估计
均值 μ	$\overline{X}(n)$	连续或离散	数据聚集中心的测度
中位数 $\chi_{0.5}$	排序后数据居中的数值	连续或离散	另一种数据聚集中心的测度
方差 σ^2	$S^2(n)$	连续或离散	数据变化程度的测度
方差系数 $cv = \dfrac{\sqrt{\sigma^2}}{\mu}$	$\hat{cv} = \dfrac{\sqrt{S^2(n)}}{\overline{X}(n)}$	连续	另一种数据变化程度的测度

用表 5-2 中的这些点估计统计量，可以来协助确定合适的分布函数族，对分布的类型进行粗略的估计。例如，对于指数分布，有方差系数 $cv=1$；对于伽玛分布和威布尔分布，当参数 α 小于、等于或大于 1 时，cv 大于、等于或小于 1；而对于对数正态分布，方差系数 $cv>0$。利用方差系数的估计值，能够粗略地区分出总体分布的类型。例如当计算出一组数据的方差系数估计值 $\hat{cv}$ 接近于 1 时，就可以认为其总体分布大致服从指数分布。显然，利用方差系数来估计样本数据的概率分布是有限的，但是该方法比较简单，尤其是对于指数分布十分有效。

2. 直方图法

频度分布和直方图在辨识一个特定分布的形状时是非常有用的。利用收集到的样本数据 X_1, X_2, $\cdots$, X_n，通过绘制直方图可以得到相应总体分布的概率密度函数的基本图形估计。

直方图法基于概率密度的一个基本性质，即如果某输入随机变量 X 有密度函数 $f(x)$，则 X 取值在区间 $I_i=[b_{i-1},\ b_i]$ 的概率为 $P\{X\in I_i\}=\int_{b_{i-1}}^{b_i} f(x)\ dx$。而利用样本数据，可以得到这一概率值 $P\{X\in I_i\}$ 的估计为 $g_i=f_i/n$，即有

$$\int_{b_{i-1}}^{b_i} f(x)\,dx = f_i/n,\ (i=1,\ 2,\ \cdots,\ k) \tag{5-1}$$

根据积分中值定理，可得

$$f(x)\Delta b = f_i/n \tag{5-2}$$

亦即：对 $x\in I_i$，以 $f_i/(n\Delta b)$ 作为 $f(x)$ 的估计。这就是直方图法的基本思想，如图 5-4 所示。

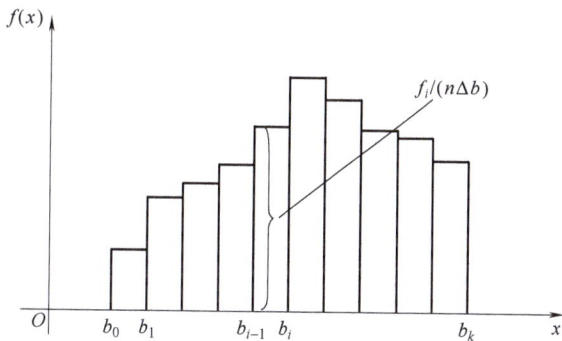

图 5-4　直方图

直方图法的一般步骤如下：

① 用 b_0 和 b_k 分别表示样本数据 X_1, X_2, $\cdots$, X_n 中的最小值与最大值，即

$$b_0 = \min_{1\leqslant i\leqslant n}\{X_i\},\quad b_k = \max_{1\leqslant i\leqslant n}\{X_i\}$$

再把区间 $[b_0,\ b_k]$ 划分成 k 个等间隔的小区间 $I_1=[b_0,\ b_1)$，$I_2=[b_1,\ b_2)$，$\cdots$，$I_k=[b_{k-1},\ b_k]$，其分点为 $b_0<b_1<b_2<\cdots<b_{k-1}<b_k$。则可得每个小区间的长度

$$\Delta b = b_i - b_{i-1} = (b_k - b_0)/k \tag{5-3}$$

② 用 f_i 表示样本数据 X_1，X_2，…，X_n 落入第 i 个小区间 $I_i(i=1,2,…,k)$ 中的个数，则 $f_1+f_2+…+f_k=n$。

③ 计算每个小区间上的样本个数占整个样本数据量的比例（频度）

$$g_i=f_i/n(i=1,2,…,k) \tag{5-4}$$

④ 定义函数

$$h(x)=\begin{cases}0 & x<b_0 \\ g_i & b_{i-1}\leqslant x<b_i \\ 0 & x\geqslant b_i\end{cases} \tag{5-5}$$

然后绘制函数 $h(x)$ 的图形，即为所需要的直方图。

⑤ 将步骤④得到的直方图与基本理论分布的概率密度函数图形进行比较（先忽略位置及比例上的差别），观察何种分布与 $h(x)$ 的图形相似，就可以假定样本数据 X_1，X_2，…，X_n 服从该类型分布。

直方图的绘制十分简单，它可以应用于任何分布，并提供了一种很方便地将数据转换成直观可见轮廓的方法。但需要注意的是，这种方法所得到的结果在很大程度上受到分区间宽度 Δb 的影响。Δb 选取过大，则有可能突出了平均化的作用，而导致一些细节信息的丢失；Δb 选取过小，又有可能受随机性的影响较大而得到极不规则的形状。有研究表明，当所选择的分组区间的数量 k 近似等于样本大小的平方根时，经常会取得较好的效果。

【例 5-2】 通过对某生产加工系统进行观察得知，在某段固定时间内有 220 个零件到达系统，将第 i 个零件和第 $i+1$ 个零件之间的到达间隔时间 X_i（单位：min）（$i=1,2,…$，219）按从小到大的顺序排列，如表 5-3 所示。

表 5-3　零件到达间隔时间 　　　　　　　　　　　　　　　　（单位：min）

0.01	0.01	0.01	0.01	0.01	0.01	0.01	0.01	0.02	0.02
0.03	0.03	0.03	0.04	0.04	0.04	0.04	0.04	0.04	0.05
0.05	0.05	0.05	0.05	0.05	0.05	0.05	0.05	0.05	0.06
0.06	0.06	0.06	0.07	0.07	0.07	0.07	0.07	0.07	0.07
0.07	0.07	0.07	0.08	0.08	0.08	0.08	0.09	0.09	0.10
0.10	0.10	0.10	0.10	0.10	0.10	0.10	0.10	0.11	0.11
0.11	0.11	0.11	0.12	0.12	0.12	0.12	0.13	0.13	0.14
0.14	0.14	0.14	0.15	0.15	0.15	0.15	0.15	0.15	0.17
0.18	0.19	0.19	0.19	0.20	0.21	0.21	0.21	0.21	0.21
0.22	0.22	0.22	0.23	0.23	0.23	0.23	0.23	0.24	0.25
0.25	0.25	0.25	0.25	0.26	0.26	0.26	0.26	0.26	0.27
0.28	0.28	0.29	0.29	0.30	0.31	0.31	0.32	0.35	0.35
0.35	0.36	0.36	0.36	0.37	0.37	0.38	0.38	0.38	0.38
0.38	0.39	0.40	0.40	0.41	0.41	0.43	0.43	0.43	0.44
0.45	0.45	0.46	0.47	0.47	0.47	0.48	0.49	0.49	0.49

（续）

0.49	0.50	0.50	0.50	0.51	0.51	0.51	0.52	0.52	0.53
0.53	0.53	0.54	0.54	0.55	0.55	0.56	0.57	0.57	0.60
0.61	0.61	0.63	0.63	0.64	0.65	0.65	0.65	0.69	0.69
0.70	0.72	0.72	0.72	0.74	0.75	0.76	0.77	0.79	0.84
0.86	0.87	0.88	0.88	0.90	0.93	0.93	0.95	0.97	1.03
1.05	1.05	1.06	1.09	1.10	1.11	1.12	1.17	1.18	1.24
1.24	1.28	1.33	1.38	1.44	1.51	1.72	1.83	1.96	

利用点统计法，计算可得该组样本数据的均值 $\bar{x}_{219} = 0.399$，方差 $s^2_{219} = 0.144$，而方差系数估计值 $\hat{c}v_{219} = 0.953 \approx 1$，因此可以初步认定其为指数分布。取 $b_0 = 0$，$b_k = 2$，$\Delta b = 0.05$，0.1 和 0.2，分别作直方图如图 5-5a、5-5b 和 5-5c 所示。显然，$\Delta b = 0.1$ 和 $\Delta b = 0.2$ 所对应的直方图较为平滑，其形状与指数分布的概率密度函数也比较相似。

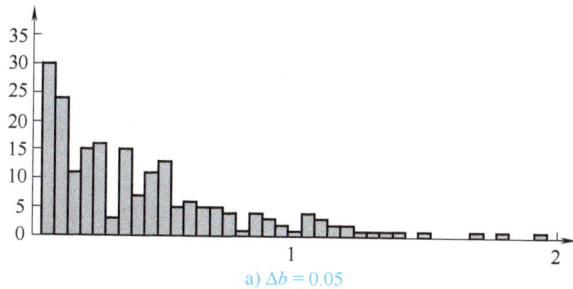

a) $\Delta b = 0.05$

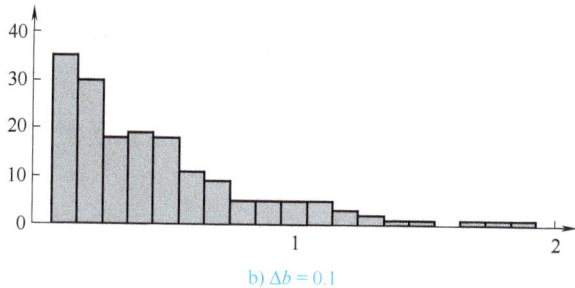

b) $\Delta b = 0.1$

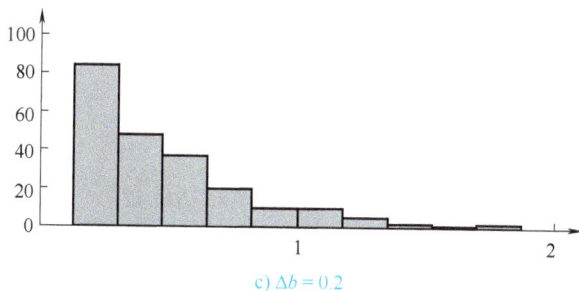

c) $\Delta b = 0.2$

图 5-5 零件到达间隔时间样本数据的直方图

5.1.4 分布参数估计

由样本数据估计某一分布参数的方法有很多种，使用最为普遍的是极大似然估计法，其他还有最小二乘估计法和无偏估计法等。本节仅介绍极大似然估计法，对其他各方法感兴趣的读者可查阅相关的书籍文献。

极大似然估计法具有一些较好的统计特性，有着较为直观的意义，并且对后续采用 χ^2 拟合优度检验等也非常重要。该方法的原理是：认为所观测到的样本数据是实际生产系统中所产生的概率最大的一组数据。

假定总体的概率密度函数的形式 $f(x, \theta_1, \theta_2, \cdots, \theta_k)$ 是已知的，其中 $\theta_j(j=1, 2, \cdots, k)$ 为未知参数。若 $X_1, X_2, \cdots, X_k$ 为来自总体的一个样本，则它的联合概率密度函数可以写成

$$L(x_1, x_2, \cdots, x_n; \theta_1, \theta_2, \cdots, \theta_k) = \prod_{i=1}^{n} f(x_i, \theta_1, \theta_2, \cdots, \theta_k) \tag{5-6}$$

称上述联合概率密度函数式（5-6）为似然函数。

对于总体为离散型分布的情形，定义似然函数为

$$L(x_1, x_2, \cdots, x_n; \theta_1, \theta_2, \cdots, \theta_k) = \prod_{i=1}^{n} P\{X_i = x_i\} \tag{5-7}$$

那么，参数 $\theta_j(j=1, 2, \cdots, k)$ 的极大似然估计值 $\hat{\theta}_j$ 就是使得似然函数 L 取最大值时的 θ_j 的值。即对任意的 $\theta_j(j=1, 2, \cdots, k)$，有

$$L(\hat{\theta}_1, \hat{\theta}_2, \cdots, \hat{\theta}_k) \geqslant L(\theta_1, \theta_2, \cdots, \theta_k) \tag{5-8}$$

【例5-3】 在例5-2中，已经确定了表5-3中的样本数据大概服从指数分布，概率密度函数为 $f(x) = \lambda e^{-\lambda x}(x>0)$。接下来，对其中的未知参数 λ 的极大似然估计量进行求解。

根据指数分布的概率密度函数表达式，可得相应的似然函数为

$$L(\lambda) = \prod_{i=1}^{n} \lambda e^{-\lambda x_i} = \lambda^n e^{-\lambda \sum_{i=1}^{n} x_i} \tag{5-9}$$

式（5-9）也可写成

$$\ln L(\lambda) = n\ln\lambda - \lambda \sum_{i=1}^{n} x_i \tag{5-10}$$

对式（5-10）两边求导数，可得

$$\frac{\mathrm{d}\ln L}{\mathrm{d}\lambda} = \frac{n}{\lambda} - \sum_{i=1}^{n} x_i \tag{5-11}$$

令式（5-11）等于0，求解即可得参数 λ 的极大似然估计量

$$\hat{\lambda} = n / \sum_{i=1}^{n} x_i = 1/\bar{x}_n$$

即：指数分布的参数 λ 的极大似然估计量是样本均值的倒数。根据表5-3中的样本数据，可计算得到 $\hat{\lambda} = 2.5063$。

5.1.5 拟合优度检验

从所观测、采集的样本数据中假定了一个拟合分布族，并估计出该分布的参数后，接下来就必须检验所拟合的分布是否与样本数据相吻合，这就是拟合优度检验。其基本的思路是：将得到的拟合分布函数用原始数据进行统计假设检验。即检验假设

H_0：观测数据 x_i 是以拟合分布函数 F 为分布

函数的独立同分布的随机变量

需要说明的是，实际上假设 H_0 可能不一定总是完全为真，即可能根本无法得到实际观测数据的真正分布。拟合优度检验只是试图找出实际观测数据与拟合分布之间大体上的不同，而且大多数检验方法也并不是十分准确的。因此，从严格的意义上来讲，当利用上述假设 H_0 来对一组观测数据进行检验并且通过了该检验时，只能说"不拒绝"假设 H_0。但是，这并不等于接受了这一假设。

常用的拟合优度检验方法主要有两种：一是针对概率密度函数的 χ^2 检验法；二是针对分布函数的 K-S 检验法。第 4 章已经分别对这两种检验方法进行了介绍，具体请参见 4.3 节。

5.2 仿真输出分析

5.2.1 系统的性能测度及其估计

通过仿真运行可以了解生产系统性能，而系统性能通常可以由一个或多个参数值（性能测度）来概括。例如在对某一生产系统的考察中，人们关心的可能是某一类产品的平均生产周期、设备的平均利用率以及单位时间的平均费用等。但是，由于包括生产系统在内的绝大部分离散事件系统本身所固有的一些随机性因素，每一次仿真运行只能是系统模型输出的一次抽样，因此所得到的结果与系统的"真正解"可能有很大的偏差。

【例 5-4】 在图 2-1 所示的简单加工系统中，假设零件到达的时间间隔是服从某一指数分布且均值为 5min 的随机变量，每个零件的加工时间是服从某一指数分布且均值为 4min 的随机变量。采用仿真方法，分别针对长度为 $n=1000$，2000，3000，4000，5000 个零件加工完毕的情形进行仿真运行，可以得到其平均队长 $Q(n)$ 及平均等待时间 $d(n)$，如表 5-4 所示。

表 5-4 简单加工系统的仿真结果

仿真长度 n	1000	2000	3000	4000	5000	理论值
$Q(n)$	3.916	3.620	3.181	3.326	3.425	3.2
$d(n)$	19.723	17.856	15.563	16.826	16.982	16.0

由表 5-4 可以看到，各次仿真运行的结果与理论值都有偏差，并且这些数值之间相差也较大。因此，仅从某一次仿真运行的结果来推断系统的性能并不一定能够保证所得到的

结论就是正确的，不能把一次仿真运行所得的结果就当成是所研究问题的解。

为了使仿真结果有意义，必须要采用适当的统计技术来设计仿真实验和分析仿真结果，这样才能得到一般性的结论。仿真输出分析的目的就是通过采用适当的统计技术对仿真运行所产生的大量数据进行分析，来实现对未知参数的估计。对某一系统性能测度的估计，通常包括点估计法和区间估计法两种。

1. 点估计

点估计要解决的是寻找待估计参数的估计量（不含未知参数的样本函数），使得它在某种意义上可以作为未知参数的估计。

设 n 次仿真运行中某一输出随机变量 X 的观察值（即仿真输出的样本数据）为 X_1，X_2，$\cdots$，X_n，如果未知参数是均值 $E(X)$ 和方差 $\text{Var}(X)$，那么常用的点估计有：

① 样本均值

$$\overline{X}_n = \frac{1}{n} \sum_{i=1}^{n} X_i \tag{5-12}$$

② 样本方差

$$S_n^2 = \frac{1}{n-1} \sum_{i=1}^{1} (X_i - \overline{X}_n)^2 \tag{5-13}$$

由于点估计仍然是随机变量，因此需要从统计的观点来考察它的优劣，如无偏性和有效性等。

2. 区间估计

点估计给出了未知参数的一个较好的推测，而区间估计可以对估计值距离参数真值的误差进行度量，并给出其置信度，以说明这个推测的误差为多大才算是合理的。

经典的统计方法对独立同分布的随机变量 X_1，X_2，$\cdots$，X_n 给出总体均值的 $100(1-\alpha)\%$ 的置信区间为

$$\left(\overline{X}_n - \frac{t_{\alpha/2}(n-1)S_n}{\sqrt{n}}, \ \overline{X}_n + \frac{t_{\alpha/2}(n-1)S_n}{\sqrt{n}} \right) \tag{5-14}$$

其中，$t_{\alpha/2}(n-1)$ 是自由度为 $n-1$ 的 t 分布上 $100\alpha/2$ 百分位点，称 $1-\alpha$ 为置信度，它表示从样本数据中得到的随机区间以概率 $1-\alpha$ 包含真实参数。

【例 5-5】 对某生产系统重复仿真运行 120 次，得到平均周期时间的总均值为 5.60h，样本标准差为 1.40h。由于 $t_{0.025}(119) = 1.98$，所以可得长时间运行下的期望日平均周期时间的 95% 的置信区间为

$$\left(5.60 - \frac{1.98 \times 1.40}{\sqrt{120}}, \ 5.60 + \frac{1.98 \times 1.40}{\sqrt{120}} \right)$$

$$= (5.60 - 0.25, \ 5.60 + 0.25)$$

因此，最好的长时间运行下的日平均周期时间的推测是 5.60h，但是在该估计中可能存在有 ±0.25h 的误差。

5.2.2 终态仿真与稳态仿真

在进行仿真输出分析时，首先要区分两种不同的仿真方式，即终态仿真和稳态仿真。

　　终态仿真，也称为瞬态仿真，是指仿真运行某个持续的时间 $[0, T_E]$。这里，E 表示停止仿真的某一个（或一组）特定的事件，T_E 则是指该事件 E 发生的时刻，它可以是一个固定的常数，也可以是一个随机变量。例如，某流水线车间根据订单需要生产 2000 件产品，那么系统就一直运行到第 2000 件产品装配完毕为止。

　　在对一个终态系统进行仿真时，必须要指定系统在 0 时刻的初始条件，并且对停止时间 T_E 或停止事件 E 进行很好的定义。一般来说，终态仿真的结果与系统的初始条件有关。

　　与终态仿真不同，在稳态仿真中，对系统性能参数的估计则是建立在长期运行的基础之上的。它没有终止事件，因此其一次仿真运行的时间在理论上来讲是趋于无穷的，或者至少应该足够长，以便能够得到所求性能参数的良好估计。例如，许多不同类型的连续型生产系统、很少停止的装配线等都可以看做稳态系统。从理论上来说，稳态仿真的最终结果是不受初始条件的影响的。

　　总之，在两种不同类型的仿真中，终态仿真主要研究的是在规定时间内的系统行为，而稳态仿真则更侧重于对系统长期运行的稳态行为的关注。这种差异导致了在仿真输出分析时，二者所采用统计方法的不同。

　　但需要说明的是，对于终态仿真和稳态仿真两者之间的区分也并不是绝对的。对于某一给定的实际生产系统，究竟采用何种方式进行仿真及其输出分析，还往往要取决于所研究系统的性质以及进行仿真研究的目的等因素。

5.2.3　终态仿真的输出分析

　　对某一终态系统仿真进行考察，它在有限的时间区间 $[0, T_E]$ 上运行，得到一组样本数据的观测值 $X_1, X_2, \cdots, X_n$。其中的样本量 n 可以是固定数，也可以是随机变量（例如在时间 T_E 内的观测次数）。为了建立输出变量均值 $E(X)$ 的置信区间，通常是使用相同的初始条件和同一终止事件对系统进行固定次数的独立重复仿真运行。并且在每次重复仿真运行中，使用不同的随机数流。这样得到的仿真输出数据可以被认为是独立同分布随机变量的一组样本观测值。从而，可以采用统计方法对所关心的系统性能测度进行估计。

　　设对某一系统共进行了 R 次独立的重复仿真运行（$R \geq 2$），令 X_{ri} 表示第 r 次仿真运行中得到的第 i 个观测值，记

$$\overline{X}_r = \frac{1}{m} \sum_{i=1}^{m} X_{ri} (r = 1, 2, \cdots, R; i = 1, 2, \cdots, m) \qquad (5\text{-}15)$$

将 $\overline{X}_1, \overline{X}_2, \cdots, \overline{X}_R$ 近似看成独立同分布随机变量的一组样本观测值，则其均值和方差的点估计分别为

$$\overline{X} = \frac{1}{R} \sum_{r=1}^{R} \overline{X}_r = \frac{1}{mR} \sum_{r=1}^{R} \sum_{i=1}^{m} X_{ri} \qquad (5\text{-}16)$$

$$S^2 = \frac{1}{R-1} \sum_{r=1}^{R} (\overline{X}_r - \overline{X})^2 \qquad (5\text{-}17)$$

故可得 $E(X)$ 的 $100(1-\alpha)\%$ 的置信区间为

$$\left(\overline{X} - \frac{t_{\alpha/2}(R-1)S}{\sqrt{R}}, \ \overline{X} + \frac{t_{\alpha/2}(R-1)S}{\sqrt{R}} \right) \qquad (5\text{-}18)$$

其中，$t_{\alpha/2}(R-1)$ 是自由度为 $R-1$ 的 t 分布的上 $100\alpha/2$ 百分位点。

【例 5-6】 为考察某一工件的生产周期（工件从进入工厂到加工完成的时间），对该生产系统进行了 20 次独立的重复仿真运行，且每次仿真运行至第 500 个工件加工完成时结束。根据所得到的观测数据可计算得 $\bar{X}=0.346$，$S^2=0.187$。则相应总体均值的 90% 的置信区间为

$$\left(\bar{X} \pm \frac{t_{0.05}(18)S}{\sqrt{20}}\right) = (0.179, 0.513)$$

需要指出的是，这里所求得置信区间置信度的准确性依赖于总体分布为正态分布的假设。然而，该假设在实际中并不一定总能够满足。为了解决这一问题，通常所采用的方法是增加每次重复运行的时间，使 $\bar{X}_r (r=1, 2, \cdots, R)$ 近似地服从正态分布。已有相关的实例研究表明，采用这种方法所得到的置信区间具有比较好的稳健性。

此外，采用上述固定样本量的方法来建立置信区间的不足之处还在于无法控制置信区间的半长。若重复仿真运行的次数较少，可能会出现所得置信区间过大而无法满足实际问题所要求的仿真精度的情况；若重复仿真运行次数太多，也可能超出了实际的需要而造成不必要的浪费。因此，确定达到规定精度的置信区间所必需的最少重复仿真运行次数是十分有必要的。

假设在实际问题中所要求的绝对精度不超过 β，即

$$P\{|\bar{X} - E(X)| \leq \beta\} = 1 - \alpha \tag{5-19}$$

给出一种试算法的步骤如下：

① 对系统做 R_0 次独立的重复仿真运行（如 $R_0 = 4 \sim 5$ 次），由此可得到样本数据的方差估计 S_0^2，计算

$$\beta_0 = \frac{t_{\alpha/2}(R_0 - 1)S_0}{\sqrt{R_0}} \tag{5-20}$$

② 若 $\beta_0 \leq \beta$，则所得区间估计已满足精度要求；否则，令

$$R^*(\beta) = \min\left\{i \geq R_0, \frac{t_{\alpha/2}(i-1)S_0}{\sqrt{i}} \leq \beta\right\} \tag{5-21}$$

那么，$R^*(\beta)$ 即为满足精度要求时至少应做的独立重复运行次数。

③ 在已完成 R_0 次重复运行的基础上，再补充进行 $\Delta R = R^*(\beta) - R_0$ 次独立的重复仿真运行，则用 $R^*(\beta)$ 次仿真运行所得到的输出数据来建立置信区间，即能够满足相应的精度要求。

但是，在上述的试算法中，由于 $\bar{X}_0$ 和 S_0 并不随仿真运行次数的增加而变化，因此也可能会带来一些误差。序贯法可以比较好地解决这一问题，对此感兴趣的读者可以查阅有关的资料来了解其具体内容。

5.2.4 稳态仿真的输出分析

稳态仿真关心的是系统在平稳状态下或者长时间运行中所表现出的一些"长期稳定"

的行为特征。例如，对某一零件加工系统来说，估计在稳态状态下每个工件在队列中的平均等待时间等。假设系统单次仿真运行在进入稳态后观测得到的 n 个工件的等待时间分别为 W_1，W_2，$\cdots$，W_n，则可得相应的平均等待时间为

$$E(W) = \lim_{n \to +\infty} \frac{1}{n} \sum_{i=1}^{n} W_i \tag{5-22}$$

当对稳态仿真产生的数据进行分析时，必须首先要处理好以下两个问题：一是初始瞬态部分的存在（启动问题）；二是样本观测数据间的自相关性问题。目前应用较为成功的稳态仿真输出分析方法主要有重复—删除法、批平均值法、再生法、谱分析法、自回归法和标准时间序列法等。本节仅介绍比较常用的重复—删除法和批平均值法这两种方法。

1. 重复—删除法

处理样本数据间自相关性问题的一个最为简单的方法就是对系统进行独立的重复仿真运行。重复—删除法将仿真运行划分为初始化阶段和数据采集阶段，如图5-6所示。

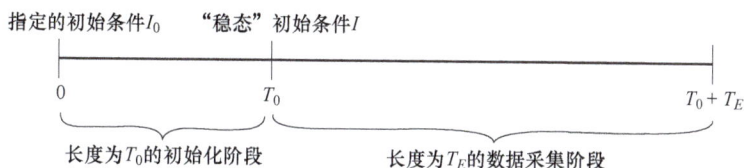

图5-6 稳态仿真运行的初始化和数据采集阶段

用 n 表示重复仿真运行的次数，m 为每次仿真运行所得到的样本观测值个数，X_{ij} 表示第 i 次仿真运行中得到的第 j 个观测值，则可以对每次仿真运行都删除初始化阶段的 l 个观测值 X_{i1}，X_{i2}，$\cdots$，$X_{il}(i = 1, 2, \cdots, n)$，以消除初始条件的影响，并计算采集数据阶段所得到的观测值 X_{il+1}，X_{il+2}，$\cdots$，$X_{im}(i = 1, 2, \cdots, n)$ 的平均值

$$\overline{X}_i(m, l) = \frac{1}{m-l} \sum_{j=l+1}^{m} X_{ij}(i = 1, 2, \cdots, n) \tag{5-23}$$

于是，把 $\overline{X}_1(m, l)$，$\overline{X}_2(m, l)$，$\cdots$，$\overline{X}_n(m, l)$ 看做独立同分布的随机变量，从而就可以用经典统计方法建立均值的置信区间。

重复—删除法的优点是只需要运行 n 次独立的终态仿真，所需样本容量就可以大大减少。但在运用过程中仍存在有以下几点问题：

① 如何确定合适的 l 取值。

② 仿真数据的使用效率较低。

③ 仿真过程中，必须人为地干涉仿真运行来采集数据，而且每次仿真运行结束时需要对系统进行重新的初始化。

因此，该方法通常适宜于系统能较快进入稳态并且仿真运行长度有限的场合。

2. 批平均值法

批平均值法以单次长时间的仿真运行为基础。其基本思想是：设仿真运行长度为 n（要求 n 足够大），将仿真运行得到的样本观测值 X_1，X_2，$\cdots$，X_n 划分为 m 批，每批的长度为 l，则得到每批数据如下：

81

$$
\begin{array}{cccc}
X_1 & X_2 & \cdots & X_l \\
X_{l+1} & X_{l+2} & \cdots & X_{2l} \\
\vdots & \vdots & \vdots & \vdots \\
X_{(n-1)l+1} & X_{(n-1)l+2} & \cdots & X_{ml}
\end{array}
$$

分别对每批数据进行处理，记第 i 批中 l 个观测值的样本均值（批平均值）为

$$
\overline{X}_i(l) = \frac{1}{l} \sum_{j=1}^{l} X_{(i-1)l+j} \quad (i = 1, 2, \cdots, m) \tag{5-24}
$$

则总的样本均值为

$$
\overline{\overline{X}}(m,l) = \frac{1}{m} \sum_{i=1}^{m} \overline{X}_i(l) = \frac{1}{n} \sum_{i=1}^{n} X_i \tag{5-25}
$$

将 $\overline{\overline{X}}(m, l)$ 作为 $E(X)$ 的点估计。

只要批容量 l 足够大，批平均值 $\overline{X}_1(l)$，$\overline{X}_2(l)$，$\cdots$，将近似不相关。由中心极限定理，还可以选 l 足够大，使得 $\overline{X}_i(l)$（$i = 1, 2, \cdots, m$）近似服从正态分布。于是，就可以把批平均值看做一个独立同服从正态分布的随机变量序列，并得到 $E(X)$ 的近似 $100(1-\alpha)\%$ 的置信区间为

$$
\left(\overline{\overline{X}} - t_{\alpha/2}(m-1) \sqrt{\frac{S^2_{\overline{X}(l)}(m)}{m}}, \overline{\overline{X}} + t_{\alpha/2}(m-1) \sqrt{\frac{S^2_{\overline{X}(l)}(m)}{m}} \right) \tag{5-26}
$$

其中，

$$
S^2_{\overline{X}(l)}(m) = \frac{1}{m-1} \sum_{i=1}^{m} [\overline{X}_i(l) - \overline{\overline{X}}(m,l)]^2 \tag{5-27}
$$

批平均值法的优点是它在仿真分析中仅删除一次初始瞬态数据，因而利用数据的效率比较高。但在具体的应用过程中，要求必须确定合适的批容量大小和批数。并且需要注意的是，批平均值法通常要求在系统进入稳态后才开始采集数据，以便消除初始瞬态部分的影响。

复习思考题

1. 试述对仿真输入数据进行分析的一般过程及其主要内容。

2. 根据第 4 章复习思考题第 6 题中所得到的结论，生成标准正态分布 $N(0,1)$ 的前 200 项数据，并根据这些数据分别绘制相应的相关图、散点图和直方图，以检验样本数据的独立性及其分布形式是否为正态分布。

3. 假定下面的一组样本数据是由伽玛分布 $\Gamma(a, b)$ 随机产生的：

1.691	1.437	8.221	5.976	1.116
4.435	2.345	1.782	3.810	4.589
5.313	10.900	2.649	2.432	1.581
2.432	1.843	2.466	2.833	2.361

试计算其分布参数 a 和 b 的极大似然估计量，并对拟合优度进行检验。

4. 分析终态仿真与稳态仿真这两种仿真方式的异同。

5. 对图 2-1 所示的简单加工系统，进行独立的重复仿真运行 10 次，每次仿真运行的长度为 200，初始条件为初始队长 $q(0)=0$，且钻床设备处于"空闲"状态。仿真运行的结果如下：

平均等待时间 $D_j(200)$：

10.427	14.469	12.780	8.703	12.727
9.206	8.053	28.039	6.228	13.931

平均队长 $Q_j(200)$：

2.098	2.718	2.389	1.596	2.585
1.755	1.724	6.523	1.227	2.779

试计算求解该简单加工系统平均等待时间 $D_j(200)$ 和平均队长 $Q_j(200)$ 这两个性能指标的置信度为 0.90 的置信区间。

6. 对图 2-1 所示的简单加工系统，进行独立的重复仿真运行 10 次，按批统计分别得到平均队长 10 个批次的批平均值如表 5-5 所示。

表 5-5 批平均值

运行次数	批 次									
	1	2	3	4	5	6	7	8	9	10
1	3.55	5.60	1.59	2.18	1.41	3.21	2.71	3.07	2.70	3.04
2	24.47	8.45	21.63	16.15	23.65	9.00	4.06	27.58	8.58	8.53
3	14.10	9.87	22.15	20.36	14.56	19.53	23.41	6.08	16.04	23.96
4	1.92	6.29	1.16	12.87	18.24	1.75	1.57	18.59	2.76	4.74
5	8.14	1.49	18.63	0.74	12.62	4.78	3.35	11.28	3.42	4.51
6	16.77	27.25	2.59	10.39	7.26	2.84	9.11	2.32	8.50	26.81
7	5.03	4.14	5.12	5.05	9.26	2.59	28.94	2.14	0.94	4.98
8	3.27	3.61	1.91	5.33	4.13	5.94	7.95	6.14	29.80	10.35
9	4.11	6.21	1.20	2.14	2.16	1.32	3.32	3.08	2.21	7.31
10	1.96	2.07	5.56	4.80	14.24	3.54	3.19	13.39	0.94	2.74

试运用批平均值法计算其平均队长 Q 的 90% 的置信区间。

7. 针对第 5 题中给出的仿真运行数据，运用重复—删除法，删除的批数分别为前 1 和前 3，分别计算相应情况下的平均队长 Q 的 90% 的置信区间。并将其与第 5 题中得到的计算结果进行比较。

第 6 章

系统设计方案的比较与仿真实验设计

在生产系统建模与仿真中，如何对不同的系统设计方案进行比较和分析？如何采取措施来保障获得更为精确的性能测度估计值？怎样通过合理的实验设计来获得尽可能多的系统输出信息？本章将围绕这些问题，主要介绍在基于性能测度对两种或多种生产系统设计方案进行比较的过程中常用的几种统计学方法，并对生产系统仿真中经常用到的方差缩减技术和仿真实验设计等作概要性的介绍。

6.1 系统设计方案的比较与评价

6.1.1 两种系统设计方案的比较

对两种系统设计方案的性能进行比较的基本思想是：对每一系统分别独立地重复仿真运行 n 次，各自得到同一性能的 n 个样本值，然后根据这些样本数据来建立对应样本差值的置信区间。

设两个系统 1 和 2 的 n 个样本分别为 X_{11}，X_{12}，$\cdots$，X_{1n} 和 X_{21}，X_{22}，$\cdots$，X_{2n}，记 $\mu_i = E(x_{ij})$（$j = 1, 2, \cdots, n$；$i = 1, 2$）为系统的性能期望值，则 $\varepsilon = \mu_1 - \mu_2$ 的置信区间可由如下的方法得到：

令 $Z_j = X_{1j} - X_{2j}$（$j = 1, 2, \cdots, n$），显然易知：Z_j 为独立同分布的随机变量，$\varepsilon = E(Z_j)$。由

$$\overline{Z}(n) = \frac{1}{n} \sum_{j=1}^{n} (Z_j), \quad S^2(n) = \frac{1}{n-1} \sum_{j=1}^{n} \left[Z_j - \overline{Z}(n) \right]^2$$

设置信水平为 α，则 $\hat{\varepsilon}$ 近似于 $100(1-\alpha)\%$ 的置信区间为

$$\left(\overline{Z}(n) - t_{\alpha/2}(n-1) \sqrt{S^2(n)/n}, \quad \overline{Z}(n) + t_{\frac{\alpha}{2}}(n-1) \sqrt{S^2(n)/n} \right) \tag{6-1}$$

如果 Z_j 是服从正态分布的随机变量，则该置信区间是准确的，即以 $1-\alpha$ 的概率包含 ε；否则，当 n 足够大时，根据中心极限定理可知，该区间包含 ε 的概率将随 n 的增大而趋近于 $1-\alpha$。

【例6-1】 某机床设备有两种不同的故障维修策略。分别对其进行独立的重复仿真运行 10 次，每次仿真运行长度为一个季度，得到两种策略下对应的平均运行费用，如表 6-1 所示。

表 6-1　机床设备平均运行费用的仿真结果

表 6-1　机床设备平均运行费用的仿真结果

故障维修策略	运 行 次 数									
	1	2	3	4	5	6	7	8	9	10
I	74.46	70.60	70.28	72.41	70.47	75.64	69.31	72.26	70.20	71.20
II	75.35	63.70	73.24	69.06	69.77	72.42	70.41	70.07	68.52	69.34

记 Z_j 为两种不同故障维修策略下的机床设备平均每个季度运行费用的差值，$Z_j = X_{1j} - X_{2j}(j = 1, 2, \cdots, 10)$，则有

$$\overline{Z}(10) = \frac{1}{10} \sum_{j=1}^{10} (Z_j) = 1.50, S_Z^2(10) = \frac{1}{9} \sum_{j=1}^{10} \left[Z_j - \overline{Z}(10) \right]^2 = 7.69$$

故可得 ε 的 90% 的置信区间为

$$\left(\overline{Z}(10) - t_{0.05}(9) \sqrt{S_Z^2(10)/10}, \quad \overline{Z}(10) + t_{0.05}(9) \sqrt{S_Z^2(10)/10} \right)$$
$$= (1.50 \pm 1.61) = (-0.11, 3.11)$$

即有 90% 的置信度来相信，两种故障维修策略的偏差在区间 $(-0.11, 3.11)$ 内。因此从总体上可以说，该机床设备的故障维修策略 II 比策略 I 要更好一些。

6.1.2　多系统设计方案的比较

在实际的生产系统建模与仿真中，可能会产生多种方案（$K > 2$）的仿真结果，因此需要对这 K 种不同结果的优劣进行比较。多系统设计方案的比较和择优，在本质上来说就是系统参数优化的问题。对于生产系统这样一类特殊的离散事件系统的参数优化问题，特别是多参数的优化问题，由于系统内在的一些随机性特征，因此是一个非常困难的问题，到目前为止仍然未能得到很好的解决。

本节仅介绍两种方法，Bonferroni 法和"两阶段"法。

1. Bonferroni 法

设有 K 个不同的系统设计方案，针对某一规定的性能参数 $E(X_i)$，$i = 1, 2, \cdots, k$，对这 K 个方案进行比较。如果选取其中的某一方案 j 作为参照的基准，在给定置信度 $1 - \alpha_i$（其中 $i = 1, 2, \cdots, c$）的情况下，可以建立 $c = k - 1$ 个 $E(X_i) - E(X_j)$ 的 $100(1 - \alpha_i)\%$ 的置信区间。

令 S_i 为一个声明事件，即

$$S_i = \{\text{给出的置信区间中包含所仿真的性能参数}\} \tag{6-2}$$

则

$$P\{S_i \text{ 为真}\} = 1 - \alpha_i$$

记 α_E 为总的误差概率，$\alpha_E = \sum_{i=1}^{c} \alpha_i$。则有

$$P\{\text{所有 } S_i \text{ 同时为真}\} \geq 1 - \sum_{i=1}^{c} \alpha_i = 1 - \alpha_E \quad (i = 1, 2, \cdots, c) \tag{6-3}$$

称式（6-3）为 Bonferroni 不等式准则。

85

式（6-3）也可写成

$$P\{一个或多个置信区间不包含所预计的参数\} < \alpha_E \qquad (6-4)$$

当进行 c 次方案比较时，首先要根据实际问题的要求来确定总误差概率 α_E。按照式（6-3），总误差概率 α_i 必须满足

$$\sum_{i=1}^{c} \alpha_i = \alpha_E (i = 1, 2, \cdots, c) \qquad (6-5)$$

当所有 α_i 均选为相等时，则 $\alpha_i = \alpha_E / c$ $(i = 1, 2, \cdots, c)$。

显然，在采用 Bonferroi 法对系统方案进行比较时，要求每次比较的置信水平 α_i 都小于实际问题所要求的 α_E 的值。例如，当需要比较样本差值的 10 个置信区间时，若实际问题所要求的置信度为 0.95，那么每次比较所要求的置信度则为

$$1 - \alpha_i = 1 - \frac{0.05}{10} = 0.995$$

显然，这将会使相应的置信区间变宽。为避免这一情况，通常取 $c < 10$。而在实际应用中，一般 2~3 就足够了。

2. "两阶段" 法

在对多个系统设计方案进行比较时，通常希望从 $k(k \geq 2)$ 个方案中选出一个最好的方案，并且知道选择该系统方案的正确性的概率。

令 X_{ij} 为第 i 个方案的第 j 次实验所获得的随机变量，并令 $\mu_i = E(X_{ij})$，假设 X_{i1}，X_{i2}，$\cdots$（$1 \leq i \leq k$）都是独立同分布的随机变量，并且不同系统的仿真运行必须是相互独立进行的。如果将各系统方案的性能参数按照其数学期望的大小进行排列，即 $\mu_{i1} \leq \mu_{i2} \leq \cdots \leq \mu_{ik}$，则 μ_{i1} 就是对应于平均响应最小的系统方案。

但由于所观察的样本值 X_{ij} 自身所固有的随机性特征，可以事先规定进行"正确选择"的概率 p^*，然而选择系统方案 i_1 并不能保证一定就是正确的选择。另外，如果 μ_{i1} 和 μ_{i2} 非常接近，那么是否错误地选择了系统方案 i_2 也就变得无关紧要了。因此，需要有一种方法来避免为进行这种不重要的区分所做的大量实验。

假设事先规定了一个临界的差值 $d^* > 0$，根据这一思想，选择最佳系统设计方案的问题就可以表述为

$$在保持差值 \mu_{i2} - \mu_{i1} \geq d^* 的前提下，使得 P\{CS\} \geq p^*$$

其中，CS 表示"正确选择"这一事件，而概率 p^* 和差值 d^* 均可由仿真分析人员按照实际生产系统的特点来确定给出。

为了保证所选择的系统设计方案至少以概率 p^* 使得真实期望值不大于 $\mu_{i1} + d^*$（$\leq \mu_{i2}$），这里给出"两阶段抽样"的算法如下：

① 对 k 个系统设计方案，分别各做 $n_0 \geq 2$ 次独立的重复仿真运行，求得它们各自的样本均值和样本方差

$$\overline{X}_i^{(1)}(n_0) = \frac{1}{n_0} \sum_{j=1}^{n_0} X_{ij}, S_i^2(n_0) = \frac{1}{n_0 - 1} \sum_{j=1}^{n_0} \left[X_{ij} - \overline{X}_i^{(1)}(n_0) \right]^2 (i = 1, 2, \cdots, k)$$

计算系统方案 i 所需的总样本量 N_i 为

$$N_i = \max\left\{ n_0 + 1, \left\lceil \frac{h_1^2 S_i^2 (n_0)}{(d^*)^2} \right\rceil \right\} \tag{6-6}$$

式中，$\lceil z \rceil$ 表示大于或等于 z 的最小整数；h_1 是一个取决于 k、p^* 和 n_0 的常数，其取值由表 6-2 给出。

表 6-2　"两阶段"法 h_1 的数值

p^*	n_0	$k=2$	$k=3$	$k=4$	$k=5$	$k=6$	$k=7$	$k=8$	$k=9$	$k=10$
0.90	20	1.896	2.342	2.583	2.747	2.870	2.969	3.051	3.121	3.182
0.90	40	1.852	2.283	2.514	2.669	2.785	2.878	2.954	3.019	3.076
0.95	20	2.453	2.872	3.101	3.258	3.377	3.472	3.551	3.619	3.679
0.95	40	2.386	2.786	3.003	3.150	3.260	3.349	3.422	3.484	3.539

② 对系统方案 $i(i=1, 2, \cdots, k)$，再补充进行 $N_i - n_0$ 次的重复仿真运行，得到第 2 阶段样本的均值

$$\overline{X}_i^{(2)} (N_i - n_0) = \frac{1}{N_i - n_0} \sum_{j=n_0+1}^{N_i} X_{ij} \tag{6-7}$$

则总的样本均值为

$$\widetilde{X}_i (N_i) = W_{i1} \overline{X}_i^{(1)} (n_0) + W_{i2} \overline{X}_i^{(2)} (N_i - n_0) \tag{6-8}$$

式中，W_{i1} 和 W_{i2} 分别为不同阶段的权因子，它们的取值分别为

$$W_{i1} = \frac{n_0}{N_i} \left[1 + \sqrt{1 - \frac{N_i}{n_0} \left(1 - \frac{1}{n_0 S_i^2} \frac{(N_i - n_0)(d^*)^2}{h_1^2}\right)} \right], \ W_{i2} = 1 - W_{i1} (i=1, 2, \cdots, k)$$

那么，具有总样本均值 $\widetilde{X}_i (N_i)$ 最小的系统设计方案，就是所求的性能相对较好的系统设计方案。

6.2　方差缩减技术

6.2.1　方差缩减技术概述

对仿真的输出结果进行统计分析的主要目的，就是获得系统状态变量的高精度的统计特性，以便能够对仿真运行的结果加以正确的利用。但在前面的论述中不难发现：由于系统本身所固有的随机性特点，无论是对单个系统输出结果的性能测度，还是对多个系统设计方案的比较，所得到的结果都必然会存在一定的误差，以区间半长来表示，有

$$\delta = \frac{t_{\alpha/2} (n-1) S}{\sqrt{n}} \tag{6-9}$$

式中，α 为置信水平；S 为样本标准差；n 为重复仿真运行的次数。

显然，在置信水平给定的情况下，要想缩小区间半长，只能缩小方差或者增加重复仿真运行的次数。而通常来说，缩小方差的一般方法也就是增加重复仿真运行的次数。因

此，增加重复仿真运行的次数就成为了控制仿真精度的关键所在。

但是，增加重复仿真运行的次数，势必会造成实验成本的增加。并且，当重复仿真运行达到某一特定的次数后，方差减小的趋势也将大大降低。因此，尤其是对于那些精度有较高的要求并且单次仿真运行成本十分高昂的大型仿真研究项目来说，必须采用其他一些必要的手段来对方差进行适当的控制，以达到缩小方差的要求。这种手段就称为方差缩减技术。

接下来，主要介绍两种应用较为广泛的方差缩减技术，即对偶变量法和公共随机数法。

6.2.2　对偶变量法

对偶变量法主要应用于对单个系统的性能测度进行分析的情况。对于同一个系统模型，每次仿真运行中得到的观测数据是存在差异的。这种差异可能是由随机数的选取而引起的。采用对偶变量法的目的就是尽可能地消除由于随机数的选取对仿真运行结果造成的影响。

这种方法的基本思想是：对系统模型进行成对的仿真运行。在两次仿真运行的过程中，设法使第一次仿真运行中的小观测值能够被第二次仿真运行中的大观测值所抵消，或者反之。

简单地讲，就是采用互补的随机数对系统进行成对的仿真运行。也就是说，如果第一次仿真运行中，某个输入随机变量是通过均匀随机数 u_k 产生的，则在第二次仿真运行中，该随机变量将通过随机数 $1 - u_k$ 来产生。这相当于采用两次仿真运行所得观测值的平均值来作为分析的基准数据点，而这个平均值与所估计的观测值的期望更为接近。

假设对某一系统共做了 n 对独立的重复仿真运行，得到的仿真输出随机变量 X 的观测数据分别为 $(X_1^{(1)}, X_1^{(2)})$，$(X_2^{(1)}, X_2^{(2)})$，$\cdots$，$(X_n^{(1)}, X_n^{(2)})$，其中 $X_1^{(1)}$，$X_2^{(1)}$，$\cdots$，$X_n^{(1)}$ $(j = 1, 2, \cdots, n)$ 是相互独立的，$X_1^{(2)}$，$X_2^{(2)}$，$\cdots$，$X_n^{(2)}$ $(j = 1, 2, \cdots, n)$ 也是相互独立的。令

$$X_j = \frac{1}{2}(X_j^{(1)} + X_j^{(2)}), \ (j = 1, 2, \cdots, n) \tag{6-10}$$

显然易见

$$\overline{X}_n = \frac{1}{n} \sum_{j=1}^{n} X_j \tag{6-11}$$

是 $\mu = E(X)$ 的无偏估计。由于随机变量 X_j 是独立同分布的，故有

$$\mathrm{Var}(\overline{X}_n) = \frac{1}{n} \left[\mathrm{Var}(X_j^{(1)}) + \mathrm{Var}(X_j^{(2)}) + 2\mathrm{Cov}(X_j^{(1)}, X_j^{(2)}) \right] \tag{6-12}$$

若在成对的仿真运行中分别采用了独立的随机输入流，即两次仿真运行是独立的，则输出 $X_j^{(1)}$ 和 $X_j^{(2)}$ 也是相互独立的。此时，有

$$\mathrm{Cov}(X_j^{(1)}, X_j^{(2)}) = 0, \ (j = 1, 2, \cdots, n)$$

因此，根据式（6-12）可以看出，只要能设法使 $X_j^{(1)}$ 和 $X_j^{(2)}$ 负相关，即

$$\mathrm{Cov}(X_j^{(1)}, X_j^{(2)}) < 0, \ (j = 1, 2, \cdots, n)$$

即能够实现方差的缩减。

通常，采用对偶变量法实现方差缩减的效果与估计量所依赖的函数特性有着很大的关系。如果已知函数性质，就可以通过构造对偶变换，在保证估计量的可靠性的同时，实现仿真精度的大幅度提高。

6.2.3　公共随机数法

公共随机数法主要应用于对两个或两个以上不同系统设计方案进行比较的情况。对于不同的系统方案来说，所观测到的仿真运行结果通常都存在有一定的差异。引起这种差异的主要原因有两个：一是系统模型结构上的差异；二是环境因素，主要表现为同一个随机特征量在不同的系统模型中所取随机变量值的不同。公共随机数法就是针对后者的。其基本思想是：在不同系统方案的仿真运行过程中，采用相同的单位均匀分布种子随机数，以尽可能地消除由于选取随机数而造成的仿真运行结果的差异，从而使所观测到的差异主要表现为系统设计方案本身的差异。

设两个系统设计方案中表征某个系统性能测度的输出随机变量分别为 X_1 和 X_2，对它们分别进行 n 次独立的重复仿真运行，用 X_{1j} 和 X_{2j} 表示第一个和第二个系统方案在第 j 次独立的重复运行中所得到的观察值（$j = 1, 2, \cdots, n$）。为了根据这些样本数据得到统计量 $\mu = E(X_1) - E(X_2)$ 的估计，令 $Z_j = X_{1j} - X_{2j}$，则

$$E(Z_j) = E(X_1) - E(X_2) = \mu$$

故有

$$\overline{Z}(n) = \frac{1}{n} \sum_{j=1}^{n} Z_j \tag{6-13}$$

是 μ 的无偏估计。

由于 $Z_1, Z_2, \cdots, Z_n$ 是独立同分布的随机变量，那么

$$\mathrm{Var}(\overline{Z}_n) = \frac{1}{n}[\mathrm{Var}(X_{1j}) + \mathrm{Var}(X_{2j}) - 2\mathrm{Cov}(X_{1j}, X_{2j})], \ (j = 1, 2, \cdots, n) \tag{6-14}$$

在仿真运行中，如果对两个系统设计方案分别采用独立的随机输入，则 X_{1j} 和 X_{2j} 也是相互独立的，即

$$\mathrm{Cov}(X_{1j}, X_{2j}) = 0$$

而若能使 X_{1j} 和 X_{2j} 正相关，亦即

$$\mathrm{Cov}(X_{1j}, X_{2j}) > 0$$

则就能够使方差 $\mathrm{Var}(\overline{Z}_n)$ 减小。因此，从理论上来讲，只要设法使两个系统方案的输出 X_{1j} 和 X_{2j} 是正相关的，就能够实现缩减方差的目的。

在公共随机数法中，方差缩减的效果主要取决于系统设计方案自身的特征。并且，采用公共随机数法还要求在不同系统设计方案的仿真运行中，采用同步的随机数。即不同系统设计方案中具有相同特征的随机输入变量要采用同一个随机数发生器和同一个种子值来生成。对此内容感兴趣的读者，可查阅相关的文献资料。

6.3 仿真实验设计

6.3.1 仿真实验设计概述

在生产系统建模与仿真分析的过程中，往往需要通过仿真实验设计的办法来对仿真运行的条件进行合理的选择，以尽可能少的仿真实验次数获得尽可能多的输出信息，得到系统方案在各种不同条件下的仿真实验数据，在此基础上，达到对仿真运行结果和实际系统/参考系统相比较的目的。

仿真实验设计基于概率论与数理统计等知识，主要内容是研究如何科学、合理地安排仿真实验，并正确地对实验数据进行处理和分析，以尽快地给出实验结果。若仿真实验的方案设计正确，对实验结果的分析得法，就能够以较少的实验次数、较短的实验周期和较低的实验费用，迅速地得到较好的实验结果和正确、可靠的结论；反之，仿真实验的方案设计不正确，实验结果分析不当，就可能会导致实验次数增加和实验周期延长，造成人力、物力和时间的浪费，从而难以达到预期的效果，甚至造成仿真实验的彻底失败。

仿真实验设计在仿真实验中的主要作用可概括为以下几点：

① 通过科学、合理的安排仿真实验，可以减少仿真实验的次数，缩短实验周期，进而提高经济效益。

② 通过仿真实验设计，有助于在众多的因素中分清主次，找出对系统方案的仿真运行结果有影响的一些主要因素。

③ 通过仿真实验设计，可以有助于了解系统中各因素之间的交互作用。

④ 通过对仿真实验结果的回归分析和方差分析，可以对一些系统性能测度指标值的变化规律及其误差范围等作出分析。

⑤ 通过仿真实验设计，能够有助于尽快地找到最优的系统设计方案。

⑥ 通过对仿真实验结果的处理和分析，有助于为实现系统设计方案的改进找出所要求的下一步仿真实验的方向。

在仿真实验设计中，常涉及的几个基本术语如下：

① 响应。响应是指对有关系统的状态变量或输出变量性能的度量。在仿真实验中，响应则是指通过仿真实验得出的结果。

② 因素。因素又称为因子，一般是指影响系统性能的系统结构、参数及环境条件等。因素通常又可分为可控因素与不可控因素两种类型。

③ 控制因素。控制因素是指实验者选择的与其研究目的相关的一些可控因素。

④ 因素的水平。因素的水平是指在仿真实验中各因素所允许的不同取值或状态。

⑤ 单因素实验。单因素实验是指在一项实验中，只允许有一个因素发生变化，而其他因素均保持不变。

⑥ 多因素实验。多因素实验是指在一项实验中，可以有多于一个的因素（即多个因素）同时发生变化。

⑦ 因素的效应。因素的效应是指由于某个因素的变化而引起的响应的变化。

⑧ 仿真实验的系统条件。给定一组互不相同的因素，对其中的每个因素分别各取一特定的水平，就构成了一次实验的系统条件。仿真实验的目的就是在多组系统条件中寻找一个最佳的系统条件，称其为仿真实验的系统条件。

⑨ 仿真实验的环境条件。仿真实验的环境条件包括仿真所涉及的各种硬件及软件等。例如人们通常所熟悉的仿真程序、算法及计算步长等，它们都是与系统自身特性无关的一些环境条件，但它们对仿真实验的结果有着显著的影响。

仿真实验的环境条件与仿真实验的系统条件两者之间并不存在自然的联系，但它们将影响有关系统设计方案的仿真实验结果。

⑩ 一次仿真实验的施行。在一组特定的实验条件下，进行一次仿真实验，并且对其响应进行观测。

6.3.2 仿真实验设计方法

仿真实验设计的方法有很多种，这里仅介绍其中应用最为广泛的四种方法。

1. 全面实验法

全面实验法，又称为穷举法。该方法将所有因素的不同水平进行组合，并对每一组合进行实验。

设一项实验中共有 m 个因素，它们分别有 n_1，n_2，$\cdots$，n_m 个不同的水平，则全面实验法需要至少做 $n_1 n_2 \cdots n_m$ 次实验。例如，在某一生产系统的仿真实验中，共有 3 个不同的参数 K_p、T_l、T_D，它们各自均可取 3 个不同的水平，如下：

$$K_{p1} \qquad K_{p2} \qquad K_{p3}$$
$$T_{l1} \qquad T_{l2} \qquad T_{l3}$$
$$T_{D1} \qquad T_{D2} \qquad T_{D3}$$

这是一个 3 个因素 3 次水平的实验。若对 3 因素的所有水平进行组合，共有 $3^3 = 27$ 种组合方式。对每种组合均进行实验，则共需要取 27 个实验点。以符号圆圈 "○" 来表示相应的实验点，如图 6-1 所示。

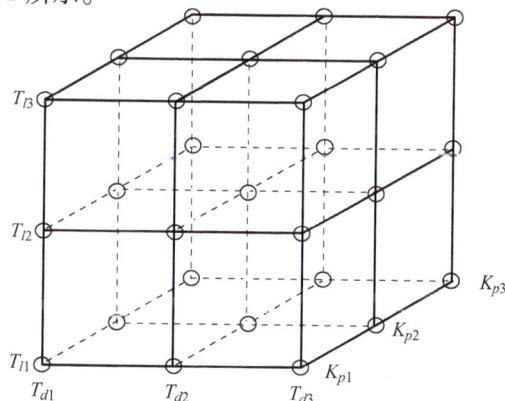

图 6-1 3 因素 3 次水平全面实验法的实验点

全面实验法能够对各因素与响应指标之间的关系给出一个比较全面而清楚的分析。当涉及因素的个数及其水平不多的时候，采用全面实验法可以获得较为丰富的实验结果，结论也比较精确可靠。但该方法的缺点在于所需要的实验次数太多。尤其是当系统方案设计因素比较多而且每个因素的水平也比较多时，实验量将会非常庞大。例如，在前面的例子中，如果对每个因素取10个不同的水平，那么就需要进行1000次的实验。

2. 多次单因素实验法

对于一个包含多因素的系统方案，在安排实验时，可以使每一次实验只改变其中的一个因素，而假定其他因素都不变。这就是多次单因素实验法，也称为坐标轮换法。

当各个因素之间相对独立时，这样做可以减少实验的次数，取得较好的效果。但是，需要指出的是，当诸因素之间存在较为明显的交互作用（即某一因素的改变会引起另外一个或多个因素的同时改变）时，采用多次单因素实验法常常会得到错误的结论，而无法达到预期的目的。这一点需要特别注意。

3. 正交实验法

所有实验设计方法，在本质上来讲都是在实验范围内挑选一些代表点的方法。正交实验设计的原理是：根据正交性原则来挑选代表点，使得这些点能够反映实验范围内各因素和实验指标之间的关系。

正交实验法是目前较为流行、应用效果也比较好的一种实验设计方法。这种实验设计方法是通过一系列的表格来实现的，称之为正交表。例如，3因素3次水平的正交表如表6-3所示。

表6-3　正交表 $L_9(3^4)$ *

实验次数	1	2	3	4	实验次数	1	2	3	4
1	1	1	1	1	6	2	3	1	2
2	1	2	2	2	7	3	1	2	2
3	1	3	3	3	8	3	2	1	3
4	2	1	2	3	9	3	3	2	1
5	2	2	3	1					

＊：L表示正交表；9表示需要做的实验次数为9次；3表示每个因素都有3个水平；4表示该表共有4列，用这幅正交表最多可安排4个3水平因素。

可以将表6-3中根据正交实验法所给出的9个实验点绘制成图，如图6-2所示。

在表6-3和图6-2中，可以看出3因素3次水平的正交实验法具有如下的两个特点：

① 每个因素的水平都重复了3次实验。

② 每两个因素的水平组成一个全面实验方案。

也就是说，正交实验法的实验点在实验范围内是排列规律整齐的，称之为"整齐可比"；图6-2中的9个实验点在实验范围内也是均匀散布的，称之为"均匀分散"。正交实验法的优点从本质上讲，就是来自其"均匀分散，整齐可比"的特征。"均匀分散"保证了每个实验点都具有一定的代表性，而"整齐可比"则便于实验数据的分析和处理。

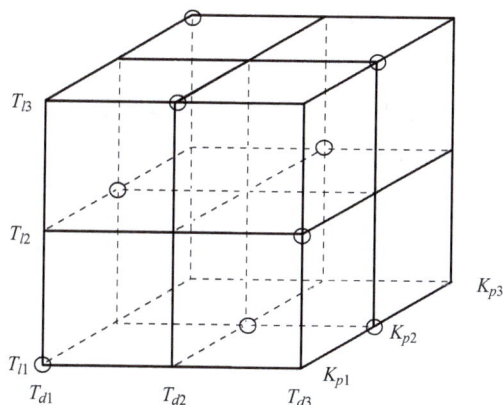

图 6-2　3 因素 3 次水平正交实验法的实验点

正交实验法有一套完整的表格，非常便于多因素实验的设计与数据分析。并且，由于该方法自身所具有的正交性特征，因此比较易于分析出每个因素的主效应，尤其是当每个因素都有两个不同水平时，还可以分析出各因素间的交互效应。

在实际的应用中，为了保证"整齐可比"，正交实验法通常要求至少安排 q^2 次实验，其中 q 为每个因素所取的水平数。当实验中各因素涉及的水平数较大时，实验的次数将可能大得难以让人接受。特别是对于一些昂贵的工业实验与科学实验来说，正交实验法的实验次数相对来说比较多，难于安排。这也是正交实验法的不足之处。

正交实验法的一般步骤如下：

① 根据实验的目的，确定系统方案的性能指标。

② 确定系统方案中需要考察的所有影响因素。

③ 根据考察范围和精确度的要求，确定各因素的水平以及各个水平的最值。

④ 选择合适的正交表。

⑤ 根据正交表安排实验，并对实验结果进行分析，找出最优化条件。

⑥ 在最优化条件下，对系统方案的性能指标进行验证。

4. 均匀实验法

均匀实验法是仅考虑在实验范围内均匀散布的一种实验设计方法。与正交实验法相类似，均匀实验法也有自己的一套表格，称为均匀设计表。例如，3 因素 7 次水平的均匀设计表如表 6-4 所示。

表 6-4　均匀设计表 $U_7(7^3)$ *

实验次数	1	2	3	实验次数	1	2	3
1	1	2	3	5	5	3	1
2	2	4	6	6	6	5	4
3	3	6	2	7	7	7	7
4	4	1	5				

*：U 表示均匀设计表；7 表示需要做的实验次数为 7 次；括号中的 7 表示每个因素有 7 个水平，3 表示该表共有 3 列。

均匀设计表具有以下几个主要特点：

① 对某一因素的任一水平，仅需要做 1 次实验。

② 在均匀设计表中，由任意两列组成的实验方案一般来说是并不等价的。为此，每个均匀设计表还必须要有一个附加的使用表，来明确如何使用均匀设计表。例如，均匀设计表 $U_9(9^6)$ 的使用表如表 6-5 所示。

表 6-5　$U_9(9^6)$ 表的使用

因　素　数	列　　　　号			
2	1	3		
3	1	3	5	
4	1	2	3	5

对表 6-5 的解释如下：当系统方案只涉及 2 个因素时，用 $U_9(9^6)$ 均匀设计表中的第 1、3 两列来安排实验；当有 3 个因素时，用 $U_9(9^6)$ 均匀设计表中的第 1、3、5 三列来安排实验；当有 4 个因素时，用 $U_9(9^6)$ 均匀设计表中的第 1、2、3、5 列来安排实验。对于特定实验次数的均匀设计表和相应使用表，读者可参阅有关的资料。

③ 当各因素的水平数目增加时，实验的次数将按各因素水平数目的增加量增加。例如，当水平数目从 9 次水平增加到 10 次水平时，实验的次数 n 也从 9 增加到 10。而在正交实验法中，当各因素的水平数目增加时，实验的次数是按水平数目的平方呈比例增加的。例如，当水平数目从 9 增到 10 时，根据正交实验法，则实验的次数将从 81 增加到 100。因此，与正交实验法相比较而言，均匀实验法更便于实际的使用。

利用均匀设计表来安排实验的过程和正交实验法很相似，其一般的步骤如下：

① 根据实验研究的目的，选择合适的因素和各因素的相应水平。

② 选择适当的均匀设计表，根据其相对应的使用表从该均匀设计表中选出合适的列号，将相关的因素分别安排到这些列号上，并将这些因素的相应水平按各自所在列的指示分别对号，据此就可以安排实验了。

复习思考题

1. 对某生产系统的两种不同运行策略，分别进行 8 次独立的重复仿真运行，每次仿真运行的长度为 1 个工作日，得到各自的平均等待时间如表 6-6 所示。

表 6-6　平均等待时间　　　　　　　　　　　　　　　　（单位：min）

	1	2	3	4	5	6	7	8
策略 I	37.04	25.68	33.84	29.59	41.09	40.20	23.49	44.00
策略 II	36.48	26.03	32.45	29.55	42.64	41.24	24.26	41.49

试对这两种策略的优劣进行比较。

2. 对某生产系统的 3 种设计方案，分别进行 8 次独立的重复仿真运行，每次仿真运行的长度为 1 个季度，得到各自的平均响应时间如表6-7所示。

表6-7　平均响应时间　　　　　　　　　　　（单位：min）

	1	2	3	4	5	6	7	8
设计方案 I	66.44	46.36	60.63	59.37	50.06	68.87	47.98	47.14
设计方案 II	60.42	40.88	53.21	52.00	47.04	50.85	40.12	41.62
设计方案 III	66.03	45.44	60.18	59.03	49.97	66.65	47.50	46.44

试分别运用 Bonferroni 法和"两阶段"法对这3种不同的设计方案进行比较。

3. 试简述方差缩减技术在生产系统建模与仿真中的重要性和意义。

4. 比较对偶变量法和公共随机数法的异同。并通过查阅有关资料，了解它们在方差缩减中的具体应用。

5. 为什么要进行仿真实验设计？其目的和意义何在？

6. 通过查阅相关资料，了解几种常用的仿真实验设计方法，并对它们各自的特点和适用场合进行分析和对比。

第7章
仿真模型的校核、验证与确认

仿真是一种基于模型的实验活动。对生产系统进行建模与仿真的目的，就是借助于计算机的手段，通过对相应模型输出的研究来揭示所关注的实际系统（原型）的行为及结构特征，从而指导生产系统设计及运行管理的具体实践。但在这一过程中，如何来保证所构建的系统模型具有较高的可信度，从而较好地反映客观的实际？如何保证仿真模型能够正确地实现呢？本章将围绕这些问题，系统地介绍仿真模型的校核、验证与确认（即VV&A）基本概念和知识。

7.1 VV&A 概述

7.1.1 VV&A 的研究历史与现状

为了保证应用上的有效性（Validity）和可信度（Credibility），通常要求所构建的仿真模型必须满足下列三个条件：

① 仿真模型与系统原型之间具有一定程度上的相似关系，以保证两者之间的可类比性。这是仿真模型能够得以存在的基础。

② 仿真模型在一定程度上应该能够代替系统原型，即具有代表性。这是能够利用仿真模型来进行实验研究，也是仿真过程能够得以进行的前提条件。

③ 通过对仿真模型的研究，能够得到关于系统原型的一些准确信息，即仿真模型具有外推性。这是仿真技术要实现的目标。

那么，当为某一生产系统（即原型）建立了仿真模型之后，它是否满足上述三个条件呢？这需要对所构建的仿真模型进行一系列相关的检验，这些检验称为仿真模型的校核、验证与确认（Verification Validation and Accreditation），简记为 VV&A。

仿真模型的 VV&A 是对仿真模型的可信度进行评估的基础。通过对仿真模型的VV&A，可以达到以下目的：

① 保证所建立的仿真模型能够足够精确地表达真实系统的行为，从而可以用这一仿真模型来代替真实系统进行实验研究，在此基础上，分析真实系统的行为，并对其性能指标进行预测。

② 将仿真模型的可信度提高到一个能够为人们所接受的水平，以使得该仿真模型可被管理者及其他决策者来使用。

国外对仿真模型 VV&A 的研究最早可追溯到 20 世纪 60 年代仿真应用的初期，人们对仿真模型的校核与验证（V&V）问题的研究。

例如，比格斯（A. G. Biggs）和考桑（A. R. Cawthore）等早在 1962 年就曾注意到了对"警犬"导弹仿真的全面研究。菲仕曼（J. S. Fishman）和基维亚特（P. J. Kiviat）1968 年的研究给出了仿真模型 V&V 的定义。20 世纪 70 年代，一些学者和学术组织开始倡导将 V&V 问题纳入仿真模型可信度的研究中。美国计算机仿真学会下属的模型可信性技术委员会（Technical Committee on Model Credibility，TCMC）就是在这一时期成立的。自 20 世纪 80 年代以来，每年的夏季计算机仿真会议（Summer Computer Simulation Conference，SCSC）和冬季仿真会议（Winter Simulation Conference，WSC）等都安排了一些关于模型 V&V 的专题讨论。自 1989 年以来，美国军事运筹学会（Military Operations Research Society，MORS）先后多次召开了有关仿真模型 VV&A 的小型讨论会。有关 VV&A 的研究逐步受到人们的重视，其研究的范围也在不断地扩展。

进入 20 世纪 90 年代以后，对仿真模型 VV&A 研究的重点开始由以仿真模型的校核方法研究为主转向如何更加全面地对仿真模型进行 VV&A 上来。为了在仿真系统开发过程中大力推行应用有关 VV&A 的活动，以提高建模与仿真的可信性水平，美国国防部建模与仿真办公室（DMSO）于 1996 年组建了一个军用仿真 VV&A 工作的技术支持小组，来负责起草国防部 VV&A 建议规范（VV&A Recommended Practice Guides，RPG），在同年的 11 月完成了这一建议规范的第 1 版，并于 2000 年修订完成了 VV&A 建议规范的第 2 版。这是目前关于建模与仿真 VV&A 最为全面的一套工具书。与此同时，美国国防部建模与仿真办公室还发起和资助了大量的有关仿真可信度的研究计划，有力地推动了 VV&A 的研究和应用。在这期间，美国电气和电子工程师协会（IEEE）也于 1997 年通过了关于分布交互式仿真系统建模与仿真 VV&A 的建议标准（IEEE127824：Practice for Distributed Interactive Simulation - Verification，Validation，and Accreditation）。这是关于大型复杂仿真系统 VV&A 的一个比较全面的指导性文件。巴尔哲（O. Balci）和萨金特（R. G. Sargent）对 1984 年之前发表的有关仿真可信性和 VV&A 方面研究的共计 308 篇历史文献进行了系统的总结，基本上反映了这一领域早期研究的大概情况。Balci 等还建立了 VV&A 的网上数据库（http://manta. cs. vt. edu/balci/）。有兴趣的读者可以登录该网站，获得大量的有关 VV&A 的信息。

国内对仿真模型 VV&A 的研究，起步比较晚。直到 20 世纪 80 年代才有建模与仿真可信性方面的论述。到目前为止，仍尚未成立类似于美国的 TCMC 这样的专门机构来负责各种协调性的工作，也没有组织专家对系统仿真的可信性及 VV&A 技术等开展一些专门研究。总体来说，我国与国外的先进水平相比，还存在较大差距。

7.1.2　VV&A 的基本概念

对仿真模型 VV&A 的基本概念，定义如下：

校核（Verification），是指确定模型的实施及其相关数据是否精确地表达了开发者的概念描述及相关技术规范的过程。其任务是证实模型在从一种形式转换成另一种形式的过程中具有足够的精确度要求，以确保正确地建立模型及仿真系统。例如，在把所求解的实际问题转化为相应的模型描述、或者把流程图形式的模型转化为可执行的计算机程序代码的过程中，对其转化精度的评估就是模型的校核问题。

验证（Validation）。是指根据模型开发和应用的预期目的，来确定模型和相关的数据对真实世界进行描述的精确程度的过程。其任务是根据模型开发者特定的建模目的，考察模型在其任务空间内是否对实际系统进行了准确的表达，以保证模型在其适用范围内的正确性。这主要包括了两个方面的含义：一是首先要核实概念模型是否正确地描述了实际系统（原型）；二是在此基础上，进一步检验所建立的模型系统与实际系统（原型）的输入/输出行为是否充分地相接近。

但需要指出的是，由于模型只是对实际系统（原型）的一种近似，所以让模型系统100%地复现实际系统（原型）的一些行为是不可能的，也是完全没有必要的。因此，只需根据特定的仿真目的使得模型系统能够在某种程度上复现实际系统（原型）的行为就可以了，而并不是要求二者完全一致。

确认（Accreditation）。是指官方对某一模型、仿真系统或者一系列的模型和仿真系统及其相关数据能够适用于特定仿真目的的一种认证活动。也就是说，通过组织相关领域的专家或决策部门等，对整个建模与仿真的过程及其结果的可信度进行综合性的评估，以认定仿真模型和模型仿真结果相对于某一特定的研究目的来说是否能够被接受。

在实际的应用中，与VV&A相关的一些概念还有以下几个：

模型测试（Model Testing）。是指对仿真模型中是否存在错误进行判断的过程。通常是借助于给定的某些数据和案例来判断模型输出的结果是否与实际系统（原型）相吻合。也有文献将仿真模型的校核、验证与测试（Verifacation，Validation and Testing）合在一起，称之为VV&T。

仿真精度（Simulation Accuracy）。是指仿真模型能够达到的性能指标与所规定或期望的参考值之间的误差。影响仿真精度的因素包括硬件、软件环境以及人的因素等。

仿真置信度（Simulation Fidelity）。是指在特定的建模目的和意义下，模型系统逼近实际系统（原型）的程度。

VV&A活动贯穿于系统建模与仿真的整个生命周期，它们之间的关系可以用图7-1来表示。

在图7-1中，对几个相关的术语说明如下：

问题实体（Problem Entity）。即所研究的对象。它可以是一个真实的系统，也可以是一种概念、一种构思、一种情景、一项决策或政策，或者是其他各种待研究的事物或现象。

概念模型（Conceptual Model）。是指在问题分析和建模阶段，针对某一特定的研究目的，对问题实体所作出的数学的、逻辑的或自然语言的表述，以便于最终的仿真实现。

仿真模型（Simulation Model）。也称为计算模型（Computerized Model），是指通过程序设计，在仿真设备（主要是指计算机）上对概念模型的实现。

在整个系统建模与仿真过程的中，VV&A分别对应了对如下三个问题的回答：

① **校核——正确地建立了仿真模型吗？** 它将概念模型与实现概念模型的计算机程序

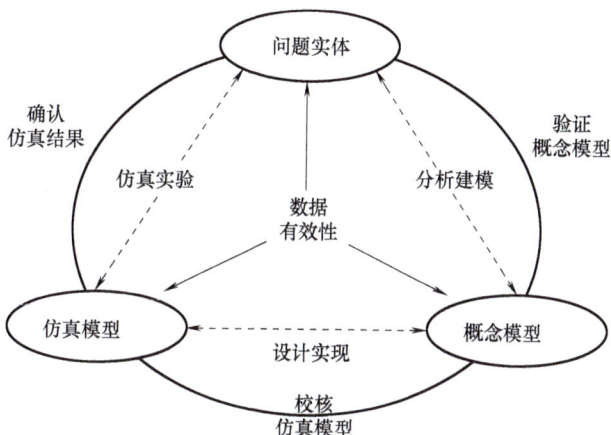

图 7-1　VV&A 和建模与仿真过程

注：资料来源于 R. G. Sargent（1998）。

相对照，关心的是设计人员是否遵照仿真模型应用目标和功能需求的具体要求对仿真系统的模型进行了正确的设计，仿真软件开发人员是否按照设计人员提供的仿真模型进行了正确的实现。

②　验证——建立了正确的仿真模型吗？它将仿真模型与实际系统（原型）相对照，关心的是仿真模型在具体的应用中究竟在多大的程度上反映了真实世界的情况。

③　确认——仿真模型可以使用吗？在校核与验证的基础上，由仿真模型的主管部门和用户组成验收小组，对仿真模型的可接受性和有效性作出一种正式的认可。

总之，仿真模型的校核、验证与确认三者之间存在着紧密的联系。第一，校核侧重于对建模过程的检验，为模型系统的验收提供依据；第二，验证侧重于对仿真结果的检验，为模型系统的有效性评估提供依据；第三，确认则是建立在校核与验证的基础上，指的是由权威机构来确定仿真模型对某一特定应用对象是否可以被接受的过程。对仿真模型进行 VV&A 的共同目标，都是为了提高仿真模型的可信度水平，如图 7-2 所示。

99

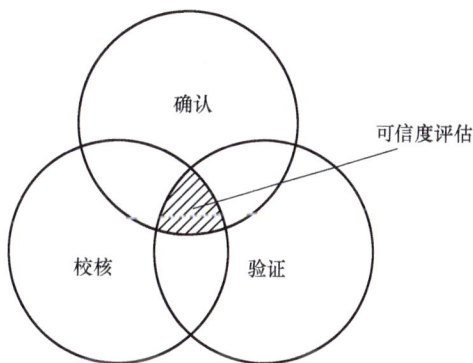

图 7-2　仿真模型的 VV&A 之间的概念关系

注：资料来源于王子才，张冰和杨明（1999）。

7.1.3 VV&A 的基本原则

在由美国国防部发表的 VV&A 建议规范中，对仿真模型的 VV&A 活动进行了系统的归纳和总结，给出了具有普遍适用性的 VV&A12 条基本原则。Balci 基于对 VV&A 问题的研究，提出了仿真模型 VV&T 的 15 条原则，这 15 条原则可以作为仿真 VV&A 的重要参考。综合现有的文献资料，仿真 VV&A 应遵循的主要原则概括如下：

原则 1：VV&A 活动必须贯穿于系统建模与仿真的整个生命周期

VV&A 是贯穿于仿真模型整个生命周期的一项连续性的活动。在仿真模型生命周期的每个阶段中，都应该根据所研究的内容及其对应用目标的影响安排适合的 VV&A 活动，以便及时发现可能存在的问题。仿真模型的 VV&A 活动不能等到仿真模型的开发工作基本完成之后再进行，那样是很难真正发挥 VV&A 活动应有的效用的。

仿真模型在系统建模与仿真的整个生命周期中，要经过如下五个阶段的测试：

第一阶段：非正式测试。

第二阶段：子模型（模块）测试。

第三阶段：集成测试。

第四阶段：模型（产品）测试。

第五阶段：可接受性测试。

通过 VV&A 活动发现已有仿真模型的缺陷后，就有必要返回到前期的过程并重新开始。

原则 2：在模型系统中，不存在绝对意义上的正确或错误，不应将 VV&A 活动的结果看做是一个非对即错的二值变量

模型系统是对实际系统（原型）在某种程度上的抽象，对模型系统进行完全的描述是不可能的。因此，若用 0 表示绝对错误，100 表示绝对正确，则对于任何模型系统，其可信度只能是一个介于 0 ~ 100 之间的数值。

原则 3：仿真模型是根据建模与仿真的目标而建立的，其可信度也应由建模与仿真的相应目标来评判

系统建模与仿真的目标应是在问题形成阶段就被确定下来的，并在建模与仿真生命周期的系统与目标定义阶段被进一步地具体化。不同的研究目标对仿真模型的描述精度有不同的要求，有时 60% 的精度就是充分的，而有时所要求的精度则可能达到95% 或者更高，这要视决策对仿真结果的依赖程度而定。所以，仿真模型的可信度需要根据研究的具体目标来评判。仿真模型的 VV&A 活动应紧紧围绕其应用上的目标和功能需求来确定。对于那些同应用目标无关的项目，可以不进行 VV&A 活动，以减少 VV&A 的成本。

原则 4：应在一定的程度上保证仿真模型 VV&A 活动的独立性，以避开模型开发人员对 VV&A 结果的影响

由模型开发人员进行的测试往往是最不具有独立性的。同样，承担仿真合同的一些机构也常存有偏见，因为否定性的测试结果可能会损害该机构的声誉，由此可能会给该机构带来失去未来合同的风险。因此，在整个 VV&A 过程中，模型测试的工作通常应由一些无

偏见的人员来完成，但同时也需要有开发人员的相互配合，以加深对仿真模型的理解。

原则5：仿真模型的 VV&A 活动需要评估人员具备足够的创造力和洞察力

仿真本身就是一门创造性很强的科学技术。为了设计和完成有效的测试工作，并确定合适的测试案例，就要求必须对整个仿真模型有一个系统、全面的了解。尤其是对于那些较为复杂的仿真模型来说，VV&A 是一项难度非常大的任务，它需要评估人员必须具备足够的创造力和洞察力。

原则6：仿真模型的可信度仅仅是针对 VV&A 活动的特定条件而言的

仿真模型的输入/输出转换精度往往会受到输入条件的影响。在某一特定条件下建立的仿真模型具有充分的可信度，并不表示其一定也同样地适于其他输入条件。通常把仿真模型可信度的描述条件称为实验仿真模型的应用域。仿真模型的可信度仅是针对其特定的应用域而言的，一个绝对有效的仿真模型在实际应用中是不存在的。

原则7：完全的仿真模型测试是不可能的

校核与验证的目的是使用一系列输入来对仿真模型进行测试，以辨识和判断一些异常的结果，并确定出问题之所在。完全意义上的测试工作，要求对模型在所有可能的输入条件下进行测试。但由模型输入变量各种可能取值所构成的组合可能会造成极多的仿真运行次数。因此，需要进行多少测试，或者说在什么时候停止测试，取决于所期望获得的实验模型的应用域。用测试数据进行模型测试时，关键不在于使用了多少个测试值，而在于测试数据涵盖了多大比例的有效输入域。涵盖的百分比越大，仿真模型的可信性也就越高。

原则8：必须制订仿真模型 VV&A 计划并进行相应的文档记录

在仿真模型的 VV&A 活动中，要求必须做好计划和记录工作，以对其实施过程进行优化和安排，最大限度地发现问题，提高仿真模型的质量，同时也为仿真模型的确认等后续工作提供一些必要的信息。

原则9：在 VV&A 活动中，应尽力避免三类错误的发生

在仿真研究中，通常比较容易发生如下三种类型的错误：第 I 类错误，指的是实际上充分可信的仿真结果，却可能被否定了；第 II 类错误，指的是实际上根本就是无效的仿真结果，却可能被当做有效而得以接受；第 III 类错误，指的是求解了一个错误的问题，而原本所提出的问题可能并没有被完全包含在实际所求解的问题中。

原则10：应尽可能早地发现仿真生命周期中存在的错误

正如原则1所述，VV&A 活动应贯穿于仿真模型的整个生命周期中。在整个生命周期中，VV&A 活动可以为仿真研究项目提供一些尽可能早地检测错误、并以较少的花费和风险对错误进行纠正的机会。越是到生命周期的后期阶段，纠正所发现的错误将可能会耗时越多，代价也越高。而有些至关重要的错误在后期阶段是不可能被发现的，这将可能会导致上述第 II 类或第 III 类错误的发生。

原则11：必须认识到多响应问题的存在并加以恰当地解决

对于多响应问题（Multiple Response Problem），即带有两个或多个输出变量的验证问题，通常是不可能通过一次仅比较一个相应模型和系统输出变量的单变量统计过程来完成测试的。在比较中，必须要把各输出变量之间的相关性包含在内，采用多变量的统计

方法。

原则12：所有子模型（模块）的成功测试并不意味着整个模型的可信度

针对研究对象可接受的容许误差，可以对每个子模型的可信度是否充分作出判断。即使每个子模型都是充分可信的，也并不意味着由此就能够得出整个模型也是充分可信的结论。每个子模型的容许误差可能会在整个模型中累积到一个不可接受的程度。因此，即便对每个子模型的测试结果都是充分可信的，也仍然需要对集成后的整个模型进行新的测试。

原则13：必须认识到双验证问题的存在并加以恰当解决

如果能够收集到实际系统的输入/输出数据，就可以通过比较模型系统和实际系统的输出来对仿真模型进行验证；对模型系统和实际系统输入的同一性进行判定，是仿真模型验证中的另一个验证问题。这就是人们所称的双验证问题（Double Validation Problem）。因此，VV&A活动使用的输入数据必须是经过校核、验证与确认并证明其正确性和充分性的。如果采用了无效的输入数据，仍有可能发现模型和系统输出相互充分匹配，从而将导致得出仿真模型充分有效的错误结论。

原则14：仿真模型的验证并不能保证仿真结果的可信度和可接受性

对仿真结果的可信度和可接受性来说，模型验证只是一个必要非充分条件。根据仿真研究的目的，通过对仿真模型与所定义系统的比较来进行模型验证。如果对仿真研究目的的确认不正确，或者对真实系统的定义不恰当等，都将可能导致仿真结果是无效的。然而，在这种情况下，通过将仿真结果同定义不恰当系统以及没有得到正确确认的研究目的等相对比，仍然有可能得出仿真模型是充分有效的结论。

原则15：问题描述的准确性会大大影响仿真结果的可接受性和可信度

仿真的最终目的不应仅仅是为了得到所描述问题的解，而是需要为决策人员所用并提供一些充分可信和可接受的信息。对所研究问题的准确描述是求解成功的一半，有时候甚至比问题求解的过程本身更为关键。不充分的问题定义和在定义问题中缺少发起人员的介入，都将可能导致错误的问题形成，以至于无论对问题求解得多么好，其仿真结果都是与实际问题无关的。

7.2　VV&A 的过程、技术与方法

7.2.1　VV&A 的过程

VV&A 的过程指的是开展 VV&A 活动的流程。Balci 等将仿真生命周期概括为 10 个阶段和 13 个 VV&A 过程的模型，并以图形的方式进行详细的描述。美国国防部制订的VV&A 建议规范把仿真系统生命周期中的 VV&A 活动划分为校核需求、制订 V&V 计划、验证概念模型、校核设计、校核实施、验证结果和确认评审等 7 个主要的阶段。加拿大国防部发表的建模与仿真 VV&A 指南将 VV&A 过程划分为定义和区分应用需求、定义应用标准、裁剪应用需求、定义确认需求、定义客观性标准、计划/实施/报告 V&V、评估可

信度以及确认应用模型和仿真方法 8 个步骤。王景会和张明清（2007）基于现有文献资料的综述，将 VV&A 活动的实施过程归纳概括为如下 9 个阶段：

1. 需求定义与校核

VV&A 活动的实施始于确定 VV&A 需求，完整、正确的需求定义是仿真模型 VV&A 的基础和前提。通过对系统建模与仿真所要解决问题的清晰无歧义的描述和正确理解，可以使建模与仿真的需求（如仿真输出、具体功能和交互关系）定义变得简单。通过对需求的定义，校核验证人员可以尽可能详细地理解用户所要解决的问题，并通过这个理解过程进一步地验证用户所指定的资源能否真正地解决他所期望解决的问题。

需求校核与验证阶段的主要活动包括对需要报告进行重新审核和明确模型逼真度（Fidelity）的可接受标准。这里所说的逼真度，指的是通过建模与仿真对真实事物的状态或行为进行重现的程度。一般由用户来给出逼真度可接受标准的定义。为了确保对所有的需求进行一致、完整、清晰和可测试的定义，重新审核工作的重点应放在仿真模型预期的应用性、可回溯性、对管理信息的配置以及建模与仿真将要达到的逼真度等指标上。

通过对需求因素的分析，得到仿真模型的预期使用目标、回溯测度标准和模型逼真度的可接受标准，并通过对整个过程的信息记录得到风险审查和模型逼真度的相关文档，为下一阶段的 VV&A 计划开发提供必要的资料。

2. 启动 VV&A 计划

VV&A 计划的主要内容一般包括：记录仿真模型的预期应用，确定对建模与仿真结果的要求等，将用户提出的仿真模型可接受性标准形成文档，以及确定能够达到可接受性标准的 VV&A 方法等。

在 VV&A 计划过程中，要充分考虑到建模与仿真各阶段所包含的与 VV&A 技术和方法相关的各种不同因素。

3. 数据的校核与验证

数据影响着 VV&A 结果的精确度和可信度，对于大多数仿真模型的成功应用来说都具有十分关键的作用。在对数据进行校核和验证时，既包括对数据产生和维护过程的校核和验证，同时也包括对数据如何转化的具体过程的校核和验证。这里，数据校核的主要目的是保证对仿真应用而言，所选择的数据确实是最合适的，数据验证则主要是为了保证数据确实能够比较精确地反映真实系统某些方面的特性。

依据整个 VV&A 过程对数据的需要，数据校核与验证工作的主要内容应包括：①元数据的精度校核；②各阶段数据转化方式的校核；③概念模型、编码模型和集成模型的输入数据校核及输出数据验证；④输出数据的有效性校核等。

4. 概念模型验证

概念模型表述的是仿真模型设计中的前提假设、算法、数据以及各阶段之间的结构关系。它是将建模要求转化为详细设计框架的一种具体方法，并对建模与仿真中可能的状态任务和事件等进行了描述。

概念模型的验证工作主要由用户、领域专家、开发人员和 VV&A 工作人员等共同完成。对概念模型进行验证的目的在于：说明建模与仿真从功能上可以完整、精确地反映系统设计的需求，以保证所有的项目参与人员都能够清晰、准确地了解仿真模型的预期用途。此外，通过对概念模型的验证，也能够进一步地明确一些假设或限定条件对仿真模型应用的影响。

5. 设计过程的校核

在概念模型验证工作完成之后，开发者将就如何对概念模型的软件编码和硬件环境构造进行比较详细的设计，基于概念模型给出仿真模型的组件、元素和功能函数，并确定它们的特定表达形式。设计过程的校核是指为保证设计转化过程相对于概念模型的一致性和精确性，在软件代码编写或硬件环境构造之前，对整个详细设计过程的审核过程。

设计过程校核的主要工作是对一些规范和功能上的设计方案进行检查。这些规范和方案定义了构成仿真模型的性能需求以及相关的软/硬件环境。

6. 执行过程验证

经过对设计过程的审核之后，概念模型及其相关设计由开发人员转化成了相应的软件代码或硬件结构。执行过程验证的主要工作就是：借助于已经验证过的数据，对软件代码、硬件结构以及二者的集成体（Integration）进行测试，以便从功能的角度来保证系统的软/硬件及其集成体能够精确地代表开发人员以及概念规范和设计的预期需求。

这其中：①对软件代码的验证，一般是通过详细的程序员自查和软件代码测试过程，并将其同概念模型和设计的过程相对比，记录它们之间所存在的差异和发生问题的部分；②对硬件的核查，一般是通过设计审查、过程审核和组件会审等方法，将硬件结构与其设计相比较，记录存在的差异和故障设备；③对软/硬件集成体的验证测试，则是从预期应用的角度来测试仿真模型精确地代表真实系统的程度。

7. 结果验证

结果验证是指通过对仿真结果与已知的或者是所期望的数值进行比较，来确定仿真结果是否满足应用上的需求。进行结果验证的目的在于：①确定仿真模型满足需求的程度；②确定仿真输出的逼真程度；③确定仿真模型适合于预期用途的好坏程度等。

对于用来同仿真的结果进行对照的参考数据而言，来自仿真模型所对应的实际系统的运行数据无疑是最为理想的情况。但在大多数情况下，这些数据通常是难以获取的。这时，由领域专家所给出的经验数据，以及一些相似系统的输入和输出数据等，也可以被用作为同仿真结果相比较的参考数据。

除此之外，在结果验证的过程中还要对一些相关的信息进行记录，如用于结果验证的参考数据、测试阶段的预期输出和参与结果验证过程的主要领域专家等。

8. 对校核验证结果进行确认

作为VV&A活动的最后一个环节，确认指的是使用者在仿真模型适合预期的应用能力和限定，而不会影响到正确结论等方面获得的一种官方认可的过程。其主要内容是依据在计划过程中给定的确认标准，对VV&A过程中每一阶段的校核、验证结果和记录进行评估。如果VV&A活动的结果以及对反常信息的处理建议等与确认人员的意见相一致，就可以根据相应的信息完成确认报告，并将其提交给权威机构；否则，则需要进行一些额外的调查，必要时甚至需要将仿真结果回溯到前期的执行阶段、设计阶段或者概念模型阶段，甚至回溯到计划与需求分析阶段，对整个过程进行重新的确认。

9. VV&A 过程信息整理并归档

在整个 VV&A 活动的过程中，对相关信息进行整理和记录是十分必要的。为了保证 VV&A 信息完整性的最低要求，VV&A 文档中应至少包括确认计划、V&V 计划、V&V 报告、确认报告以及确认决定说明等。此外，在确认过程中还要求对建模与仿真中所使用的全部历史数据进行详细的记录，作为对 VV&A 活动的证明和未来应用的参考。

最后，VV&A 以报告的形式提交给权威确认机构或投资方，以支持决策者作出决定。至此，从需求定义到确认决定的整个 VV&A 过程就全部完成了。VV&A 的一般过程如图 7-3 所示。

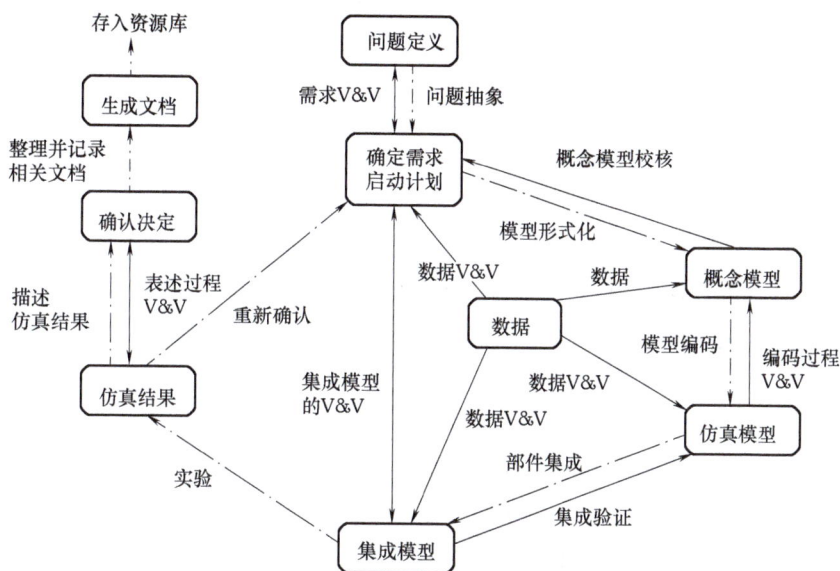

图 7-3　VV&A 的一般过程

注：资料来源于王景会和张明清（2007）。

7.2.2　VV&A 的技术与方法

VV&A 的技术与方法是指在系统建模与仿真的过程中，为了达到 VV&A 活动的各阶段目的而采取的各种技术、方法和工作策略等的总称。美国国防部建模与仿真办公室发表的 VV&A 建议实践指南对仿真模型校核与验证相关的 76 种技术和方法进行了系统的归纳和总结。其中大部分是基于软件工程学的，其余的则主要专用于建模与仿真领域。这些 VV&A 方法又可被分为非正式方法、正式方法、静态方法和动态方法四个大类。各类技术方法之间具有相似的特征，它们在技术上既有重叠，同时也存在一些显著的差异。

1. 非正式方法

非正式方法是在 VV&A 活动中应用最为广泛的方法。这里所谓的"非正式"并不是说这些技术的运用缺乏特定的组织性或正式的指导原则，而是指所利用的工具和方法比较多地依赖个人的主观性和推理，而没用很强的数学形式。实际上，这些方法的运用在规范的指导原则下有着良好的组织形式，如果应用得当，非正式方法同样能够得到很高的效率。

常用的非正式方法主要有审核、检查、表面验证和图灵测试等。

2. 正式方法

正式方法主要基于对正确性的较为正式的数学证明。如果条件允许，数学证明是最有效的模型 V&V 之一。但由于当前的正式数学证明技术的局限性，这种方法只能应用到一些非常简单的实际建模与仿真中。

常用的正式方法主要有归纳、推理、逻辑演绎、谓词运算、谓词变换和正确性证明等。

3. 静态方法

静态方法广泛应用于评估静态模型设计和源代码的情况。该类方法可以校核和验证大量的信息，如模型的结构、所采用的建模技术和操作、模型中的数据、控制流以及语法等。它不要求对模型的机器执行，但要求能够进行手工执行。有许多自动化的工具，如仿真语言编译器等，可以用于静态方法的辅助分析。

常用的静态方法主要有语法分析、语义分析、结构分析、因果图、控制分析和数据流分析等。

4. 动态方法

动态方法是一类在实际中相对较为有效的方法，主要应用于校核和验证建模与仿真的动态方面。与静态方法不同，动态方法需要模型的执行并根据模型执行的结果来对模型进行评估。大多数的动态方法都需要加入模型探测器（Model Instrumentation），即在执行的模型中加入一些附加的代码，以便收集模型执行中相关的信息。

常用的动态方法主要有自顶向下、自底向上、黑盒法、白盒法、执行追踪、执行监测接受测试、回归测试、统计技术和图形比较等。

仿真模型 VV&A 方法的分类如图 7-4 所示。

信息领域的各种新技术，如面向对象技术、人工智能技术、模糊技术、计算机网络技术和虚拟现实/环境技术等在系统建模与仿真中的应用和发展，大大增强了仿真系统的功能和性能。但它们同时也对仿真系统的校核与验证提出了更高的要求。因此，很有必要对仿真模型校核与验证的一些新方法和新技术作更加深入的研究，以满足系统建模与仿真 VV&A 活动的需要。

7.2.3 仿真模型验证的"三步骤"

多年来，VV&A 研究的主要工作仍然集中在仿真模型的验证方法上，而针对仿真模型校核的研究却并不多见，而且主要集中在对计算机程序的校核上。表 7-1 对现有的一些仿真模型验证方法进行了总结。

VV&A 方法

非正式方法	正式方法	静态方法	动态方法	
审核	归纳	因果图	接受测试	回归测试	统计技术
桌面检查	推理	控制分析	α 测试	图形比较	结构测试
表面验证	逻辑演绎	调用结构	β 测试	接口测试	分支
检查	归纳断言	并发过程	断言检查	数据	条件
审查	Lambda 运算	控制流	自底向上测试	模型	数据流
图灵测试	谓词运算	状态转变	比较测试	用户	循环
	谓词更换	数据分析	一致性测试	对象流测试	路径
	正确性证明	数据依赖	授权	划分测试	语句
		数据流	性能	预测验证	符号调试
		故障/失效分析	安全	特殊输入测试	自顶向下测试
		接口分析	标准	边界值	可视化/动画
		模型接口		等值划分	敏感性测试
		用户接口			

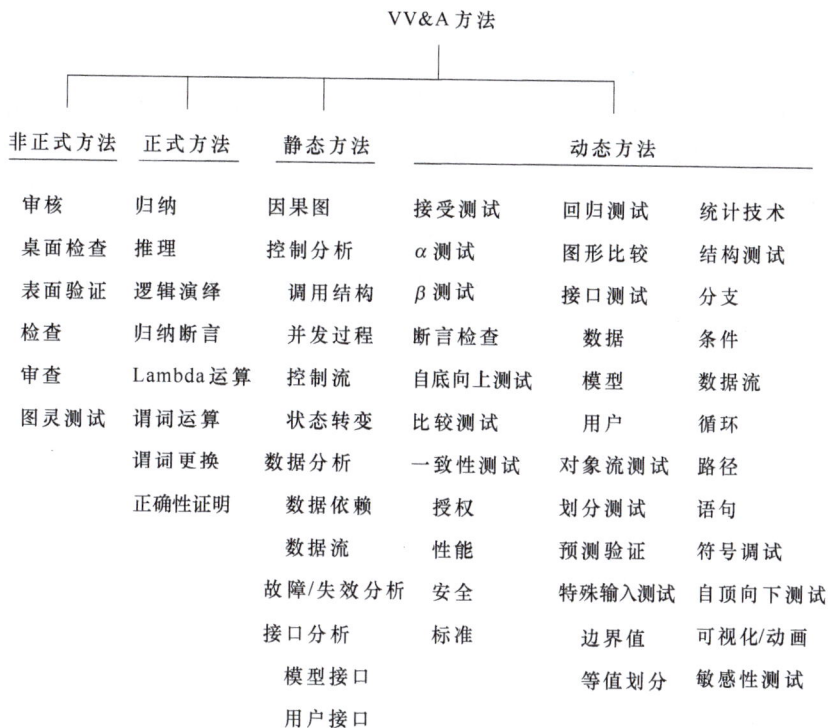

图 7-4 仿真模型 VV&A 方法的分类

注：资料来源于王维平等（2006）。

表 7-1 模型验证方法

动态关联分析法	数理统计方法			时、频分析法	其他方法
	参数估计法	参数假设检验	非参数假设检验		
TIC 不等式系数	点估计	t 检验	符号检验	时间序列	经验评估
灰色关联分析	区间估计	F 检验	秩和检验	古典谱分析	灵敏度分析
回归分析	最小二乘估计	χ^2 检验	游程检验	现代谱分析	模糊方法
……	极大似然估计	Bayes 方法	序贯检验	小波分析	……
	Bayes 估计	……	……		
	……				

注：来源自魏华梁、单家元和李钟武（2001）。

　　仿真模型的验证过程，实质上就是对模型系统和实际系统进行反复比较的过程。每一种验证方法都有其特定的适用范围和局限性，并且在应用时对采样数据的性质如平稳性、独立性、样本容量大小以及先验信息表达的准确性等有着严格的要求。如果所研究问题的行为特性超出了某一验证方法的适用域，就可能会对分析结果造成偏差。因此，尤其是对于一些大规模的复杂系统而言，在建模与仿真的过程中，往往需要根据具体情况，分别从不同的角度采取多种验证方法对仿真模型进行验证，以减少犯各类错误的概率。

　　接下来，介绍由内勒（T. H. Naylor）和芬格（J. M. Finger）于 1967 年提出的仿真模型验证"三步骤"，该方法目前已经得到了较为广泛地应用。

1. 从直观上考察仿真模型的有效性

系统建模与仿真的首要目标，就是建立一个能够让用户和其他了解实际系统的人员在直观上认为合理的仿真模型。因此，在仿真建模的过程中，尤其是在概念构模和模型执行阶段，最好能够有用户代表的参与，以确保通过对模型结构的合理假设和可信的数据，最终建立一个高度符合实际的仿真模型。用户以及相关的专业人员还可以对仿真模型输出的合理性进行评价，并帮助识别其存在的不足之处。让用户参与的另一个好处是，可以在直觉上增加仿真模型的正确性和可信度；否则，管理者将可能不愿意相信仿真结果并将其作为决策的基础。

灵敏度分析（Sensitivity Analysis）也可以用来对模型进行验证。根据对实际系统的观察和运行经验，仿真模型的用户和建模人员通常都具有一种直观上的概念，即当某些输入变量增大或减小时，仿真模型的输出结果应该向着哪个方向变化。通过仿真模型运行的灵敏度分析，可以大致判断其结构上的合理性。尤其对于多数大规模复杂的仿真模型来说，由于输入/输出变量都比较多，因此更十分有必要对其中最为关键或者灵敏度最高的一些输入变量进行灵敏度测试，以确定它们的合理性。

2. 验证模型的假设

仿真模型的假设一般可划分为两大类：一类是结构假设，另一类是数据假设。

（1）结构假设

结构假设通常涉及对实际系统的简化和抽象，或者说系统最低限度运行的条件，如排队系统中的队列以及服务设施等。这些结构上的假设应该通过和管理者及相关人员的讨论，并在恰当的时间周期内进行观测的基础上加以验证。

（2）数据假设

数据假设包括对所有输入数据的数值和概率分布所作的规定。这些规定必须与实际系统的运行条件基本相符合，并且应当在对实际系统可靠的运行参数进行收集的基础上，借助于必要的统计分析来加以确定。此外，仿真模型的数据假设还应在收集实际系统的随机样本数据的基础上，识别其概率分布类型，估计其假设理论分布的各项分布参数，并进行适当的拟合性检验（如 χ^2 检验或 $K\text{-}S$ 检验等），以便得到定量性的验证。尤其是拟合性检验，是对数据假设进行验证的重要组成部分之一。

3. 模型输出数据与实际数据的比较

将仿真模型的输出数据与真实系统中的实际数据作比较，是模型验证中最具有决定性的一个步骤。如果仿真输出数据与实际数据吻合得很好，就有理由相信所建立的仿真模型是有效的。虽然这种比较并不能确保仿真模型的完全正确，但可以认为通过比较将会使仿真模型获得更大的可信度。

如果现有的实际系统与所构模的系统比较相似，则可以先构造出一个与现有的实际系统相一致的仿真模型，并将仿真运行结果与实际系统的输出数据进行比较。当两者十分接近时，表明该仿真模型对于现有的实际系统来说已被验证。然后，通过对该仿真模型作适当的修改，就能够使其同所构模的系统在结构和数据上都有较好的一致性。

如果现有的实际系统与所构模的系统并不相同，但在内部结构上又有大部分相同的子系统，则可以先对各系统分别建立相应的子模型，对这些子模型逐一地进行验证，然后再将这些已经被验证的子系统组合起来，构成所需要的仿真模型。

如果所要求建立的仿真模型与现有的实际系统是相同的，则可以充分利用现有系统的历史数据来进行模型的输入/输出验证。例如，可以利用某组历史数据输入模型，以观察其输出响应，并将此输出响应与对应的实际系统的输出数据进行比较。

复习思考题

1. 谈谈你对仿真模型 VV&A 基本概念的理解，以及校核、验证、确认三者之间的相互关系。

2. 试举例说明 VV&A 活动在生产系统建模与仿真过程中的重要作用。

3. 通过因特网登录相关的专业网站（如 Balci 等人建立的 VV&A 网上数据库 http://manta.cs.vt.edu/balci/等），查阅有关仿真模型 VV&A 的文献资料，了解 VV&A 的基本原则。

4. 论述在生产系统建模与仿真的过程中，实施 VV&A 活动的一般过程和步骤。

5. 通过因特网登录冬季仿真会议的网站，从相关的文献中找出几个仿真模型 VV&A 的应用案例，分析它们所用到的 VV&A 技术和方法，并对这些技术和方法的主要特征进行归纳总结。

6. 结合具体实例，论述如何在生产系统建模与仿真的过程中应用仿真模型验证的"三步骤"。

第 8 章
面向生产系统的仿真软件

生产系统的仿真模型，最终要通过仿真软件来实现。那么，在生产系统建模与仿真中，常用的仿真软件有哪些？它们各有怎样的优缺点？分别适用于什么样的场合？如何借助于仿真软件来建立仿真模型并执行仿真运行？本章将围绕这些问题，主要介绍仿真语言与仿真软件的发展历程、生产系统建模与仿真中比较常用的如 Arena、Witness、Flexsim 和 AutoMod 等几种仿真软件的主要特点及其适用范围，并结合 Arena 软件，介绍其基本的建模分析过程与应用案例。

8.1 概述

8.1.1 仿真语言与仿真软件的发展

系统仿真语言与仿真软件的发展，可以概括为如下六个阶段：

（1）1955—1960 年（探索阶段）

这一时期的仿真一般由 FORTRAN 或其他通用编程语言来实现，缺乏专业仿真程序的支持。为促进仿真技术的发展，人们在探索统一概念和开发可重用例程等方面付出了巨大的努力。

（2）1961—1965 年（仿真语言出现阶段）

在这一时期，出现了大量的仿真编程语言，如基于 FORTRAN 的包（如 SIMSCRIPT 和 GASP）、由 ALGOL 派生的 SIMULA 以及 GPSS 等。

（3）1966—1970 年（仿真语言形成阶段）

许多仿真编程语言在这一时期变得日益成熟和完善，并且得到了更加广泛的应用。例如，伴随着硬件的飞速发展和用户需求的不断变化，GPSS 经历了重要的修订；SIMSCRIPT Ⅱ 的出现，代表了仿真编程语言的重要发展；SIMULA 增加了类和继承的概念，成为现代面向对象编程语言的先驱等。

（4）1971—1978 年（仿真语言发展阶段）

在这一时期，GPSS 得到了进一步的发展，相继推出了 GPSS/NORDEN 和 GPSS/H 等新的版本。前者提供了一个交互式、可视化的在线环境；而后者在增加了包括交互式调试器等在内的新特性后，成为目前应用的 GPSS 标准版本。此外，GASP Ⅳ 的推出，在事件调度策略之外，增加了对活动扫描策略的支持。

在发展仿真语言的同时，人们还努力简化仿真建模的过程。例如通过 SIMULA，人们开始尝试从高级用户的视角来进行系统定义的开发，以便能够将其自动翻译为一个可执行的模型。

（5）1979—1986 年（仿真语言巩固和改进阶段）

在这一时期，一些比较有影响的仿真编程语言在保持自身基本结构的情况下，扩展到可在许多计算机和微处理器上实现。由 GASP 派生出了 SLAM Ⅱ（Simulation Language for Alternative Modeling Ⅱ）和 SIMAN（SIMulation ANalysis）。其中，SLAM 基于事件调度法，具有多种建模视角和组合式建模的功能。SIMAN 则是第一种可以在个人计算机及 MS DOS 系统下运行的主流仿真语言。它采用事件调度法，基于 FORTRAN 语言提供了一个 FOR-TRAN 子程序集，既具有通用的建模能力，同时又具有在某些方面类似 SLAM 和 GPSS 的块图组件。

（6）1987 年至今（仿真集成环境阶段）

在这一时期，仿真编程语言在个人计算机上得到了迅速的发展，并出现了具有输入数据分析器和输出结果分析器等模块，以及图形化用户界面和动画等多种可视化工具的仿真集成环境。一些软件包还试图通过使用进程流或块图等来简化建模的过程。

此外，智能化建模技术、基于 Web 的仿真、智能化结果分析与优化技术等也成为仿真软件发展的一个重要趋势。许多仿真软件还提供了二次开发工具及开放性的程序接口，以增强软件的适用性。

综合来说，可以将应用于仿真模型开发的软件概括为三大类型：第一类是通用编程语言，如 C、C++ 和 Java 等；第二类是仿真编程语言，如 GPSS/H、SIMAN V 和 SLAM Ⅱ 等；第三类是仿真环境。

8.1.2　常用生产系统仿真软件介绍

目前，市场上已有大量面向生产系统的商业化仿真软件。其中应用较为广泛的主要有美国 Systems Modeling 公司开发的 Arena、英国 Lanner 公司开发的 Witness、美国 Flexsim Software Products 公司开发的 Flexsim、美国 Brooks Automation 公司开发的 AutoMod、美国 Imagine That 公司开发的 Extend、美国 ProModel 公司开发的 ProModel、以色列 Tecnomatix 公司开发的 eM-Plant 等。本节接下来对这几种常用仿真软件作一概要性的介绍。后面的章节将重点围绕 Arena 软件（7.0 版本），详细论述其在生产系统建模与仿真中的具体应用。

1. Arena

Arena 是由美国 Systems Modeling 公司于 1993 年开始基于仿真语言 SIMAN 及可视化环境 CINEMA 研制开发并推出的一款可视化及交互集成式的商业化仿真软件，目前属于美国 Rockwell Software 公司的产品。Arena 在仿真领域具有较高的声誉。其应用范围十分广泛，覆盖了包括生产制造过程、物流系统及服务系统等在内的几乎所有领域。

Arena 软件的主要特点包括：

（1）可视化柔性建模

Arena 将仿真编程语言和仿真器的优点有机地整合起来，采用面向对象技术，并具有完整的层次化体系结构，保证了其易于使用和建模灵活的特点。在 Arena 中，对象是构成仿真模型的最基本元素。由于对象具有封装和继承的特点，使得仿真模型具有模块化特征和层次化的结构，如图 8-1 所示。

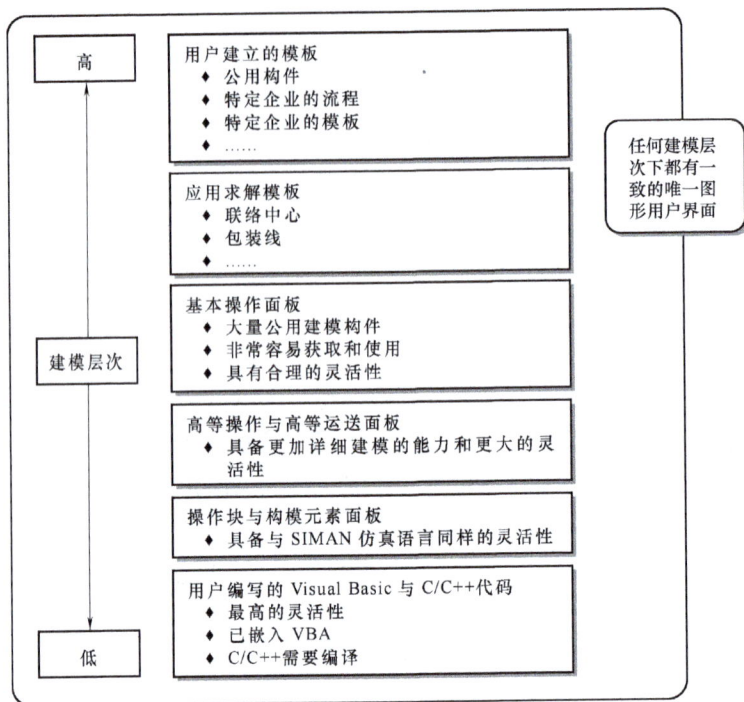

图 8-1   Arena 的层次结构

注：资料来源于 W. D. Kelton 等（2007）。

（2）输入/输出分析器技术

Arena 提供了专门的输入/输出分析器来辅助用户进行数据输入处理和输出数据的预加工，十分有助于保证仿真研究的质量和效果。输入分析器能够根据输入数据来拟合概率分布函数，进行参数估计，并评估拟合的优度，以便从中选择最为合适的分布函数。输出分析器提供了方便易用的用户界面，以帮助用户简便、快捷地查看和分析输出数据。

（3）定制与集成

Arena 与 Windows 系统完全兼容。通过采用对象链接与嵌入（OLE）技术，Arena 可以使用 Windows 系统下的相关应用程序的文件和函数。例如，将 Word 文档或 AutoCAD 图形文件加载到 Arena 模型中，对 Arena 对象进行标记以便作为 VBA 中的标志等。此外，Arena 还提供了与通用编程语言的接口，用户可以使用 C ++、Visual Basic 或 Java 等编程语言，或者通过 Arena 内嵌的 Visual Basic for Application（VBA）编写代码，来灵活地定制个性化的仿真环境。

针对不同需求的用户，Arena 开发了 Arena Basic Edition、Arena Standard Edition 和 Arena Professional Edition 三个不同类型的版本。读者可通过访问其官方网站（http://

www. arenasimulation. com）来获取更多详细的信息。

2. Witness

Witness 是由英国 Lanner 公司开发的一款功能强大的仿真软件系统，它既可以应用于离散事件系统仿真，同时又可以应用于连续流体（如液压、化工和水力等）系统的仿真，应用领域包括了汽车工业、食品、化学工业、造纸、电子、银行、财务、航空、运输业及政府部门等。

Witness 软件的主要特点如下：

（1）采用面向对象的交互式建模机制

Witness 提供了大量的模型元素和逻辑控制元素。前者如加工中心、传送设备和缓冲存储装置等；后者如流程的倒班机制以及事件发生的时间序列等。用户可以很方便地通过使用这些模型元素和逻辑控制元素建立起工业系统运行的逻辑描述。在整个建模与仿真过程中，用户可以根据不同阶段的仿真结果随时对仿真模型进行修改，如添加和删除必要的模型元素。并且，在修改完毕后，仿真模型将继续运行，而不需要重新返回到仿真的初始时刻。

（2）直观、可视化的仿真显示和仿真结果输出

Witness 提供了非常直观的动画展示。在仿真模型运行的过程中，可以实时地用动画显示出仿真系统的运行过程，并以报表、曲线图和直方图等形式将仿真结果实时地输出，以辅助建模和系统分析。

（3）灵活的输入/输出方式

Witness 提供了与其他系统相集成的功能，如直接读写 Excel 表、与 ODBC[⊖] 数据库驱动相连接以及输入描述建模元素外观特征的 CAD 图形文件等，以实现与其他软件系统的数据共享。

（4）建模功能强大，执行策略灵活

Witness 提供了 30 多种系统建模元素以及丰富的模型运行规则和属性描述函数库，允许用户定制自己领域中的一些独特的建模元素，并能够通过交互界面定义各种系统执行的策略，如排队优先级和物料发送规则等。

可以说，Witness 代表了最新一代仿真软件的水平。读者可通过访问其官方网站（http：//www. witness-china. com）来获取更多详细的信息。

3. Flexsim

Flexsim 是由美国 Flexsim Software Products 公司推出的一款主要应用于对生产制造、物料处理、物流、交通和管理等离散事件系统进行仿真的软件产品。该软件提供了输入数据拟合与建模、图形化的模型构建、虚拟现实显示、仿真结果优化以及生成 3D 动画影像文件等多种功能，并提供了与其他工具软件的接口。

Flexsim 软件采用面向对象编程和 Open GL 技术，具有如下几个突出的特点：

（1）使用对象来构建真实世界的仿真模型

Flexsim 提供了多种对象类型的模板库，用户利用鼠标的拖放操作就能够确定对象在模型窗口中的位置，根据模型的逻辑关系进行连接，然后设定不同对象的属性。同时，用户还可以根据自己行业和领域特点对系统提供的对象进行扩展，来构建自己的对象库。

（2）突出的 3D 图形显示功能

用户可以在 Flexsim 中直接导入 3D Studio、VRML、DXF 以及 STL 等图形类型，并根据内置的虚拟现实浏览窗口，来添加光源、雾以及虚拟现实立体技术等。借助于 Open GL 技术，Flexsim 还提供了对 ADS、WRL、DXF 和 STL 等文件格式的支持，帮助用户建立逼真的仿真模型，从而可以有助于对仿真模型的直观上的认识和仿真模型的验证。此外，Flexsim 还提供有 AVI 录制器，用来快速生成 AVI 文件。

（3）开放性好、扩展性强

Flexsim 提供了与外部软件的接口，用户可以通过 ODBC 与外部数据库相连，通过 Socket 接口与外部硬件设备相连等，并且可以与 Microsoft Excel 和 Visio 等软件配合使用。除此之外，用户还可以通过建立定制对象，利用 C ++ 语言创建、定制和修改对象，控制对象的行为活动；甚至还可以完全将其当做一个 C ++ 语言的开发平台来开发特定的仿真应用程序。

读者可通过访问 Flexsim 官方网站（http://www.flexsim.com/）来获取更多详细的信息。

4. AutoMod

AutoMod 是由美国 Brooks Automation 公司推出的一款主要应用于离散事件系统 3D 仿真的比较成熟的软件之一，它由仿真包 AutoMod、用于实验和分析的 AutoStat 模块、用于制作内置 3D 动画的 AutoView 模块以及一些辅助模块组成。AutoMod 适用于大规模复杂系统的计划、决策及其控制实验，主要面向各类制造和物料储运系统的建模与仿真，并可借助于其 Tanks 和 Pipes 等模块，提供对液体和散装材料流等连续系统建模与仿真的支持。

AutoMod 软件的主要特点如下：

（1）采用内置的模板技术

AutoMod 提供了物流及制造系统中常用的多种建模元素，如各类运载工具、传送带、堆垛机、仓库和自动化仓储系统（AS/RS）等，用来快速地构建各类生产系统的仿真模型。

（2）具有强大的统计分析工具

在用户定义测量和实验标准的基础上，AutoStat 模块能够自动对 AutoMod 仿真模型进行统计分析，得到诸如生产成本和设备利用率等各类数据及相关的图表。

（3）提供了灵活的动态场景显示方式

用户通过 AutoView 模块可以实现对场景的定义和摄像机的移动，产生高质量的 AVI 格式动画文件，并且还可以对视图进行缩放或者平移等操作，或使用摄像机对某一个物体（如叉车或托盘）的移动进行跟踪等。

读者可通过访问 AutoMod 官方网站（http://www.brooks.com）来获取更多的详细

信息。

5. 其他仿真软件

（1） Extend

它是由美国 Imagine That 公司开发的一款通用仿真平台。它基于 Windows 操作系统，采用 C 语言开发，可用于对离散事件系统和连续系统的仿真，主要的应用领域包括半导体电子行业、计算机和通信行业、工业系统、汽车和航空运输、零售业、石油化工和医药、咨询业以及学校和科研机构等。Extend 继承了当代仿真软件的一般特点，如可重复使用的建模模块、终端用户界面开发工具、灵活的自定义报告图表生成机制以及同其他应用系统集成的方法等。

（2） ProModel

它是由美国 ProModel 公司开发的一款用于离散事件系统仿真的软件，也是在美国和欧洲使用最为广泛的系统仿真软件之一。其主要应用领域包括制造系统资源利用率评估、车间生产能力规划、库存控制、系统瓶颈分析、车间布局规划和产品生产周期分析等。ProModel 基于 Windows 操作系统，为用户提供了图形化的交互界面，并采用基于规则的决策逻辑，能够准确地建立系统配置及运行过程模型，对系统的动态及随机特性等进行分析。

（3） eM-Plant

它是以色列 Tecnomatix 公司开发的一款大型的商业化制造系统建模与仿真软件。它基于面向对象的思想，提供了与生产系统相关的大量模型库和丰富的仿真控制策略。在 eM-Plant 环境下，用户可以实现对生产系统的各项性能指标的分析和优化，如生产率、在制品水平、设备利用率、工人负荷情况和物流顺畅程度等。

除上述产品之外，在生产系统中常用的其他仿真软件还有 Simul8、Quest 以及 Matlab/Simulink 等。在实际的应用中，需要结合建模与仿真分析的目的、仿真运行的环境要求、供应商支持和产品文档等具体情况，并考虑各类仿真软件的自身特点与功能，来进行合适的选择。

8.2　Arena 的工作环境

8.2.1　Arena 的系统要求

运行 Arena 7.0 版本所需要的最低系统要求如下：

① Microsoft Windows 95 （OSR-2）、Windows 98、Windows ME、Windows NT 4.0（Service Pack 5 或更新的版本）、Windows 2000 或 Windows XP 操作系统。

② 带有 Service Pack 2 的 Microsoft Internet Explorer 4.01 或更高的版本。

③ 用于阅读文件的 Adobe Acrobat Reader 5.0 或者更新的版本。

④ 不少于 75MB ~ 250MB 的可用磁盘空间。

⑤ 64MB RAM 或者更高。

⑥ 300MHz 或以上的微处理器。

⑦ 分辨率至少为 1024×768 的显示器屏幕配置。

8.2.2 Arena 的用户界面

Arena 是一种典型的 Windows 操作系统应用软件。其标准化的界面风格、一般特征和操作等都与 Windows 操作系统相一致，因此非常便于为读者所熟悉。

在完成 Arena 7.0 的安装后（本书中使用 Arena 7.0 教学版），单击"开始"菜单中的"Rockwell Software"→"Arena 7.0"→"Arena 7.01"项目（见图8-2）或双击桌面上的 Arena 7.01 快捷方式 ，即可启动进入 Arena 软件的用户界面，如图8-3 所示。

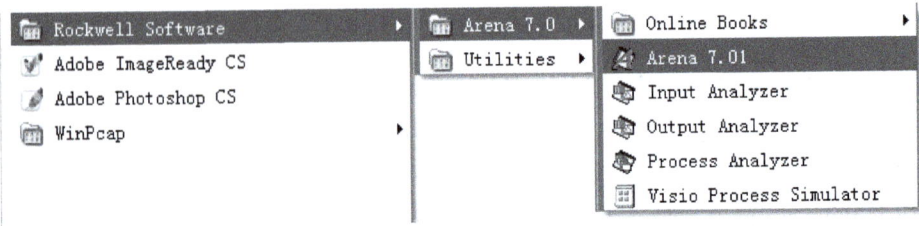

图 8-2　Arena 软件的启动

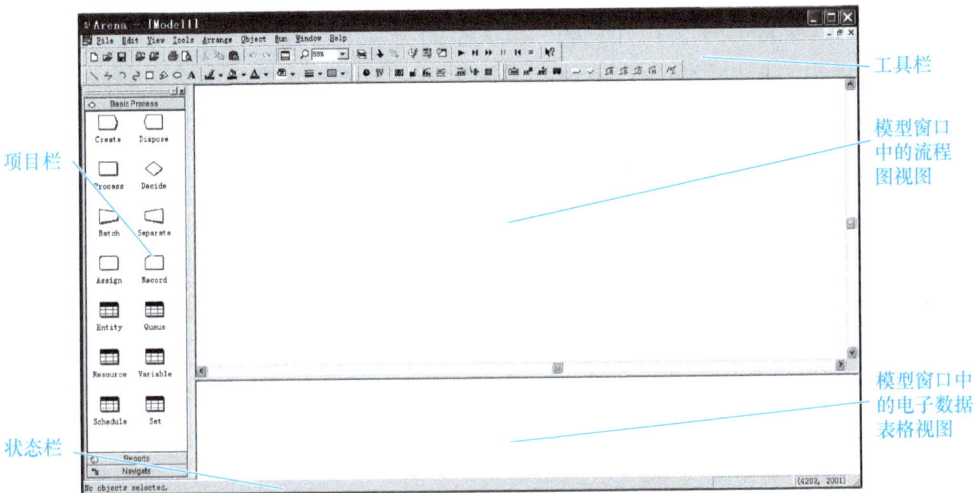

图 8-3　Arena 用户界面

在图 8-3 所示的 Arena 用户界面中，右边占据屏幕大部分的是模型窗口（Model Window）。模型窗口实际上位于 Arena 窗口的内部，它又可划分为上、下两个部分，或称为两个视图（View），即流程图视图（Flowchart View）和电子数据表格视图（Spreadsheet View）两个区域。在流程图视图中包括了仿真模型的图形符号，如流程图模块、流程连线、动画效果、时间曲线图形以及文本标签等其他一些绘图元素。而电子数据表格视图则能够显示仿真模型中当前选中对象的属性（如时间等），并且可以允许用户对这些数据作相应的设置。对于很多对象来说，都可以通过在该对象上单击鼠标右键来选取属性，进入相应的对话框进行设置操作。而电子数据表格视图提供了可以同时对多个同类型对象进行属性编辑和设置的功能。

Arena 用户界面的左下方是项目栏（Project Bar），用来存放各种面板（Panel）。这些面板包含了用户所使用的各种对象。主要有：

① 基本操作面板（Basic Process），包含了一些用于基本建模的模块（Module），这些模块在仿真模型中有着十分广泛的用途。

② 报告面板（Reports），用来显示仿真运行的结果。

③ 导航面板（Navigate），用来帮助用户从不同的角度对仿真模型进行观察。

除此之外，Arena 中还包含有其他一些面板（具体可能与版本的授权情况有关），如高等操作（Advanced Process）、高等运送（Advanced Transfer）、操作块（Block）和构模元素（Element）等，以及用于创建特殊应用系统的其他更多的面板。为了能够在模型中使用这些面板，必须通过"File"→"Template Panel"→"Attach"或者添加模板（Template Attach）按钮（ ）把相应的面板装载到模型中来。

Arena 用户界面的最下方是状态栏（Status Bar），它用来显示此刻正在进行的有关仿真状态的各类信息。例如在仿真运行时，状态栏中将显示仿真时间、当前的重复次数和重复仿真的总次数等信息。通过在 View 菜单中清除 Status Bar 选项，用户可以隐藏状态栏。

Arena 用户界面的最上方是工具栏（Toolbar）。通过菜单"View"→"Toolbars"或在工具栏中单击鼠标右键，可选择当前要显示的工具栏。通过"View"→"Toolbars"→"Customize"或在工具栏中单击鼠标右键选择"Customize"，用户可自定义如何显示工具栏。

8.2.3 Arena 中的模块

在 Arena 中，用来构建仿真模型的基本单元称之为模块。它们存放在项目栏的各种面板中，用于定义仿真的流程和数据。模块又可分为流程图模块（Flowchart Module）和数据模块（Data Module）两大类。

流程图模块用于描述仿真模型的动态过程。例如在基本操作面板中，可用的流程图模块主要有创建（Create）、清除（Dispose）、操作（Process）、决策（Decide）、赋值（Assign）、批量（Batch）、分离（Separate）和记录（Record）等。要使用某一类型的流程图模块，只需从项目栏中将其选取，然后拖拽到流程图窗口中即可。一旦流程图模块被放到了流程图窗口中，就可以通过双击该模块来打开相应的对话框进行编辑操作。另一种编辑的方法是在项目栏中单击选取特定的模块类型，此时在电子表格视图窗口中就会以列表的形式显示出该类型的所有模块的属性和设置信息，选择相应的模块就可以进行相应的编辑操作。

数据模块定义了各种操作元素（如实体、资源和队列等）的属性。例如在基本操作面板里，包含的数据模块有实体（Entity）、队列（Queue）、资源（Resource）、变量（Variable）、调度（Schedule）和集合（Set）等。在项目栏中单击某数据模块，相应类型的数据模块列表就会出现在电子表格视图内，通过双击可进行编辑操作或增加新的数据行。

在同一仿真模型内，流程图模块和数据模块是通过它们共有的对象（如资源、队列、

117

实体类型和变量等）名称相互联系起来的。

8.3　Arena 基本建模分析

本节以图 2-1 所示的简单加工系统为例，来介绍运用 Arena 进行仿真建模的基本步骤和操作。该模型相应的文件 Model03-01.doe 通常位于 Arena 7.0 下的 Book Examples 文件夹内。读者可通过菜单"File"→"Open"打开该文件，显示结果如图 8-4 所示。

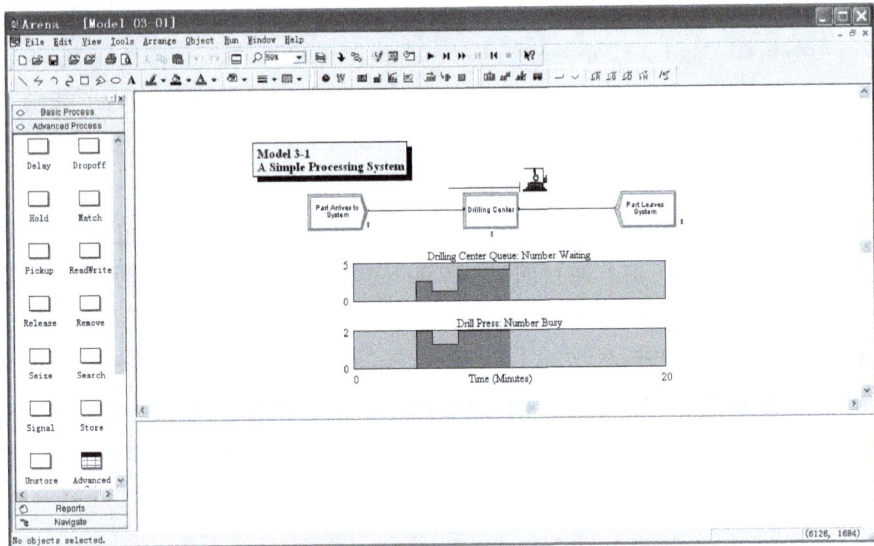

图 8-4　简单加工系统的 Arena 仿真

8.3.1　流程图模块

1. Create 模块

Create 模块是一个仿真模型的起始点，用于产生到达系统的实体（这里代表零件毛坯）。该模块及其属性设置对话框如图 8-5 所示。

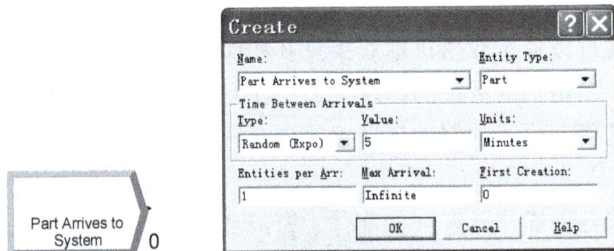

图 8-5　Create 模块及其属性设置

① 在"Name"下拉列表框中输入此模块的名称"Part Arrives to System"，用来在当前模型中唯一标示该模块。

② 在"Entity Type"下拉列表框中输入实体类型"Part",即零件。

③ "Time Between Arrivals"区域用来定义在此模块中所产生的相邻实体的到达时间间隔属性。在"Type"下拉列表中选择"Random（Expo）",表示实体的到达时间间隔是服从指数分布的随机变量;在"Value"下拉列表框中设置值为"5",在"Units"下拉列表框中选择"Minutes",表示该指数分布的参数 λ 为 5min。

④ 在"Entities per Arr"下拉列表框中设置值为"1",表示每次到达的零件为 1 个。

⑤ 在"Max Arrival"下拉列表框中设置值为"Infinite",表示仿真过程中实体最大的到达数量为无穷大（默认值）。

⑥ 在"First Creation"下拉列表框中设置值为"0",表示第一个实体在仿真开始即 0 时刻到达。

这样,就设置好了 Create 模块"Part Arrives to System"。另外,还有一种设置方法就是通过在电子数据表格视图中进行,如图 8-6 所示。可以发现,其属性列和属性设置对话框中的内容是一致的。

Create · Basic Process								
	Name	Entity Type	Type	Value	Units	Entities per Arrival	Max Arrivals	First Creation
1	Part Arrives to System	Part	Random (Expo)	5	Minutes	1	Infinite	0

图 8-6　Create 模块的数据表格

2. Process 模块

Process 模块代表机器,包括资源、队列和实体延时（本例中指零件的加工处理）。该模块及其属性设置对话框如图 8-7 所示。

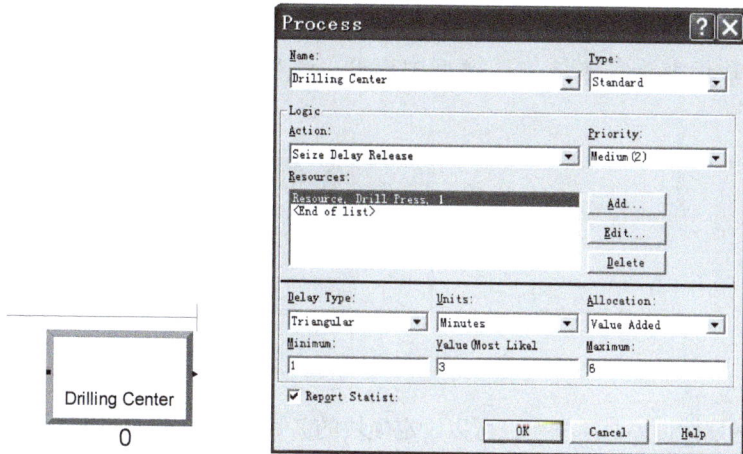

图 8-7　Process 模块及其属性设置

① 在"Name"下拉列表框中输入模块名称"Drilling Center",并在后面的"Type"下拉列表框选择"Standard",表示这项操作的逻辑将在 Process 模块中定义。

② "Logic"区域用于定义该模块对实体的有关操作。在"Action"下拉列表框中选择"Seize Delay Release",表示在该模块中实体会"占用"一定数量的资源,然后"延时"

一段时间（表示服务），最后"释放"资源以便其他实体能够占用。"Priority"下拉列表框用于设定不同实体占用资源的优先权值。"Resource"下拉列表框用于定义所占用或释放的资源。单击"Add"（添加）或"Edit"（编辑）按钮，或者双击某一资源行就会出现"Resources"对话框，对这种资源进行定义或编辑，如图8-8所示。

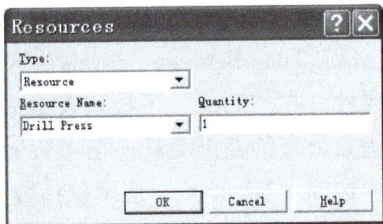

图8-8　Resources对话框

在"Resources"对话框中，可以定义资源名称（Resource Name）和加工单元数量（Quantity）。若输入一种以上资源，则意味着实体在开始加工之前必须占用特定数量的每种资源（例如一台设备和两名操作人员），且离开时相应地要释放特定数量的各种资源。

③"Delay Type"下拉列表提供了三种概率分布（正态分布、三角分布和均匀分布）、一个常量（Constant）选择和一个表达式（Expression）选择，用于设置延时的类型。"Units"下拉列表框用于设置延时的时间单位。"Allocation"用于设置由延时所带来的成本（费用信息）。

如果在流程图视图中选中某个Process模块，或在项目栏中单击选择Process模块，在电子数据表格视图中就会出现Process模块的数据表格，如图8-9所示。

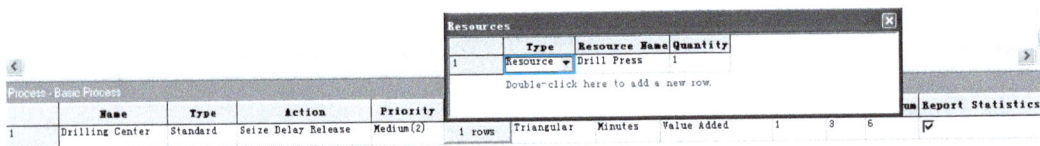

图8-9　Process模块的数据表格

3. Dispose 模块

Dispose模块代表着实体从仿真模型中离开。该模块及其属性设置对话框如图8-10所示。

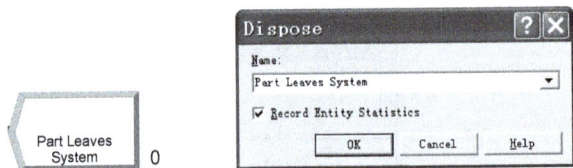

图8-10　Dispose模块及其属性设置

在该模块的属性设置对话框中，可以设定模块的名字（Name），并决定是否要输出实体统计数据，包括经过这个模块的实体在系统中的平均和最大逗留时间以及实体的成本信息等。

Dispose模块相应的数据表格如图8-11所示。

图8-11　Dispose模块的数据表格

4. Connecting 模块

为了使零件从一个流程图模块流向另一个流程图模块，必须采用连接线将它们按特定的逻辑顺序连接起来，以建立起所有零件流经的序列。单击工具栏上的连接（Connect）按钮（🖎）或选择菜单"Object"→"Connect"，鼠标指针将变为十字线，单击源模块的出口点（Exit Point）（▶）和目标模块的入口点（Entry Point）（■），即可进行连接。

① 如果选择菜单"Object"→"Auto-Connect"，Arena 将自动把新放入的模块的入口点与此前选中的模块的出口点相连接。

② 如果选择菜单"Object"→"Smart Connect"，则新的连接线将自动遵循水平和垂直方向放置。

③ 如果选择菜单"Object"→"Animate Connectors"或单击动画连接器（Animate Connectors）按钮，则 Arena 会在仿真运行时显示实体图形沿连接线传输的动画效果（在本例中表示为蓝色小球的移动）。

但需要说明的是，在默认设置下，这些动画传输并不占用任何时间，即传输的时间默认为 0（即瞬时传输）。

8.3.2 数据模块

1. Entity 模块

在上述 Create 模块中已经定义了一个实体类型为 Part。此时，在项目栏单击数据模块"Entity"，就可以在电子数据表格视图中看到"Entity"列表中已经有了"Part"实体类型，如图 8-12 所示。

	Entity Type	Initial Picture	Holding Cost / Hour	Initial VA Cost	Initial NVA Cost	Initial Waiting Cost	Initial Tran Cost	Initial Other Cost	Report
1	Part	Picture.Blue Ball	0.0	0.0	0.0	0.0	0.0	0.0	☑

图 8-12　Entity 模块数据表格

在该数据表格中，"Initial Picture"字段表示了在系统仿真运行开始时，代表实体动画的图片（本例中零件实体将显示为蓝色小球）。后面几个字段用于定义实体相关的各类成本数据，本例中暂不予考虑。如果选中了最后的"Report Statistics"复选框，则要求系统在仿真运行结束时反馈该实体类型的统计报告，包括这类实体在系统仿真运行期间的平均和最大逗留时间。

本例中只有 Part 这一个实体类型。如果有多个实体类型，则每个实体类型在该数据表格中均用一行来表示。

2. Resource 模块

在上述 Process 模块中定义了资源（本例中为钻床设备）后，单击项目栏中的 Resource 模块就可以查看"资源"数据表格，如图 8-13 所示。

在该数据表格中可对资源进行相应的设置，如对资源容量（Capacity）和资源故障（Failures）等进行定义。

121

图 8-13　Resource 模块的数据表格

3. Queue 模块

如果实体 Part 进入 Process 模块而钻床设备（Drill Press）处于忙碌状态，则该实体就必须进入队列等待。设置好 Process 模块后，在项目栏中单击 Queue 数据模块，"队列"数据表格就会出现在电子数据表格视图中，如图 8-14 所示。

图 8-14　Queue 数据模块的数据表格

在该数据表格中可以定义队列的各种属性，如本例中定义规则的类型（Type）为先进先出规则。

8.3.3　动画效果与图形绘制

1. 制作资源与队列动画

在流程图视图中，位于 Process 模块上方的符号 "——"，即是显示队列动画的地方。当在 Process 模块中指定某类实体需要 "占用"（Seize）资源时，在该模块的上方就会出现这个图形。

在 Process 模块的右上方有一个符号，就是资源动画。在仿真运行的过程中，该动画图像将根据钻床设备处于 "空闲" 还是 "忙碌" 的状态的不同而改变。资源动画是通过 "动画"（Animate）工具栏中的 "资源"（Resource）按钮（）添加到仿真模型中来的。单击 "Resource" 按钮，就会弹出 "资源图形设置"（Resource Picture Placement）对话框，可以从图形库（扩展名为 .plb 的文件，通常位于 Arena 7.0 文件夹内）中根据资源的状态选出合适的图形来表示资源的不同动画，如图 8-15 所示。

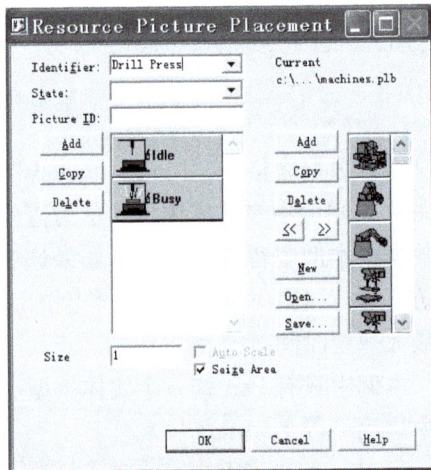

2. 动态散点图

本例中的两个散点图是通过 "动画"（Animate）工具栏中的 "散点图"（Plot）按钮（）创建的。它们将在仿真运行的过程中被自动绘制出来，并且在仿真结束时图像会消失。

单击 "Plot" 按钮（），打开散点图的对话框，如图 8-16 所示。

图 8-15　"资源图形设置" 对话框

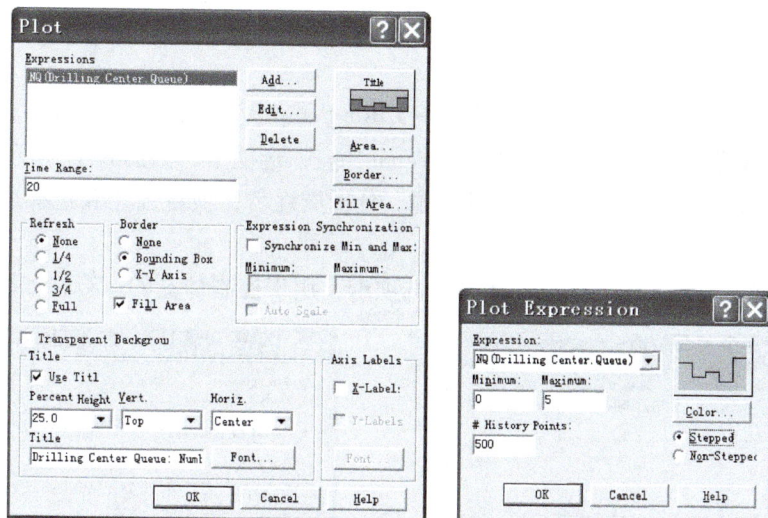

图 8-16　队列长度的 "Plot" 和 "Plot Expression" 对话框

① 在 "Expressions" 区域，单击 "Add" 或 "Edit" 按钮可以进一步打开如图8-16 右边部分所示的 "Plot Expression" 对话框，对表达式进行设置操作。

在 "Expression" 文本框中输入函数 "NQ（Drill Center. Queue）"，即队列中的实体数量（队长）。也可以在框中单击鼠标右键使用表达式构造器（Expression Builder）来帮助键入正确的内容。在 "Minimum" 和 "Maximum" 文本框中分别输入 "0" 和 "5"，用来设定绘图曲线中 y 轴所允许的最小值和最大值。在 "# History Points" 文本框中输入 "500"，表示在任何给定的时间内所允许的最大拐点数。"Stepped" 选项用来定义曲线的外观。"Color" 按钮用来设置曲线的颜色，通常用于在同一坐标轴内绘制多个不同表达式的曲线的场合。

② 在 "Time Range" 文本框输入 "20"，表示仿真运行的时间范围。

③ 在 "Refresh" 框中选择 "None"。在 "Border" 框中选择 "Bounding Box"，并选中 "Fill Area" 复选框，表示将用某种颜色填充曲线下面的区域。如果要在同一张图上绘制多条曲线，可以选择 "Synchronize Min and Max" 复选框对曲线极值加以缩放，使多条曲线按相当的幅度表示在同一 y 轴上，此时，还需要输入对曲线最小值与最大值的估计值；如果进而选择了 "Y-Lables"，则也可以通过选择 "Auto-Scale" 复选框来让 Arena 在仿真运行中根据所有曲线的需要对 y 轴的比例进行自动调整。

④ "Title" 区域用于给散点图添加标题。"Percent Height" 编辑框用于设定标题高度占整个散点图高度的百分比。"X-Lable" 和 "Y-Lables" 选项用于分别对 x 轴和 y 轴的极值进行标注。

这样，就完成了对 "队列长度" 散点图的属性设置操作。对 "钻床设备忙碌状态" 散点图的属性设置与上述完全类似，唯一不同的是表达式的具体形式为 "NR（Drill Press）"。

此外，还可以使用 "绘图"（Draw）工具栏中的 "文本"（Text）按钮（**A**）及其他各种工具在模型窗口中添加各种文字标注，对模型窗口作适当的装饰。

123

8.3.4 设置仿真运行条件

通过菜单"Run"→"Setup",可打开"Run Setup"对话框,设置仿真运行的周期和重复仿真运行次数。该对话框的"Project Parameters"选项卡,如图8-17所示。

在该选项卡中,用户可以定义项目标题、分析员姓名、项目描述和选择通过仿真运行要求输出的各种性能参数。

该对话框的"Replication Parameters"选项卡,用于控制仿真的运行,如图8-18所示。

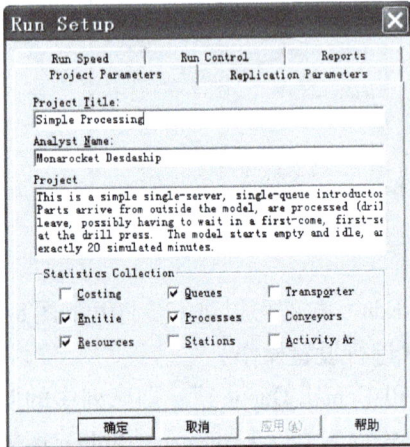

图8-17 "Run Setup"对话框的
"Project Parameters"选项卡

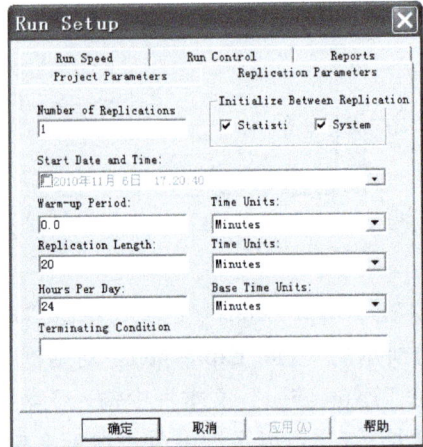

图8-18 "Run Setup"对话框的
"Replication Parameters"选项卡

① 在"Number of Replications"文本框中,选用默认值为"1",表示重复仿真运行的次数。

② 在"Start Date and Time"下拉列表框中也选用默认值,表示系统仿真运行开始的日期和时间。

③ 在"Warm-up Period"文本框中可以指定每次重复仿真运行前的"预处理时间",这里选用默认值"0.0",时间单位为min。

④ 在"Replication Length"文本框中输入"20",并选定"Time Units"为"Minutes",表示重复仿真运行周期为20min。

⑤ 在"Hours Per Day"文本框中选用默认值"24",表示每天的小时数。

⑥ 在"Basic Time Units"下拉列表框中选用"Minutes",表示系统默认的时间单位。基于时间的输出都将按照这一默认的时间单位形成报告。

⑦ 在"Terminating Condition"编辑框中可以设定较为复杂的或与状态有关的终止准则。

8.3.5 仿真运行与仿真报告输出

通过菜单"Run"→"Go",或单击"标准"(Standard)工具栏中的"运行"(Go)按钮(▶)可以开始仿真模型的运行。在第一次运行仿真模型时,Arena会自动对仿真模型进行错误检查(也可以通过菜单"Run"→"Check Model"或单击"Run Interaction"

工具栏中的 ✔ 按钮或按 < F4 > 键来检查仿真模型错误）。如果存在错误，系统会发出警告，并给出一些查找和纠正错误的帮助信息。检查无误后，再次开始运行，即可观察到仿真模型运行的动态过程，如图 8-19 所示。

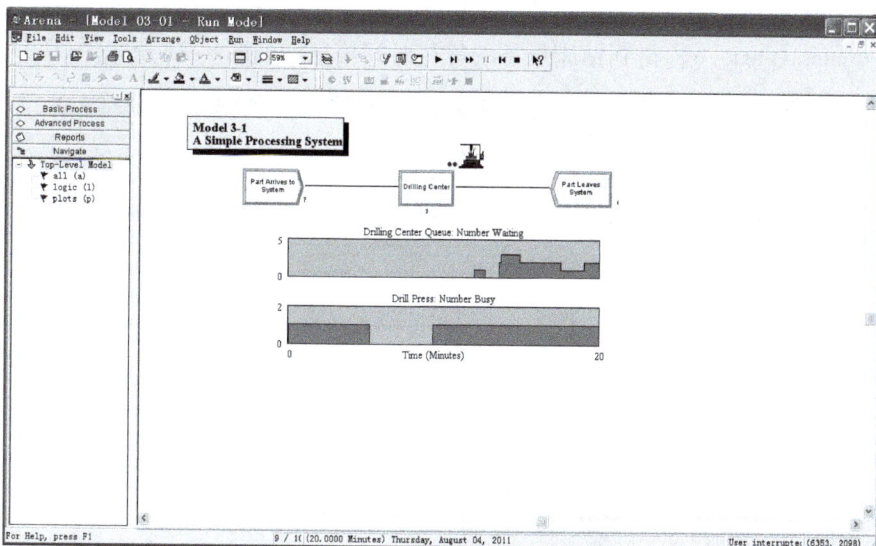

图 8-19　简单加工系统的仿真运行过程

在仿真运行结束后，会弹出对话框询问是否查看结果报告，如图 8-20 所示。

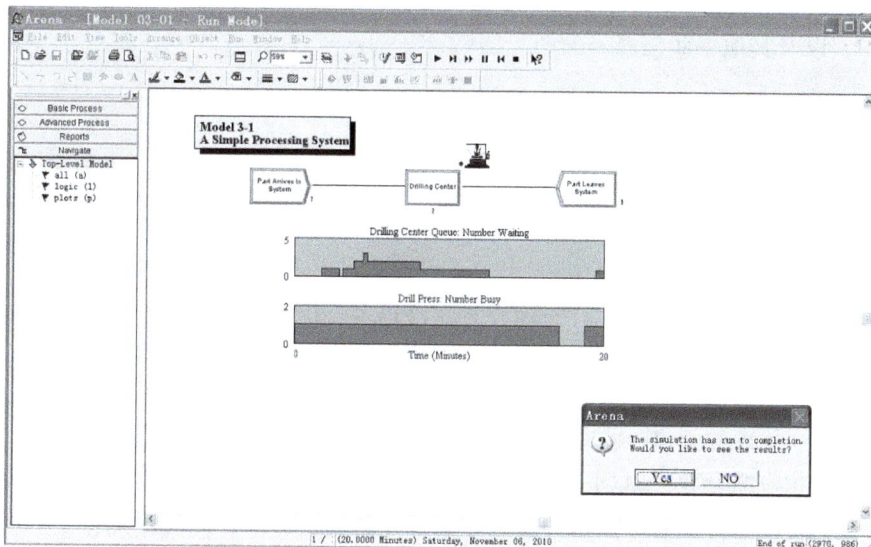

图 8-20　简单加工系统仿真运行的最终状态

单击该对话框的"Yes"按钮，就会在 Arena 窗口中打开一个新的报告窗口。在项目栏中的"Reports"面板中列出了一系列可以查看的、各种不同形式的报告，如分类汇总报告（Category Overview）、重复仿真运行分类报告（Category by Replications）以及资源报告

（Resources）等。

通过单击目录树中的"＋"和"－"，可以查看一些具体的报告。例如，若要查看仿真运行中队列的变化情况，可通过在目录树中单击一系列的"＋"进入到报告的"队列"（Queue）部分（"Simple Processing"→"Queue"→"Time"→"Waiting Time"→"Drilling Center. Queue"），得到钻床设备的等待时间信息，如图8-21所示。

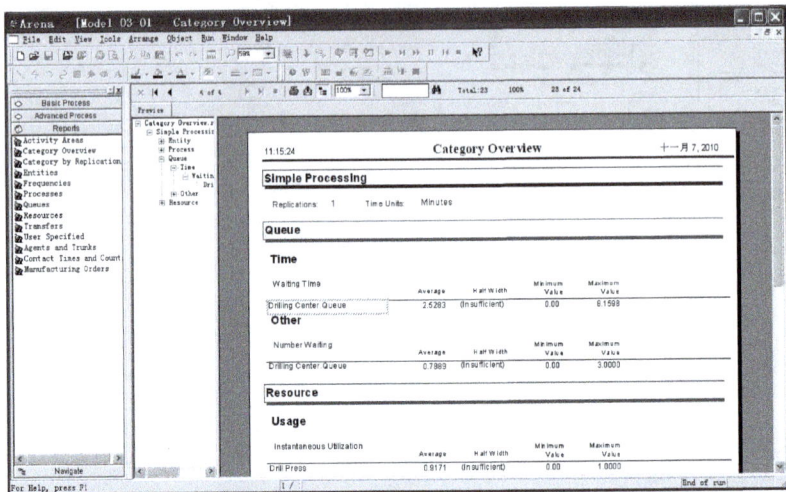

图8-21 仿真运行的"分类汇总报告"（部分）

从该报告中，可以得到系统的平均排队等待时间为 2.5283min，最大排队等待时间为8.1598min，以及其他一些信息。

8.4 Arena 输入/输出分析

8.4.1 输入分析器

第5章中已经介绍了仿真输入数据采集和分析的基本内容。显然，对于输入数据进行分析，需要相当多地依赖于数理统计的知识，而且也是一个比较费时的过程。在 Arena 软件中，利用其内置的输入数据分析功能模块——输入分析器（Input Analyzer），可以较为方便地完成这一烦琐的工作。该模块能够根据所输入的数据，自动寻找出最优拟合的分布族，并能得到相应的参数，返回有关拟合优度的检验结果。此外，也可以自行指定分布族，由 Arena 输入分析器来计算相关参数和拟合优度的检验值，然后据此作出判断。

使用 Arena 输入分析器对输入数据进行拟合的一般步骤如下：

① 创建一个包含原始数据的文本文件。

② 将该文本文件载入到输入分析器，对这些数据拟合出一个或者多个分布。

③ 从中选取一个最为适用的分布。

④ 将输入分析器生成的表达式复制到 Arena 模型中的某一区域，以便于应用于之后的

Arena 仿真与建模分析中。

例如，对前面例 5-2 中表 5-3 的 219 个零件到达间隔时间数据，利用 Arena 输入分析器进行拟合操作如下：

首先，将表 5-3 中的原始数据以纯文本的格式保存到文本文件中，并命名为"PartB-Prp. dst"（Arena 输入分析器默认的文件扩展名为 .dst），如图 8-22 所示。

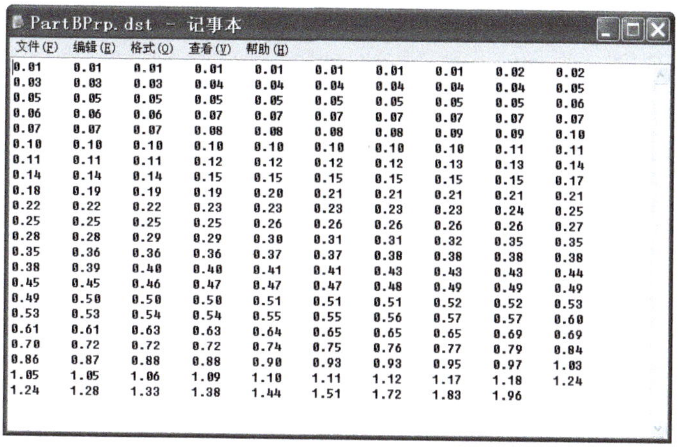

图 8-22　零件到达间隔时间数据的 dst 文本文件

然后，运行输入分析器。通过菜单"File"→"New"或单击工具栏中的"New"按钮（□），新建一个数据拟合窗口。通过菜单"File"→"Data File"→"Use Existing"或单击工具栏中的"使用现有数据文件"（Use Existing Data File）按钮（），将该数据文件加载到数据拟合窗口中。此时，Arena 输入分析器就会自动地显示出这些数据的直方图，并在窗口的下方给出这些数据的汇总信息，如图 8-23 所示。

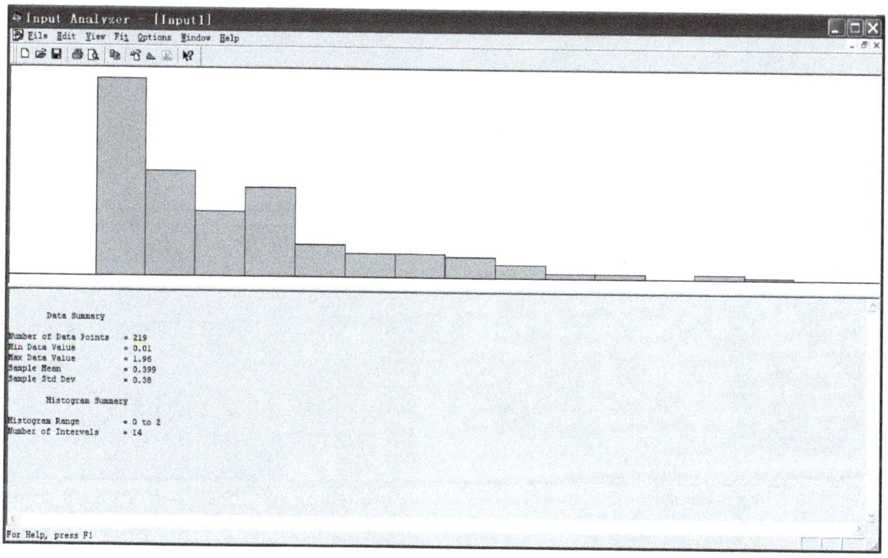

图 8-23　Arena 输入仿真器中的数据直方图及其汇总信息

通过输入分析器中相应的菜单选项，可将数据拟合成某个概率分布（按给定的分布来估计相应的参数）。例如，通过菜单"Fit"→"Exponential"来对上述的数据进行指数分布拟合，可得到分布函数表达式为 EXPO（0.399），如图 8-24 所示。

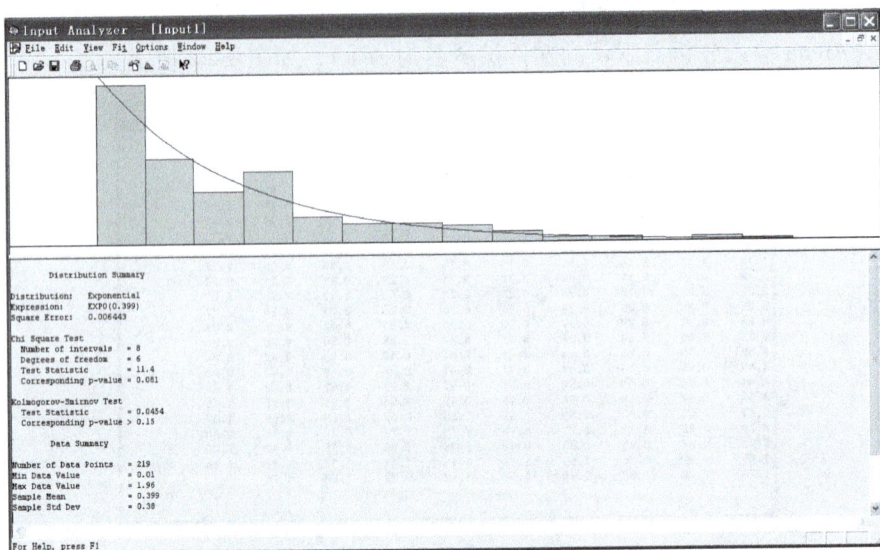

图 8-24　输入数据的指数分布拟合结果

也可以通过菜单"Fit"→"Fit All"，让输入分析器自动计算选择"最佳"（即平方误差值最小）的拟合分布族及相应的参数。对于表 5-3 的这批数据，可得到拟合结果为贝塔分布，且分布函数表达式为"2 * BETA（0.682，2.74）"，如图 8-25 所示。

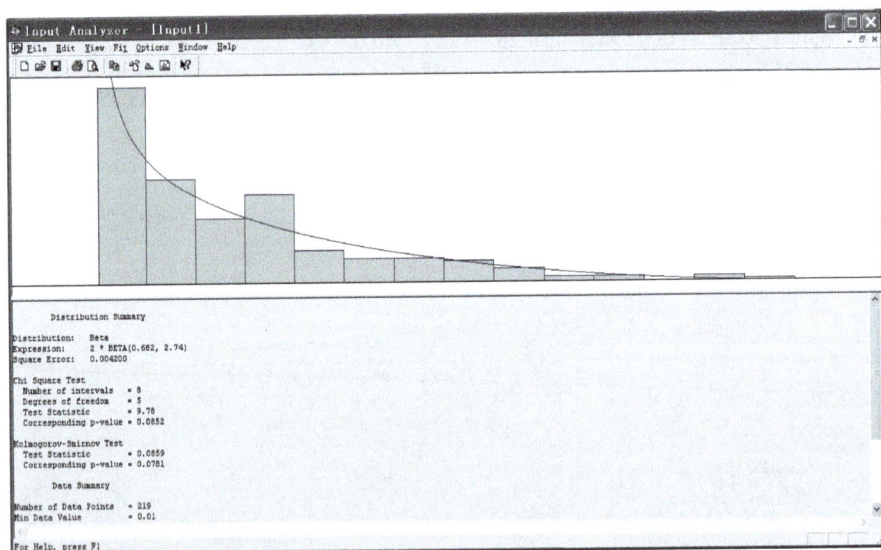

图 8-25　输入数据的"最佳"拟合结果

此外，Arena 输入分析器还提供了对经验分布的拟合，以及按给定的分布函数生成多个随机变量等功能。

8.4.2 输出分析器

Arena 输出分析器（Output Analyzer）是一个独立于 Arena 的应用程序，它使用由 Arena 中的 Statistic 数据模块生成的输出文件（即 .dat 文件），可以完成对仿真得到的各类输出数据的统计分析。本节中仍然以 8.3 节中的简单加工系统 Arena 仿真模型为例，介绍在终态仿真过程中如何生成期望输出值的置信区间以及对两种系统方案的统计比较。

为了完成这一工作，通过菜单"Run"→"Setup"，打开"Run Setup"对话框，在"Replication Parameters"选项卡中的"Number of Replications"文本框中输入希望的重复仿真运行次数，这里可设定为"10"。并同时确定"Initialize Between Replications"框中的两个复选框都是处于被选中的状态（默认值），以保证系统状态变量以及统计累加器在每次仿真运行结束后都被清零，亦即各次重复仿真运行所使用的是独立同分布的数据，如图 8-26 所示。

这样，对于每次重复仿真运行，Arena 都将独立地产生该次仿真运行的输出报告，可以通过"Category by Replication"报告来进行查看，如图 8-27 所示。

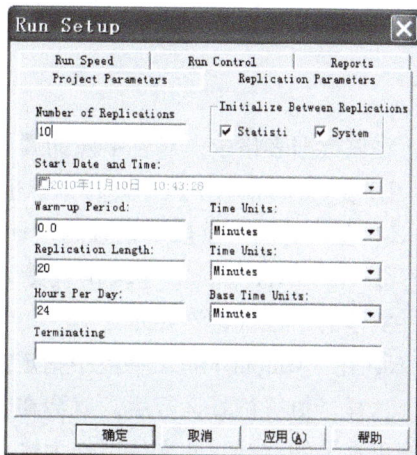

图 8-26 重复仿真运行的参数设置

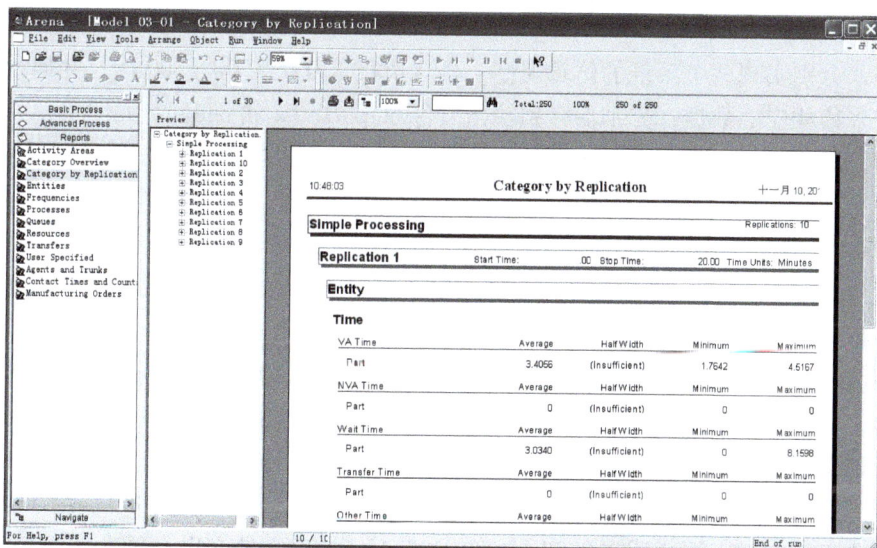

图 8-27 "Category by Replication"报告界面

从该报告中，可以观察各次重复仿真运行所得到的一些性能指标统计量（如已加工完成的零件数、零件平均等待时间及最大逗留时间和系统平均队长等）的均值、标准差、95%置信区间的半长以及最大/最小值等。

在仿真输出数据的采集过程中，经常要用到 Statistic 数据模块。例如，要观察该简单加工系统在每次重复仿真运行中加工完成的零件个数，可进行如下操作：

在项目栏的"Advanced Process"面板中，单击"Statistic"数据模块，在相应的电子数据表格视图中双击鼠标左键添加新的数据行，如图 8-28 所示。

	Name	Type	Expression	Report Label	Output File
1	Statistic 1	Output	EntitiesOut(Part)	Statistic 1	D:\output1.dat

Double-click here to add a new row.

图 8-28 Statistic 数据模块的数据表格

在该数据表格中，对各字段的属性设置如下：

① 在"Name"字段中使用默认值"Statistic 1"，用来表示所构造的统计量的名称。

② 在"Type"字段中设置为"Output"，用来说明要将统计量数据输出到文件中。

③ 在"Expression"字段中设置为"EtitiesOut（Part）"，代表加工完成后离开系统的零件实体的个数（即产出水平）。

④ 在"Output File"字段中指定数据输出的文件名和路径为"D：\output1.dat"。

这样，执行仿真运行后，就会在文件 output1.dat 中保存 10 次重复仿真运行得到的系统产出水平的数据。此文件可作为输出分析器将来要读取的文件，以应用于完成进一步的统计分析。

接下来，将对于上述简单加工系统当前的配置作为方案 1；将资源的容量修改为 2 个，作为方案 2。通过 Arena 输出分析器对这两个系统方案的平均产出水平这一性能指标进行比较分析。

首先，分别实现两个系统的仿真模型，各自执行重复仿真运行 500 次，并通过 Statistic 数据模块采集相应的数据，分别保存到输出文件 output1.dat 和 output2.dat。

然后，运行 Arena 输出分析器，通过菜单"File"→"New"或单击工具栏上的 New 按钮（□），选择新建一个数据组，通过单击"Add"按钮，将上述得到的两个数据文件 output1.dat 和 output2.dat 加载进来，如图 8-29 所示。

通过菜单"Analyze"→"Compare Means"，对此两个文件中的数据的均值进行分析和比较，有关的对话框设置如图 8-30 所示。

利用 Arena 输出分析器得到两种系统方案比较的结果如图 8-31 所示。

这里，方案 1 和方案 2 分别代表了资源容量为 1 和 2 的简单加工系统仿真模型。Arena 输出分析器给出了在 0.05 的置信水平下均值差是否显著的直观图示。从图 8-31 可以看出，两种方案产出水平均值差的 95% 的置信区间为（−0.577，−0.399）。由于该置信区间落在了 0 点的左侧，这表明在 0.05 的置信水平下，方案 1 的产出水平显著低于方案 2 的产出水平。这与直观上的理解是一致的。

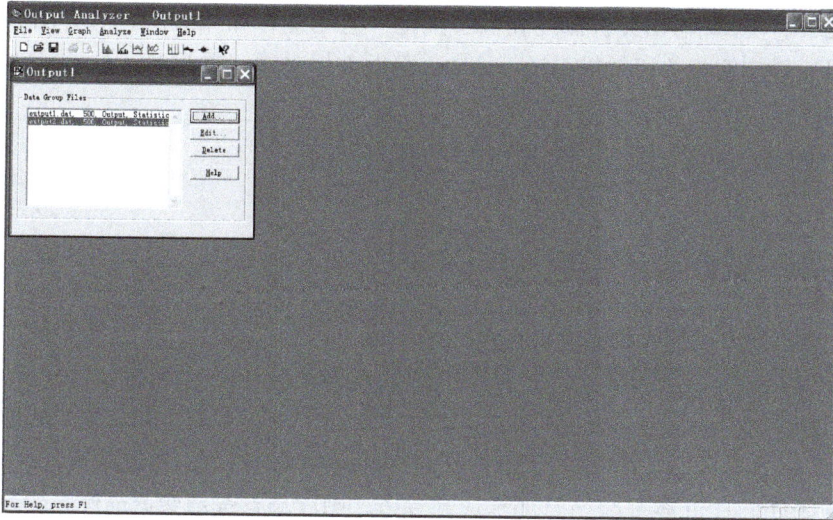

图 8-29　输出分析器的"数据文件加载"设置

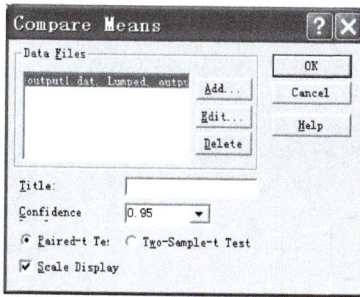

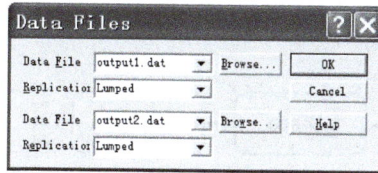

图 8-30　利用输出分析器进行方案比较的对话框设置

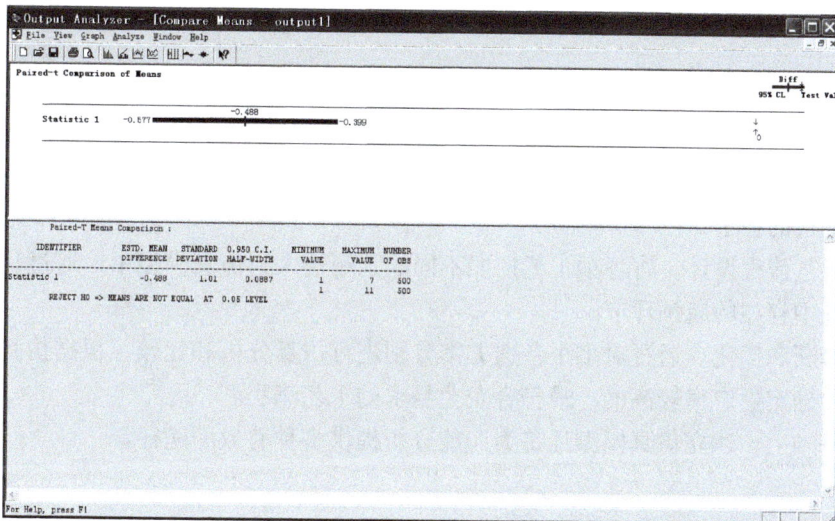

图 8-31　简单加工系统两种方案的比较结果

除此之外，Arena 输出分析器还提供了其他一些功能，如相关图、直方图和方差比较等。读者可通过查阅相关资料或借助于 Arena 帮助文档来进一步学习。

8.5 Arena 在生产系统仿真中的应用

8.5.1 仿真问题描述

考察某生产线[一]，加工制造一种产品需要经过三道主要工序：①毛坯切割；②车削加工；③产品检验。零件到达生产线系统的过程服从均值为 6min 的指数分布，毛坯切割工序的处理时间服从参数为（3.0，0.5）的正态分布，车削加工工序的处理时间服从参数为（4.0，1.0）的正态分布，检验工序的处理时间服从参数为（4，6，9）的三角分布。产品通过检验工序的合格率为 85%，如果检验合格，则产品直接送交成品库，否则被送往返修工序，返修处理的时间服从均值为 20min 的指数分布。经过返修工序后的产品仍有 20%的不合格率（假定对返修产品的检验紧接在该工序之后进行，且时间可忽略不计），如图 8-32 所示。

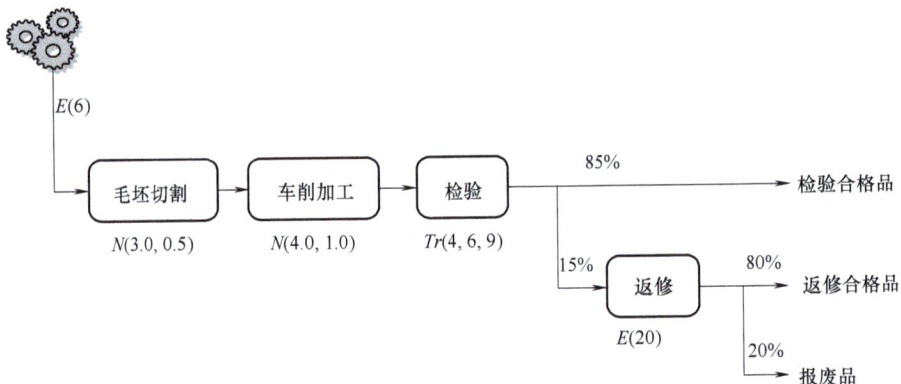

图 8-32 某生产线的工艺流程

接下来，将建立该生产系统的 Arena 仿真模型，对系统产出水平等性能指标进行仿真分析。主要目的在于：

一是工艺流程设计。将各项工艺按照不同的工序输入到仿真模型中，通过仿真运行发现工艺流程中存在的瓶颈环节。

二是诊断和优化。通过对多个备选方案分别进行仿真分析和比较，根据仿真输出的结果来选择并确定生产率较高的、最符合企业要求的工艺流程。

在此基础上，建立仿真模型还将为产能分析提供多种有效的途径。

⊖ 本案例来自：胡斌，周明. 管理系统模拟［M］. 北京：清华大学出版社，2008.

8.5.2　仿真模型构建

在 Arena 中，将基础面板中的相应模块加载到流程图视图中，并按逻辑顺序进行连接，建立上述生产系统工艺过程的仿真模型，如图 8-33 所示。

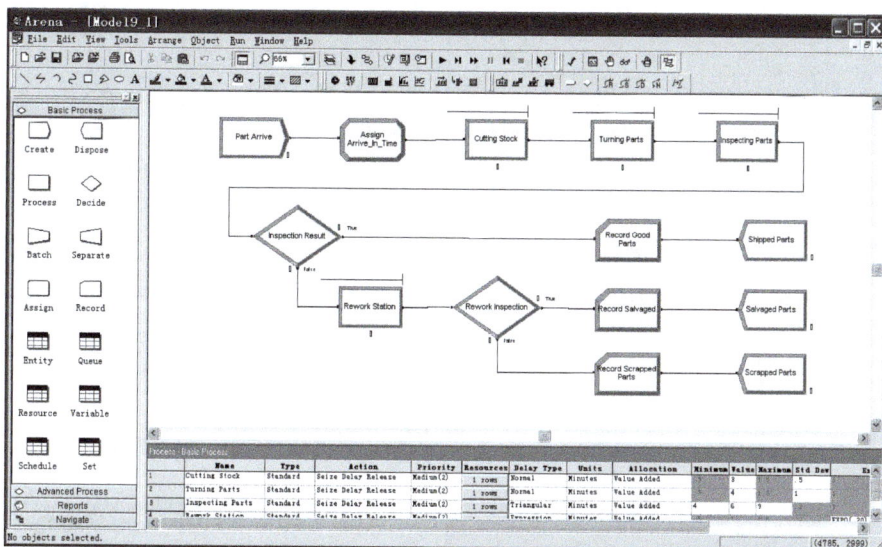

图 8-33　生产系统工艺流程的 Arena 仿真模型

在该仿真模型中使用到的几类主要的流程图模块包括以下五项：

① 一个 Create 模块，用来产生代表零件的实体，如图 8-34 所示。

② 一个 Assign 模块，用来对实体属性进行特定的赋值操作，如图 8-35 所示。

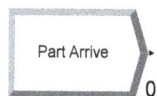

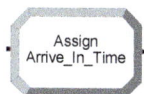

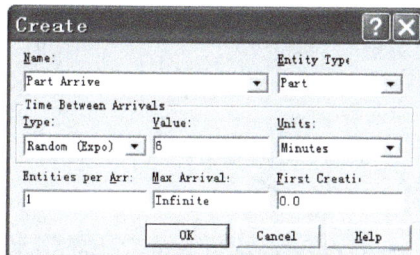

图 8-34　Create 模块及其属性设置

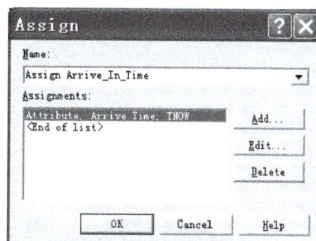

图 8-35　Assign 模块及其属性设置

③ 四个 Process 模块，用来分别表示毛坯切割、车削、检验和返修四道工序，如图 8-36 所示。

④ 两个 Decision 模块，分别用来表示在检验工序和返修工序中的两个概率型决策过程，如图 8-37 所示。

133

a) 毛坯切割工序

b) 车削工序

c) 检验工序

d) 返修工序

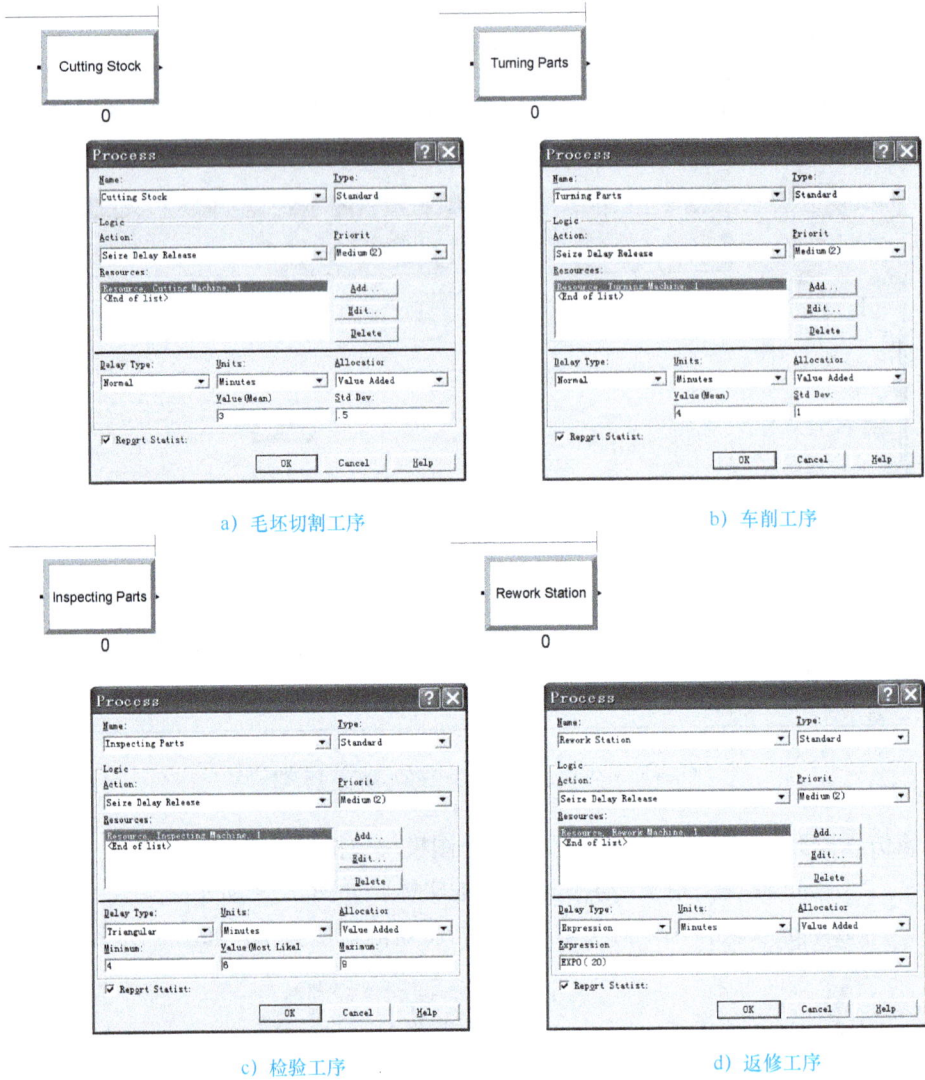

图 8-36　Process 模块及其属性设置

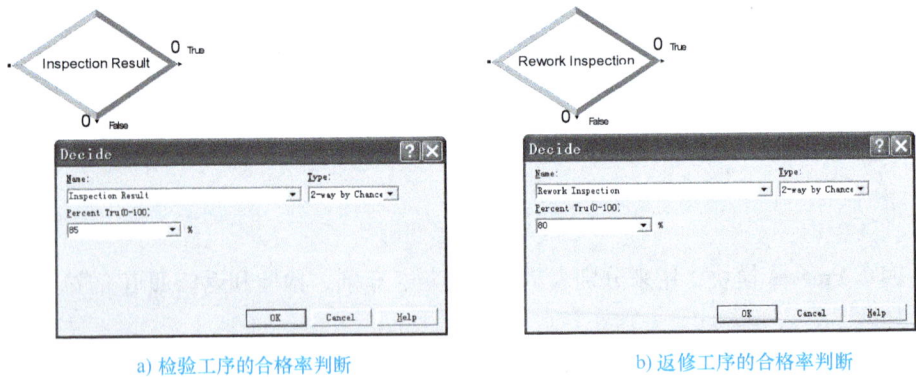

a) 检验工序的合格率判断

b) 返修工序的合格率判断

图 8-37　Decision 模块及其属性设置

⑤ 三个 Record 模块和三个 Dispose 模块。其中，三个 Record 模块用来记录通过的实体数量；三个 Dispose 模块分别用来表示检验合格品、返修合格品和报废品 3 类产品从系统仿真模型中离开，如图 8-38 所示。

a) 检验合格品的Record模块和Dispose模块

b) 返修合格品的Record模块和Dispose模块

c) 报废品的Record模块和Dispose模块

图 8-38　Record 模块与 Dispose 模块及其属性设置

8.5.3　仿真运行结果

对上述仿真模型，执行仿真运行 480min（1 个工作日），得仿真运行过程如图 8-39 所示。

仿真运行结束后，在弹出的对话框中单击"Yes"按钮，打开仿真结果的输出报告窗口，如图 8-40 所示。

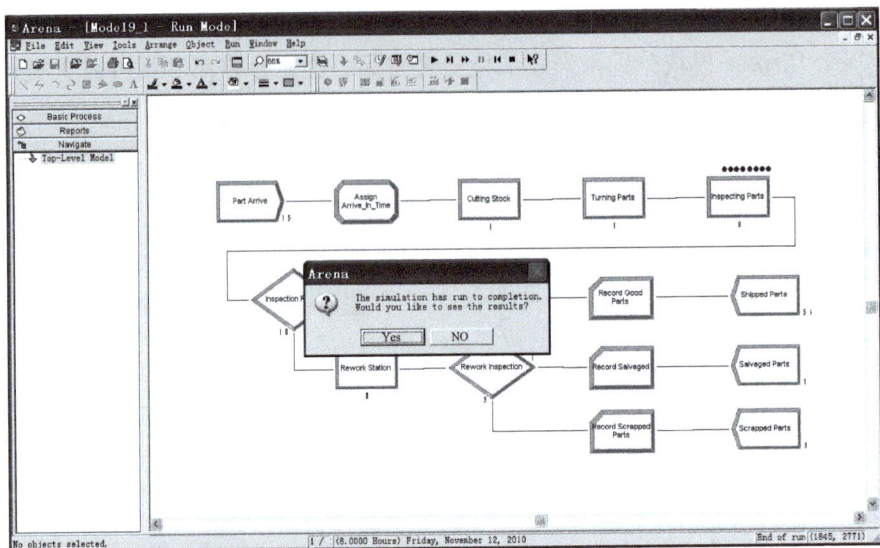

图 8-39　生产系统工艺过程的仿真运行界面

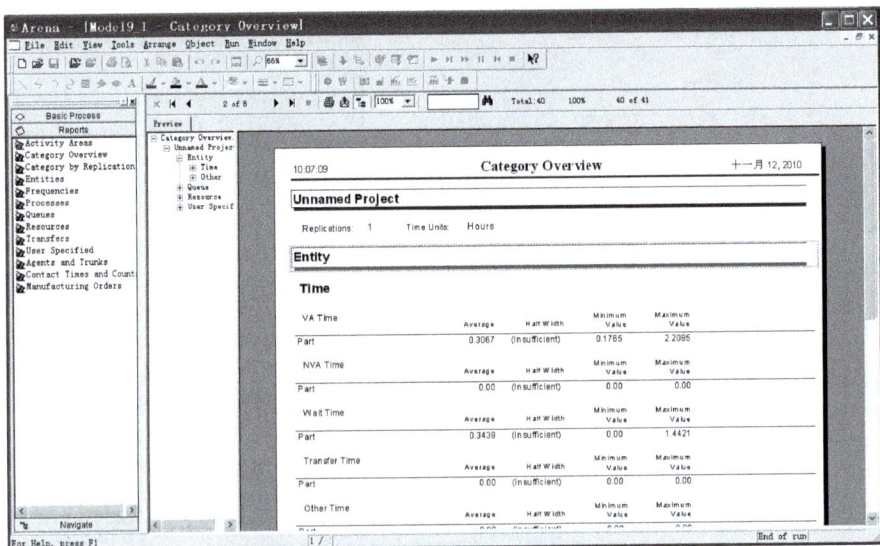

图 8-40　生产系统工艺过程的仿真结果输出报告界面

从图 8-40 的输出报告中，可以得到该生产线系统各类统计性能指标的仿真运行结果，如系统平均等待时间、最大逗留时间、系统产出水平和设备利用率等，如图 8-41 所示。

8.5.4　对生产能力的仿真分析

在上一节仿真模型的基础上，假设该生产线上检验工序的资源能力由原来的一个人固定不变改为两班制：第一班（4h）为一个人，而第二班（4h）增加为两个人。并且车削加工工序的主要资源"TurningMachine"（车床）也允许有随机故障的发生：该设备的正

Time

VA Time	Average	Half Width	Minimum Value	Maximum Value
Part	0.3067	(Insufficient)	0.1765	2.2085

NVA Time	Average	Half Width	Minimum Value	Maximum Value
Part	0.00	(Insufficient)	0.00	0.00

Wait Time	Average	Half Width	Minimum Value	Maximum Value
Part	0.3439	(Insufficient)	0.00	1.4421

Transfer Time	Average	Half Width	Minimum Value	Maximum Value
Part	0.00	(Insufficient)	0.00	0.00

Other Time	Average	Half Width	Minimum Value	Maximum Value
Part	0.00	(Insufficient)	0.00	0.00

Total Time	Average	Half Width	Minimum Value	Maximum Value
Part	0.6506	(Insufficient)	0.1824	2.4970

a) 系统平均等待时间和最大逗留时间

Counter

Count	Value
Record Good Parts	54.0000
Record Salvaged Parts	7.0000
Record Scrapped Parts	3.0000

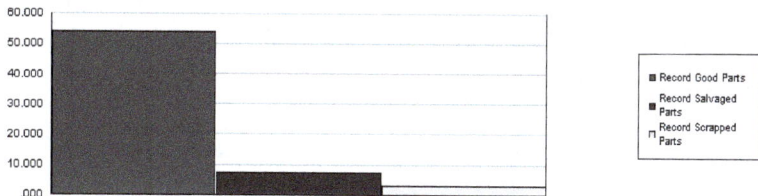

b) 系统产出水平

Number Busy	Average	Half Width	Minimum Value	Maximum Value
Cutting Machine	0.4648	(Insufficient)	0.00	1.0000
Inspecting Machine	0.8812	(Insufficient)	0.00	1.0000
Rework Machine	0.6533	(Insufficient)	0.00	1.0000
Turning Machine	0.6018	(Insufficient)	0.00	1.0000

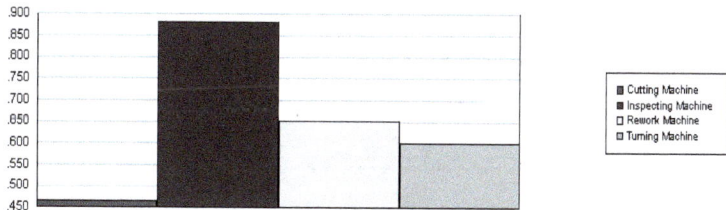

c) 设备利用率

图 8-41　生产系统工艺流程的仿真运行结果

常工作时间服从均值为 120min 的指数分布，而由故障造成的停工时间服从均值为 4min 的指数分布。

137

在 8.5.2 节给出的 Arena 仿真模型（见图 8-33）的基础上，添加以下几个数据模块：

1. Failure 数据模块

Failure 模块用来对 Arena 中资源的随机故障模式进行定义。在这个模块中，可以确定故障的类型（基于时间或者是基于工作循环次数），选择合适的随机分布函数，并定义其分布参数。这里设定故障名称（Name）为 “Turning Machine Failure”，故障类型（Type）为 “Time”，设定正常运行时间（Up Time）和停机时间（Down Time）为服从均值分别是 120min 和 4min 的指数分布，如图 8-42 所示。

Failure - Advanced Process

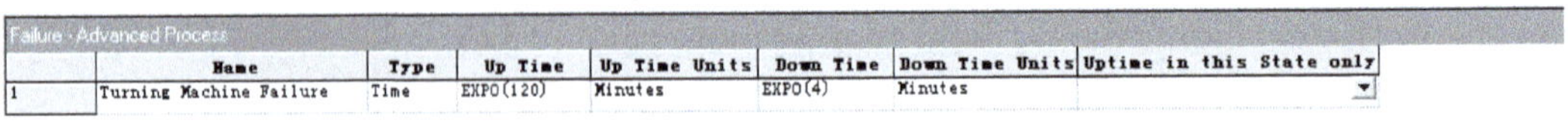

	Name	Type	Up Time	Up Time Units	Down Time	Down Time Units	Uptime in this State only
1	Turning Machine Failure	Time	EXPO(120)	Minutes	EXPO(4)	Minutes	

图 8-42　定义车削机床故障的 Failure 模块

2. Schedule 数据模块

Schedule 模块用来对资源调度进行定义。对检验工序的资源能力计划，设定该模块的属性参数如图 8-43 所示。

Schedule - Basic Process

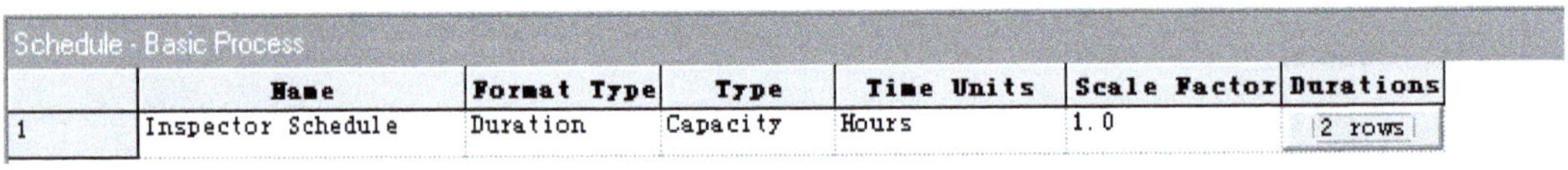

	Name	Format Type	Type	Time Units	Scale Factor	Durations
1	Inspector Schedule	Duration	Capacity	Hours	1.0	2 rows

图 8-43　定义资源能力计划的 Schedule 模块

其中，“Durations” 一栏用来对 “持续时间” 属性进行设置。在该栏中相应的位置上单击鼠标左键，可以打开图形调度编辑器（Graphical Schedule Editor）的图形界面，输入有关的调度数据，如图 8-44 所示。

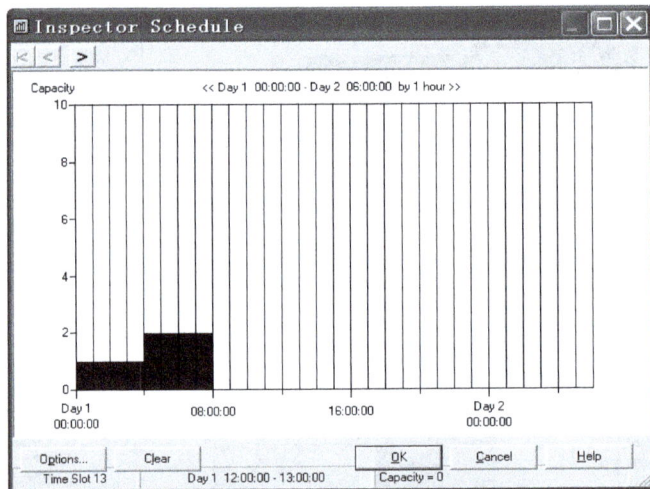

图 8-44　Schedule 模块图形编辑界面

在设置好 Failure 模块和 Schedule 模块的属性参数后，还必须回到 Resource 模块，在相应的资源栏目中建立它们与该资源之间的联系，并选择当资源能力发生变化时的处理方法（Ignore-Wait-Preempt），如图 8-45 所示。

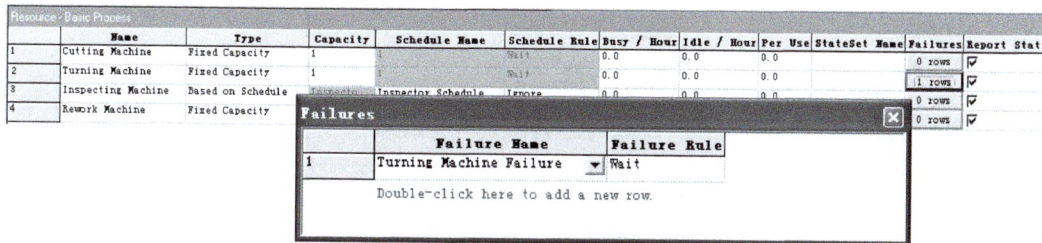

Resource - Basic Process											
	Name	Type	Capacity	Schedule Name	Schedule Rule	Busy / Hour	Idle / Hour	Per Use	StateSet Name	Failures	Report Stati
1	Cutting Machine	Fixed Capacity	1		Wait	0.0	0.0	0.0		0 rows	☑
2	Turning Machine	Fixed Capacity	1		Wait	0.0	0.0	0.0		1 rows	☑
3	Inspecting Machine	Based on Schedule		Inspector Schedule	Ignore	0.0	0.0			0 rows	☑
4	Rework Machine	Fixed Capacity	1							0 rows	☑

Failures ✕

	Failure Name	Failure Rule
1	Turning Machine Failure ▼	Wait

Double-click here to add a new row.

图 8-45　在 Resource 模块中定义 Failure 和 Schedule 模块相关的资源

　　将上述这些数据模块设置好以后，对仿真模型重新仿真运行 480min（1 个工作日），可得到该生产线系统在新的设计方案下各类统计性能指标的仿真运行结果，如系统平均等待时间、最大逗留时间、系统产出水平和设备利用率等，如图 8-46 所示。

VA Time				
	Average	Half Width	Minimum Value	Maximum Value
Part	0.2791	(Insufficient)	0.1713	1.8985

NVA Time				
	Average	Half Width	Minimum Value	Maximum Value
Part	0.00	(Insufficient)	0.00	0.00

Wait Time				
	Average	Half Width	Minimum Value	Maximum Value
Part	0.1310	(Insufficient)	0.00	1.9157

Transfer Time				
	Average	Half Width	Minimum Value	Maximum Value
Part	0.00	(Insufficient)	0.00	0.00

Other Time				
	Average	Half Width	Minimum Value	Maximum Value
Part	0.00	(Insufficient)	0.00	0.00

Total Time				
	Average	Half Width	Minimum Value	Maximum Value
Part	0.4101	(Insufficient)	0.1726	2.1896

a) 系统平均等待时间和最大逗留时间

Count	
	Value
Record Good Parts	65.0000
Record Salvaged Parts	9.0000
Record Scrapped Parts	2.0000

b) 系统产出水平

图 8-46　生产系统产能分析的仿真运行结果

Number Busy	Average	Half Width	Minimum Value	Maximum Value
Cutting Machine	0.4908	(Insufficient)	0.00	1.0000
Inspecting Machine	1.0175	(Insufficient)	0.00	2.0000
Rework Machine	0.5317	(Insufficient)	0.00	1.0000
Turning Machine	0.6378	(Insufficient)	0.00	1.0000

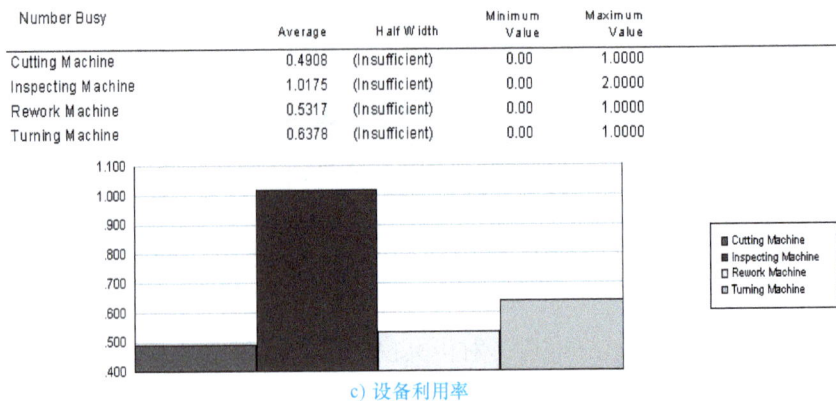

c）设备利用率

图 8-46　生产系统产能分析的仿真运行结果（续）

通过图 8-41 和图 8-46，可以对两种系统方案下的各类性能指标进行详细的对比和分析。

复习思考题

1. 针对 Arena、Witness、Flexsim 和 AutoMod 等几种常用的生产系统仿真软件，分别登录它们的官方网站，了解其各自的主要特点和适用领域。

2. 在第 1 题的基础上，论述在选用仿真软件时应遵循的一般原则有哪些。

3. 在计算机上，重新完成 8.3 节中简单加工系统的例子，熟悉 Arena 的运行环境和基本操作。

4. 对 8.3 节中的简单加工系统仿真模型，通过"Run"→"Replication Parameters"分别修改重复仿真运行 5 次和 20 次，将输出报告与现有的结果相对比，分析多次重复仿真运行性能指标的变化。

5. 在 8.3 节中的简单加工系统仿真模型中，添加一台设备。所有的零件在离开钻床设备后马上进入第二台设备进行另一道工序的加工作业。假设第二台设备的加工处理时间与第一台钻床设备相同，试通过建立相应的仿真模型，重新考察有关的系统性能指标，并加上第二台设备的排队等待时间、队长和设备利用率等统计数据。

6. 通过 Arena 系统中的一些应用案例，了解其输入/输出分析器的主要功能及操作方法。

7. 在计算机上重新完成 8.5 节中生产系统的例子。并利用 Arena 输出分析器对两种系统方案的仿真输出结果进行对比和分析。

8. 在 Arena 7.0 安装目录下的 Book Examples 文件夹内找到 Model04-03.doe 和 Model04-04.doe 两个例子，学习动画效果以及传输路径的设置方法等操作，并将这些操作方法应用于 8.5 节中的生产系统 Arena 仿真模型中。

9. 通过查阅相关资料，并借助于 Arena 7.0 安装目录下的 Book Examples 文件夹中的例子和 Arena 帮助文档，学习 Arena 软件中诸如高等操作、高等运送、操作块和构模元素等其他一些面板中的流程图模块和数据模块的使用与操作方法。

第 9 章
基于多主体的大规模复杂系统建模与仿真技术

多主体（Multi-Agent）建模与仿真技术在处理生产系统的日渐大型化和复杂性特征等方面，具有无可比拟的优越性。基于 Multi-Agent 的生产系统建模与仿真方法，正在成为生产系统研究的重要方向之一。本章将围绕生产系统这一应用对象，论述 Multi-Agent 建模与仿真的基本概念、原理和过程，并结合 jES 平台，对其发展和应用的现状作一简要的介绍。

9.1 基于多主体的建模与仿真技术

9.1.1 主体的概念

主体（Agent）一词在不同学科背景中具有不同的含义。根据应用目的的不同，人们对其有着各种互不相同的理解，下面列举一些较有影响的看法和观点：

① 拉塞尔（S. Russell）和诺尔维格（P. Norvig）在著名的教科书《人工智能：一种现代方法》中认为，一个 Agent 可被看做通过传感器感知并通过感应器影响和作用于其所处环境的任何事物。按照这一定义，一个 Agent 主要包括 3 个方面的要素，即所处的环境、用于接收输入（称为感知过程）的传感器和用于形成输出（称为动作过程）的感应器。

② 美国斯坦福大学的海斯-罗斯（B. Hayes-Roth）教授认为，智能 Agent 应能够持续地执行三项功能：感知环境中的动态条件；执行动作影响环境条件；进行推理以解释感知信息，求解问题，产生推断和决定动作。Agent 应在动作选择过程中进行推理和规划。

③ Agent 研究的先驱之一美国麻省理工学院的马斯（P. Maes）教授在其关于 Agent 的定义描述中增加了自治（自主）性这一被认为居核心地位的关键要素，认为自治 Agent 是指那些在复杂动态环境中自治地感知环境中的信息，自主采取行动，并实现一系列预先设定的目标或任务的计算机系统。

上述定义各自反映出 Agent 在不同研究领域中所侧重的一些特征。著名 Agent 理论研究者、英国的伍尔德里奇（M. Wooldridge）博士和詹宁斯（N. R. Jennings）教授等通过研究指出，Agent 应该是一个具有自治性、反应性、社会性（交互性）和能动性等性质的基于硬件或（更经常地）基于软件的计算机系统。该定义允许在更宽范围的环境中设计 Agent，而且其中增加了通信的要求。这一定义给出了 Agent 应该具有的、目前已经得到了人们一致公认的四个基本特征，如下：

① 自治性。这是 Agent 最本质的特征之一。Agent 能够在没有人或其他 Agent 直接干

预的情况下运作，而且对自己的行为和内部状态具有一定的控制能力。

② 反应性。Agent 能够及时地感知其所处的环境的变化，并作出响应。

③ 社会性。社会性也称为交互性或可通信性，是指 Agent 能够通过某种通信语言，与其他 Agent 进行信息交互。

④ 能动性。Agent 不仅能够简单地对环境作出反应，而且还能够积极主动地作出一些以目标为导向的行为。

9.1.2 多主体系统与多主体仿真

简单地说，Multi-Agent 系统就是由多个可以相互交互的 Agent 所组成的系统。这些 Agent 在物理上或逻辑上是分散的，并且具有自治的行为。它们为了共同完成某个任务或实现某些目标而经由一些通信协议连接起来，通过交互与合作来解决超出单个 Agent 能力或知识的问题。Multi-Agent 系统的一般结构如图 9-1 所示。

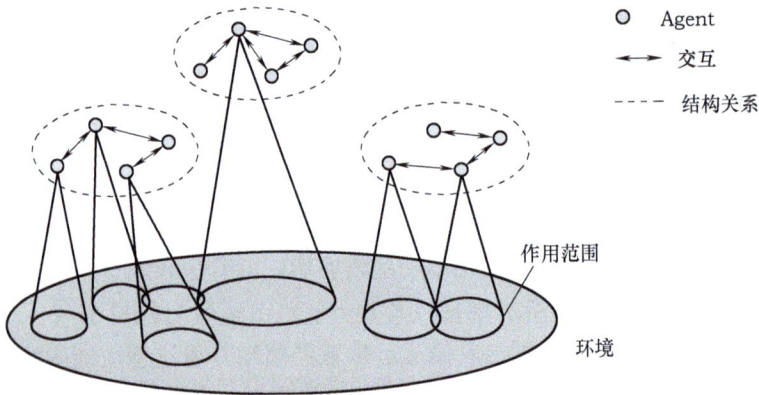

图 9-1　Multi-Agent 系统的一般结构
注：资料来源于宣慧玉和张发（2008）。

通常，在一个 Multi-Agent 系统中，既包括具备主动交互和适应环境能力的活的 Agent，用来表示现实中的经济或社会行为 Agent，同时也包括一些用来表示环境或资源的不能活动的 Agent。这些 Agent 之间通过相互交互，使系统整体得以演进，涌现出宏观层次上的现象和规律。

从某种意义上来说，可以将 Multi-Agent 系统看做是对社会智能的一种抽象，它具有以下几个主要特点：

① 有限视角，即每个 Agent 都面临不完全的信息，或具备有限的能力。

② 没有系统全局上的控制。

③ Multi-Agent 系统中的数据是分散式的。

④ 计算具有异步性的特征。

目前来说，Multi-Agent 系统的应用领域主要可概括为五大部分，即问题求解、Multi-Agent 仿真、假想世界建立、集群机器人技术和动态程序设计。其中，Multi-Agent 仿真是伴随着 Multi-Agent 系统理论研究与技术应用的发展而兴起的一种全新的仿真建模技术，是仿真技术领域一个新的发展方向。

Multi-Agent 仿真，也称为基于 Agent 的仿真。它是以 Multi-Agent 系统为仿真对象，以 Multi-Agent 仿真工具为实现平台的一种"自底向上"的仿真建模方法和技术。Multi-Agent仿真的两大主要特点是：

第一，首先对构成系统的一些基本元素进行定义，包括各类 Agent 实体和对象，然后再"自底向上"地逐步构建整个系统。

第二，在仿真过程中，利用 Agent 实体的自治性行为来仿真模拟现实系统中的要素，进而表现整个系统的特征和规律。

与传统仿真技术相比较，Multi-Agent 仿真在建模的容易性、灵活性、集成性、层次性和模型的可理解性、可监控性等方面具有明显的优势。因此，这一仿真技术特别适用于对如生态系统、经济系统以及企业等各种社会组织的仿真分析与研究。这些系统通常都是由大量个体和它们所处的环境所构成的，个体的行为具有特定的自治性和目的性，并且个体之间具有复杂的关系及交互行为。Multi-Agent 仿真为这类复杂系统的建模与分析提供了新的手段，并得到了非常广泛的应用。

9.1.3 多主体仿真建模的基本过程

Multi-Agent 仿真是 Multi-Agent 系统理论与仿真方法的融合。其本质上就是采用 Multi-Agent 的视角将实际系统抽象为一个由大量 Agent 通过相互作用而构成的多 Agent 系统，建立相应的概念模型，并通过仿真计算来展开研究。使用 Multi-Agent 仿真技术对复杂系统进行建模和分析的基本过程与传统的仿真方法类似，大体上可划分为建立模型（包括概念模型和仿真模型）、仿真运行和仿真结果分析三个主要阶段，如图 9-2 所示。

首先，通过实际系统的观察，获取系统的微观数据和宏观数据，通过抽象、提出假设等，从 Multi-Agent 视角建立实际系统的概念模型。建立概念模型的过程又可划分为识别微观个体、建立 Agent 模型以及建立 Agent 交互模型三个子阶段。

其次，采用某种技术途径将概念模型转换为仿真模型。仿真模型是由计算实体形成的一个虚拟世界。在实际研究中往往以仿真模型为核心，再加上一些辅助工具如实验管理和数据分析等组成一个仿真平台。借助仿真平台运行仿真模型，得到仿真结果。

最后，对运行结果进行分析，得到对实际系统的认识，并给出研究结论。

需要说明的是，在这一过程中一般会有多次反复，主要体现在模型的校核和验证阶段。校核阶段的任务是判断仿真模型是否准确实现了概念模型，即转换是否正确；验证阶段的任务则是判断仿真模型是否刻画了真实系统的本质特征。

9.1.4 多主体仿真平台介绍

Multi-Agent 仿真工具有很多，表 9-1 给出了当前四种比较流行的 Multi-Agent 仿真平台：Swarm（包括 Objective-C 和 Java 两个版本）、Repast、MASON 和 NetLogo，并对它们的基本特点进行分析比较。

143

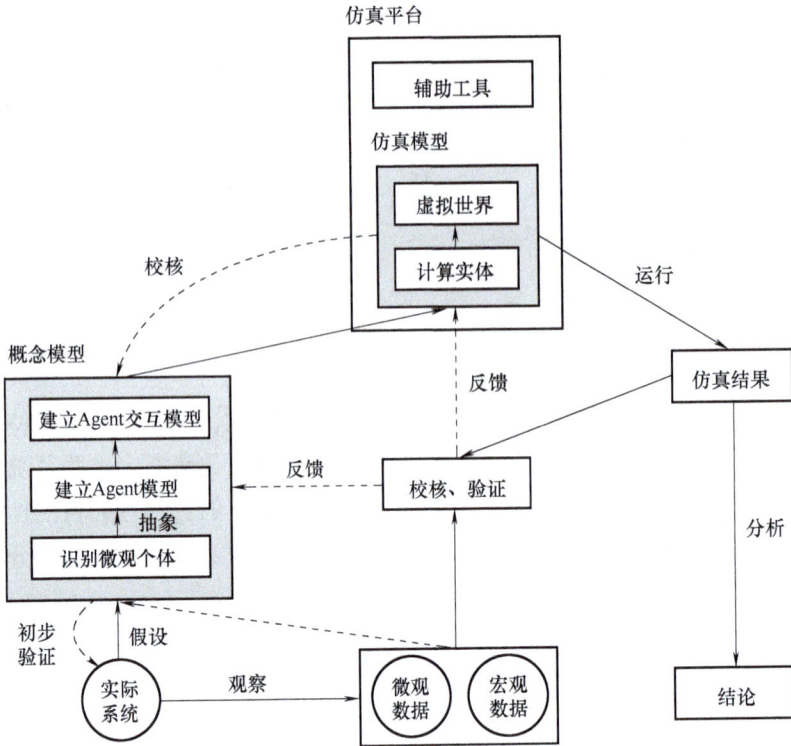

图 9-2　Multi-Agent 仿真的基本过程

注：资料来源于张发、宣慧玉和赵巧霞（2009）。

表 9-1　四种比较流行的 Multi-Agent 仿真平台

		Swarm		Repast	MASON	NetLogo
		Objective-C 版	Java 版			
设计理念		为科学研究提供通用 Agent 仿真语言和工具	实现用 Java 调用 Swarm 中的 Objective-C 库	初期目标是用 Java 实现 Swarm。但后来没有完全实现 Swarm。关注社会科学领域，考虑了一些易用性	实现比 Repast 更小、更快的核心库。关注执行速度、跨平台能力	追求易用性。减少编程工作量，提供完全的文档
仿真实现	模型结构	包括 Observer Swarm、Model Swarm、Agent 集合、空间对象		结构不很明确	与 Swarm 相似，但使用不同的类名	模型实现与显示分离
	调度机制	提供了固定步长和动态调度机制		提供了固定步长和动态调度机制	提供了固定步长和动态调度机制	伪并发执行，没有显式的动态调度能力
	随机数发生器	多种随机数发生器		Mersenne Twister 发生器	Mersenne Twister 发生器	Mersenne Twister 发生器

（续）

	Swarm		Repast	MASON	NetLogo
	Objective-C 版	Java 版			
实验管理	没有自动化工具，需要编写程序		菜单驱动	在主函数中编程	多场景实验自动化管理
运行速度	较慢		较快	很快	较快

1. Swarm

Swarm 是由美国圣塔菲研究所（Santa Fe Institute）的 Swarm 开发组（Swarm Development Group，SDG）推出的用于 Multi-Agent 仿真建模的一组标准计算机软件工具集。Swarm 以建立一套标准的程序库为目的，用来分析社会科学和自然科学领域的复杂系统。通过为研究者提供统一的模型框架，它一方面可以减轻模型设计的技术负担，让建模者能够集中精力专攻自己的专业领域，而不必从最低层代码开始、把大量精力耗费在编写软件上；另一方面，统一的框架还能够规范模型的设计，从而便于对模型的理解和交流。目前，Swarm 库提供了在大量 Multi-Agent 模型设计中都需要考虑的共同要素，特别是设计了一些非专业程序员难以胜任且烦琐的部分，包括图形输出的算法和用户界面的管理等。

早期的 Swarm 采用 Objective-C 语言，该语言没有友好的开发环境，错误检查能力弱，没有垃圾回收能力，文档资料较少。鉴于这些缺点，1999 年，Swarm 2.0 版本的推出提供了对 Java 语言的支持，从而使它越来越有利于非计算机专业人员的使用。Swarm 作为开放源码项目公开发布，已经广泛应用于生物学、经济学和社会学等各类复杂性研究应用领域，并获得了巨大的成功。

2. Repast

Repast 的全称为 Recursive Porous Agent Simulation Toolkit，是美国芝加哥大学社会科学计算研究中心研制并推出的一种 Multi-Agent 仿真建模工具。它基于 Java 语言，提供了一系列用以生成、运行、显示和收集数据的类库，而且不但能够对运行中的模型进行"快照"以记录模型在某一时刻的当前状态，还能够生成模型运行过程中状态动态演化的视频资料。Repast 借鉴了 Swarm 的许多设计结构和方法，所以也常常被称为类 Swarm 的架构。它除了实现 Swarm 的大部分功能外，还具有运行控制和多重运行（Multi-Run）实验管理等功能，并提供了许多与地理和网络相关的类，运行速度也比较快。缺点是文档不够完整，在局部设计上还存在有一些问题。

3. MASON

MASON 的全称为 Multi-Agent Simulator of Neighborhoods or Networks，即 Multi-Agent 邻域或网络仿真，是美国乔治梅森大学采用 Java 语言开发的一组离散事件 Multi-Agent 仿真核心库。它具有更小、更快的核心库，更关注执行速度和跨平台能力，可以在多台计算机之间分配任务，因此，尤其是对于经验丰富的程序员实现计算机密集型仿真来说，MASON 是一个很好的选择。

除此之外，MASON 本身还支持轻量级的仿真需求，自含模型可以嵌入到其他 Java 应

145

用当中，并且增加了可视化与图形用户界面（GUI）特征，允许用户选择 2D 和 3D 图形显示。

4. NetLogo

NetLogo 是由美国西北大学的关联学习与计算机建模中心（Center for Connected Learning and Computer-based Modeling，简称 CCL）开发的一款计算机辅助工具。它是一个 Multi-Agent 建模仿真集成环境，特别适合于对随时间演化的复杂系统进行建模与仿真分析。

NetLogo 的主要功能有：

① NetLogo 编程语言支持 Agent 操作和并发运行，每个 Agent 可以在二维的网格空间中自主行动，所有 Agent 并行异步更新，整个系统随时间的推进而动态地变化。

② 允许用户采用命令行或通过可视化控件进行仿真控制，如仿真初始化、启动、停止、调整仿真运行速度等。

③ 提供了多种手段实现仿真运行监视和结果输出。

④ 提供了一个实验管理工具 BahaviorSpace，通过设定仿真参数的变化范围、步长、输出数据等，实现对参数空间的抽样或穷举，自动管理仿真运行，并记录结果。

⑤ NetLogo 可直接进行系统动力学建模仿真。

⑥ 提供了分布式仿真工具 HubNet，实现模型服务器和客户端之间的通信。多个参与者可以通过计算机或计算器分别控制仿真系统的一部分，实现参与式仿真。

⑦ NetLogo 收集了涵盖数学、物理、化学、生物、计算机、经济和社会等众多领域的复杂系统经典模型，建模人员可以通过阅读经典实例的程序代码来学习相关技术，或者在研究相关问题时以此为基础进行扩展或修改，大大降低了技术难度，减少了工作量。

除上述四种主要的软件平台之外，在 Multi-Agent 仿真中常用的计算机仿真平台还有 StarLogo、Ascape、TNG Lab 等。有兴趣的读者可查阅相关的资料。

9.2　基于 jES 平台的生产系统建模与仿真分析

9.2.1　jES 概述

本节将以 jES 仿真平台为例，介绍 Multi-Agent 建模与仿真技术在生产系统中的应用。

jES 全称为 Java Enterprise Simulator（Java 企业仿真器），是由意大利都灵大学（University of Turin）的特纳（Pietro Terna）教授课题组基于 Swarm（Java 版本）仿真工具集开发的一个 Multi-Agent 仿真平台。它可以用于对现实中或者虚拟的企业组织进行建模与仿真分析，以研究其产生、演化和衰退的内在机制和规律，最终达到改进其运营绩效的目的。jES 未来的应用，将循着以下三个方向发展：

① 借助于 What-If 分析以及如遗传算法和分类系统等软件计算工具对企业进行优化。

② 通过构造人工主体来表示现实中的主体，研究人与模型之间的交互，运用仿真器进行实验分析，研究组织中人的行为；或者针对决策所造成的影响，对组织中的人员开展

培训。

③ 理论上的规范性分析。

当前，jES 包括了 jES_Let（jES Light Experiment Tool）、jESFrame 和 jES_OpenFoundation 三个版本，再加上早期的 jVEFrame（Java Virtual Enterprise），这些构成了一个完整的 jES 应用程序集。

jES 平台采用"自底向上"（Bottom-up）的建模思想，即让一系列独立的 Agent 通过独立事件进行交互，来帮助研究由多个 Agent 组成的复杂系统的行为，如图 9-3 所示。

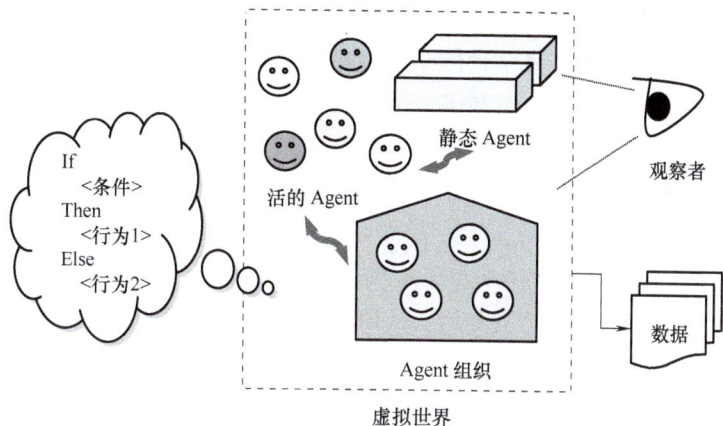

图 9-3　jES "自底向上" 的建模思想

注：资料来源于 Swarm Development Group（2000）。

jES 仿真平台遵循包含了行为主体（回答"谁来做"的问题）、行为客体（回答"做什么"的问题）和行为发生时间（回答"何时做"的问题）三个层次在内的体系架构，如图 9-4 所示。

三层次体系	术语表
行为主体：谁来做？ （Which is Doing What, DW）	单元（Unit）= 一种生产机构；一个单元可以实现为完成订单所必需的某一个加工步骤
行为客体：做什么？ （What to Do, WD）	订单（Order）= 用来描述某一产品的生产过程，订单中包含了与产品有关的技术信息（工艺信息）以及相关的成本数据
行为发生时间：何时做？ （When is Doing What, WDW）	时钟（Clock）= 与订单处理过程有关的事件的时间序列

图 9-4　jES 的体系架构

① 行为主体："谁来做"的问题（the "which is Doing What" side，DW），即一种特定类型的生产机构——生产单元（Unit）。生产单元隶属于特定的企业组织，每一生产单元可以用来实现为完成产品订单所必需的某一个加工步骤。

② 行为客体："做什么"的问题（the "What to Do" side，WD），即描述产品生产过程的一组行为序列——订单（Order）。订单中包含了与某一产品有关的技术信息（工艺信息）以及相关的成本数据。

③ 行为发生时间："何时做"的问题（the "When Doing What" side，WDW），即在仿真执行过程中由生产单元来对订单中的加工步骤进行处理的一组事件的时间序列。

9.2.2 应用案例

接下来，以 jES 家族中的 jVEFrame 为例，展示其在企业生产系统建模与仿真分析中的应用。jVEFrame 属于 jES 仿真平台的早期版本，它的应用目的在于：

① 对企业深层变革所带来的影响进行仿真分析。

② 研究知识在经济组织中的作用。

jVEFrame 平台遵循 jES 的基本体系架构，在 jES_Let 的基础上，实现了对企业生产过程（Production Process）、库存与仓储管理（Warehouse and Inventory）、知识管理与信息扩散（Knowledge Management and Information Diffusion）、采购（Procurement）及财务核算（Accounting）等功能的建模与仿真分析。jVEFrame 8.0 中涉及的主要类及它们之间的相互关系如图 9-5 所示。

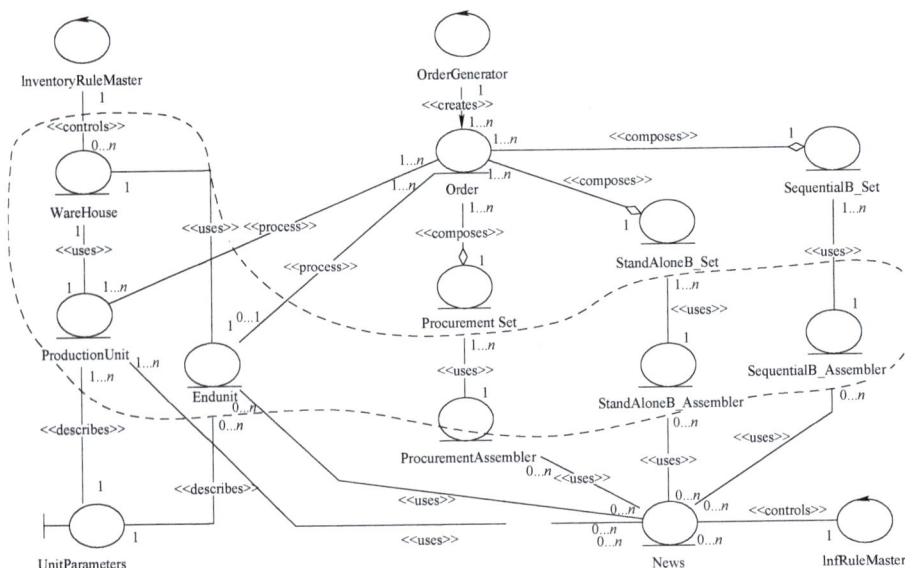

图 9-5 jVEFrame 8.0 中的主要类及其关系

在 jES 中，用来表示生产单元、订单、仓库、消息等对象的各类 Agent 相互交互，所遵循的主要规则如下：

（1）生产单元（Production Units）在仿真时钟向前推进的每一时刻（Tick），从其等待列表（Waiting List）中提取订单，进行该加工步骤（Step）的处理作业

① 如果等待列表为空，并且生产单元处于闲置状态（Idle），则可安排该生产单元以

一种独立的方式（In A Stand Alone Way）进行存货式生产（Producing for Inventories）。这里采用"独立方式"（Stand Alone），旨在将此种存货式生产类型同另一种与生产过程中部件或组件的供应相关的订单式生产类型相区分。但无论如何，只有当仿真参数 useWarehouse 设置为 True 时，才可以按这种独立存货的方式（Stand Alone Inventories）安排生产。

② 该加工步骤处理完毕后，将订单添加到已完成产品列表（Made Production List），然后分派到下一个生产单元。

③ 订单的加工步骤中可以包括一个同终端单元（End Unit）相对应的代码（见下述（3））。

● 在这种情况下，订单将各种部件视为由自己生产或从外部采购（订单中的工艺信息可以报告要处理的步骤是来自内部生产还是来自外部采购的，如果是来自外部采购的，则可以不必显示具体的细节）。在生产完毕（或外购）后，此类订单被存放在以终端单元表示的现实或者虚拟的仓库中。

● 注意这种组件或部件的生产方式与每个特定的生产单元按独立的方式进行存货式生产是不一样的。

④ 如果对加工步骤的处理操作需要不止一个仿真时刻才能完成，则应及时地直接将该订单再次分派给这一生产单元自身，以此来保证此订单在加工时间内一直处在该生产单元之中。

⑤ 生产过程可能需要一个调整的过程，而且这一调整过程需要相应的成本和时间，参见下述（3）。在当前的版本中，这一功能尚没有完全实现。

⑥ 对于某一特定的加工步骤来说，生产过程也可以通过使用库存的方式来代替。这时，需要注意以下两点：

● 显然，这需要独立库存的存在。

● 在这种情况下，在一个仿真时刻，如果有足够的库存空间，则可以同时处理不止一个订单。

（2）将新的产品订单（New Orders）加载到生产系统

① 每个订单包含一组工艺信息，用加工步骤序列来表示。

② 借助于一些复杂的工具，可以很好地表示加工步骤序列及相应的结果。

③ 新订单进入仿真系统的过程如下：

● 按照 WDW 的形式，遵循相应的仿真事件序列（使用 orderDistiller 对象及 WDW 形式等参见下述（5））。

● 在程序测试或理论研究中，订单也可以由 orderGenerator 对象来随机生成。

④ 新的订单按照下述（3）描述的方式分派到相应的生产单元。

（3）生产单元已完成产品列表中的订单，或加载进来的新订单（参见2）使用订单分派工具（assigning Tool）进行搜索，以寻找能够处理其下一个（尚未完成的）加工步骤的一个或多个生产单元

① 分派，具体如下：

● 如果只有一个生产单元作出了积极回应，则将订单分派到该生产单元的等待列表。

如果没有响应单元存在，则程序终止运行，并报告错误状态。

● 如果能够完成该加工步骤的生产单元多于一个，则需要从中选择其一。这一选择遵循相应的准则。这一点将来可能会成为 jES 的一个关键特征（目前该功能尚没有实现），主要表现在：允许人的介入，来对不同的情景和方案进行实验；同时也可以进行人员培训；研究人们是如何决策的；最后，这也为引入如遗传算法和分类系统等复杂的优化工具提供了一个开放的窗口。

② 订单按先进先出的原则存放在所选择的生产单元的等待列表中，直到其特定的加工步骤被处理。

● 可以对等待列表中的订单序列进行管理，以提高企业的绩效（这一功能目前尚没有实现）。

● 在特定的技术环境下，也可以按后进先出的准则对订单进行处理。

③ 在最后一个加工步骤被处理完毕后，该订单被终止（Dropped），同时进行相关数据的统计操作。

● 订单的终止意味着将订单从仿真中删除（Eliminate）。

● 加工步骤中也可以包含一些交易行为（Trade Actions）。

（4）如果仿真参数 useNewses 设置为 True，则每个生产单元将发送与订单相关的消息到下一个生产单元。这一尝试用来对组织中的合作和信息机制进行仿真，也可以基于相关的消息来作出存货式生产决策。

（5）在仿真时钟的下一时刻，返回（1）（为简化描述，这里没有涉及其他一些具体过程，如仿真程序的初始化以及财务统计和分析等）。

整个仿真运行过程的基本原理如图 9-6 所示。

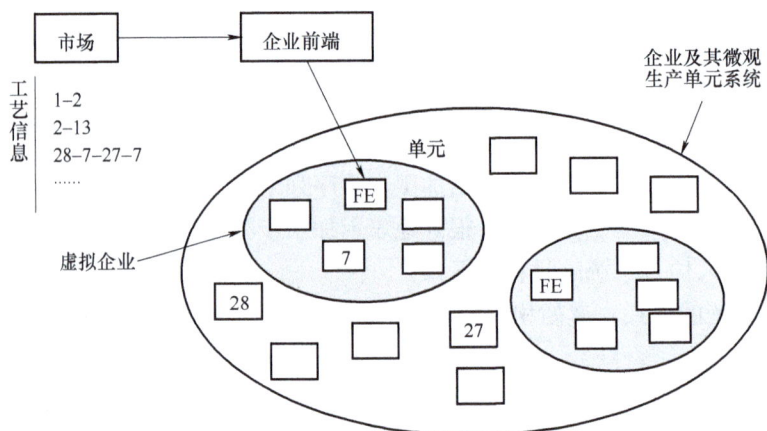

图 9-6　jES 仿真运行过程示意图

注：资料来源于 Pietro Terna（2004）。

在 Eclipse 集成环境下，启动 jVEFrame 8.0 版本的基本程序，得到仿真运行的用户控制界面及仿真运行结果，分别如图 9-7 和图 9-8 所示。

图 9-7 jVEFrame 用户控制界面

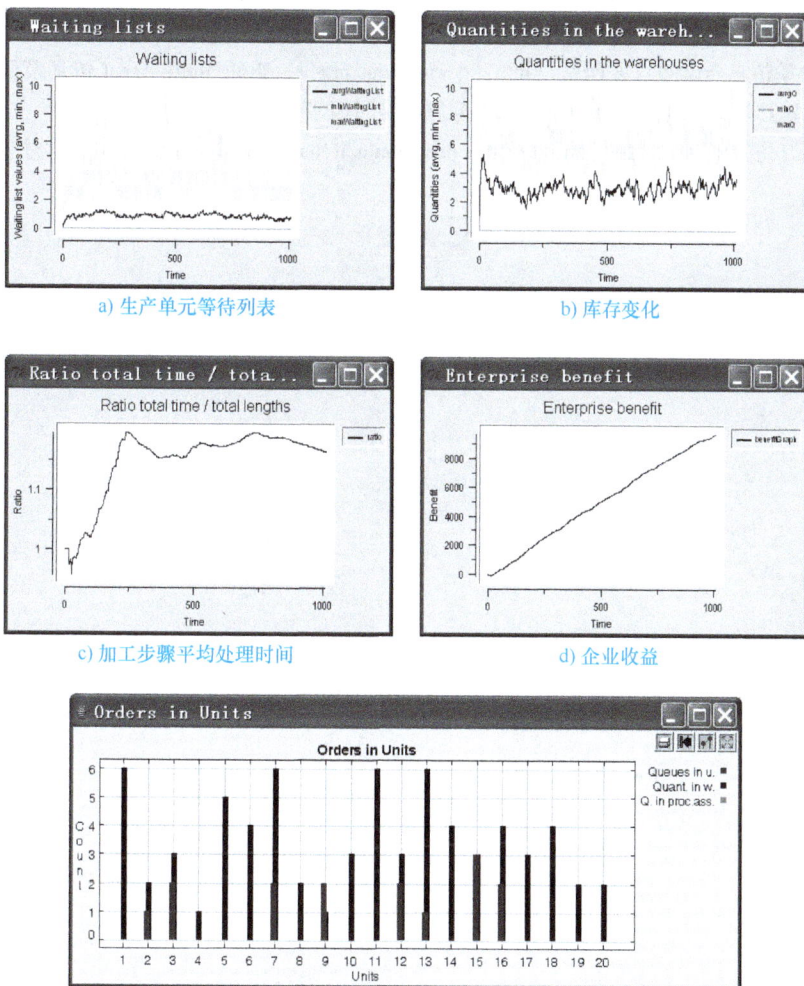

a) 生产单元等待列表

b) 库存变化

c) 加工步骤平均处理时间

d) 企业收益

e) 订单总数量及已完成订单数量

图 9-8 jVEFrame 仿真输出结果

从 jVEFrame 的仿真结果中，可以考察生产系统中的等待队列长度、库存变化情况、系统平均处理时间、系统总收益以及完成订单的数量等性能指标。通过对 jVEFrame 基本程序中的一些功能模块作出修改或者添加新的功能模块，就可以针对特定的生产系统建立起相应的 Multi-Agent 仿真模型，进而根据仿真运行结果进行相关的统计分析和辅助决策。

复习思考题

1. 结合所学内容，谈谈你对 Agent 与 Multi-Agent 系统的概念的理解。

2. 通过因特网查阅有关 Multi-Agent 建模与仿真方法在生产系统中的应用案例，理解 Multi-Agent 仿真建模的基本过程。

3. 比较分析几种常用的 Multi-Agent 仿真平台各自的特点，并通过查阅资料了解它们的基本操作方法。

4. 登录冬季仿真会议的官方网站（http：//wintersim. org/），查阅 Multi-Agent 仿真模型的 VV&A 的有关资料，比较其与离散事件系统仿真 VV&A 问题的异同。

5. 登录 jES 仿真平台的网站（http：//web. econ. unito. it/terna/jes/），了解该仿真软件包的最新进展及其应用。

附 录

附录 A 几种常用的概率分布表

表 A-1 标准正态分布表

$$\Phi(u) = \frac{1}{\sqrt{2\pi}} \int_{-\infty}^{u} e^{-\frac{x^2}{2}} dx \ (u \geqslant 0)$$

u	0.00	0.01	0.02	0.03	0.04	0.05	0.06	0.07	0.08	0.09
0.0	0.5000	0.5040	0.5080	0.5120	0.5160	0.5199	0.5239	0.5279	0.5379	0.5359
0.1	0.5398	0.5438	0.5478	0.5517	0.5557	0.5596	0.5636	0.5675	0.5714	0.5753
0.2	0.5793	0.5832	0.5871	0.5910	0.5948	0.5987	0.6026	0.6064	0.6103	0.6141
0.3	0.6179	0.6217	0.6255	0.6293	0.6331	0.6368	0.6406	0.6443	0.6480	0.6517
0.4	0.6554	0.6591	0.6628	0.6664	0.6700	0.6736	0.6772	0.6808	0.6844	0.6879
0.5	0.6915	0.6950	0.6985	0.7019	0.7054	0.7088	0.7123	0.7157	0.7190	0.7224
0.6	0.7257	0.7291	0.7324	0.7357	0.7389	0.7422	0.7454	0.7486	0.7517	0.7549
0.7	0.7580	0.7611	0.7642	0.7673	0.7703	0.7734	0.7764	0.7794	0.7823	0.7852
0.8	0.7881	0.7910	0.7939	0.7967	0.7995	0.8023	0.8051	0.8078	0.8106	0.8133
0.9	0.8159	0.8186	0.8212	0.8238	0.8264	0.8289	0.8315	0.8340	0.8365	0.8389
1.0	0.8413	0.8438	0.8461	0.8485	0.8508	0.8531	0.8554	0.8577	0.8599	0.8621
1.1	0.8643	0.8665	0.8686	0.8708	0.8729	0.8749	0.8770	0.8790	0.8810	0.8830
1.2	0.8849	0.8869	0.8888	0.8907	0.8925	0.8944	0.8962	0.8980	0.8997	0.9015
1.3	0.9032	0.9049	0.9066	0.9082	0.9099	0.9115	0.9131	0.9147	0.9162	0.9177
1.4	0.9192	0.9207	0.9222	0.9236	0.9251	0.9265	0.9278	0.9292	0.9306	0.9319
1.5	0.9332	0.9345	0.9357	0.9370	0.9382	0.9394	0.9406	0.9418	0.9430	0.9441
1.6	0.9452	0.9463	0.9474	0.9484	0.9495	0.9505	0.9515	0.9525	0.9535	0.9545
1.7	0.9554	0.9564	0.9573	0.9582	0.9591	0.9599	0.9608	0.9616	0.9625	0.9633
1.8	0.9641	0.9648	0.9656	0.9664	0.9671	0.9678	0.9686	0.9693	0.9700	0.9706
1.9	0.9713	0.9719	0.9726	0.9732	0.9738	0.9744	0.9750	0.9756	0.9762	0.9767
2.0	0.9772	0.9778	0.9783	0.9788	0.9793	0.9798	0.9803	0.9808	0.9812	0.9817

（续）

u	0.00	0.01	0.02	0.03	0.04	0.05	0.06	0.07	0.08	0.09
2.1	0.9821	0.9826	0.9830	0.9834	0.9838	0.9842	0.9846	0.9850	0.9854	0.9857
2.2	0.9861	0.9864	0.9868	0.9871	0.9874	0.9878	0.9881	0.9884	0.9887	0.9890
2.3	0.9893	0.9896	0.9898	0.9901	0.9904	0.9906	0.9909	0.9911	0.9913	0.9916
2.4	0.9918	0.9920	0.9922	0.9925	0.9927	0.9929	0.9931	0.9932	0.9934	0.9936
2.5	0.9938	0.9940	0.9941	0.9943	0.9945	0.9946	0.9948	0.9949	0.9951	0.9952
2.6	0.9953	0.9955	0.9956	0.9957	0.9959	0.9960	0.9961	0.9962	0.9963	0.9964
2.7	0.9965	0.9966	0.9967	0.9968	0.9969	0.9970	0.9971	0.9972	0.9973	0.9974
2.8	0.9974	0.9975	0.9976	0.9977	0.9977	0.9978	0.9979	0.9979	0.9980	0.9981
2.9	0.9981	0.9982	0.9982	0.9983	0.9984	0.9984	0.9985	0.9985	0.9986	0.9986
3.0	0.9987	0.9990	0.9993	0.9995	0.9997	0.9998	0.9998	0.9999	0.9999	1.0000

注：本表中最后一行系函数值 $\Phi(3.0)$，…，$\Phi(3.9)$。

表 A-2　t 分布表

$P\{t(n) > t_\alpha(n)\} = \alpha$

n ＼ α	0.25	0.10	0.05	0.025	0.01	0.005
1	1.0000	3.0777	6.3138	12.7062	31.8207	63.6574
2	0.8165	1.8856	2.9200	4.3037	6.9646	9.9248
3	0.7649	1.6377	2.3534	3.1824	4.5407	5.8409
4	0.7407	1.5332	2.1318	2.7764	3.7649	4.6041
5	0.7267	1.4759	2.0150	2.5706	3.3649	4.0322
6	0.7176	1.4398	1.9432	2.4469	3.1427	3.7074
7	0.7111	1.4149	1.8946	2.3646	2.9980	3.4995
8	0.7064	1.3968	1.8595	2.3060	2.8965	3.3554
9	0.7027	1.3830	1.8331	2.2622	2.8214	3.2498
10	0.6998	1.3722	1.8125	2.2281	2.7638	3.1693
11	0.6974	1.3634	1.7959	2.2010	2.7181	3.1058
12	0.6955	1.3562	1.7823	2.1788	2.6810	3.0545
13	0.6938	1.3502	1.7709	2.1640	2.6503	3.0123
14	0.6924	1.3450	1.7613	2.1448	2.6245	2.9768
15	0.6912	1.3406	1.7531	2.1315	2.6025	2.9467
16	0.6901	1.3368	1.7459	2.1199	2.5835	2.9208
17	0.6892	1.3334	1.7396	2.1098	2.5669	2.8982
18	0.6884	1.3304	1.7341	2.1009	2.5524	2.8784
19	0.6876	1.3277	1.7291	2.0930	2.5395	2.8609
20	0.6870	1.3253	1.7247	2.0860	2.5280	2.8453
21	0.6864	1.3232	1.7207	2.0796	2.5177	2.8314

（续）

n＼α	0.25	0.10	0.05	0.025	0.01	0.005
22	0.6858	1.3212	1.7171	2.0739	2.5083	2.8188
23	0.6853	1.3195	1.7139	2.0687	2.4999	2.8073
24	0.6848	1.3178	1.7109	2.0639	2.4922	2.7969
25	0.6844	1.3163	1.7081	2.0595	2.4851	2.7874
26	0.6840	1.3150	1.7056	2.0555	2.4786	2.7787
27	0.6837	1.3137	1.7033	2.0518	2.4727	2.7707
28	0.6834	1.3125	1.7011	2.0484	2.4671	2.7633
29	0.6830	1.3114	1.6991	2.0452	2.4620	2.7564
30	0.6828	1.3104	1.6873	2.0423	2.4573	2.7500
31	0.6825	1.3095	1.6955	2.0395	2.4528	2.7440
32	0.6822	1.3086	1.6939	2.0369	2.4487	2.7385
33	0.6820	1.3077	1.6924	2.0345	2.4448	2.7333
34	0.6818	1.3070	1.6909	2.0322	2.4411	2.7284
35	0.6816	1.3062	1.6896	2.0301	2.4377	2.7238
36	0.6814	1.3055	1.6883	2.0281	2.4345	2.7195
37	0.6812	1.3049	1.6871	2.0262	2.4314	2.7154
38	0.6810	1.3042	1.6860	2.0244	2.4286	2.7116
39	0.6808	1.3036	1.6849	2.0227	2.4258	2.7079
40	0.6807	1.3031	1.6839	2.0211	2.4233	2.7045
41	0.6805	1.3025	1.6829	2.0195	2.4208	2.7012
42	0.6804	1.3020	1.6820	2.0181	2.4185	2.6981
43	0.6802	1.3016	1.6811	2.0167	2.4163	2.6951
44	0.6801	1.3011	1.6802	2.0154	2.4141	2.6923
45	0.6800	1.3006	1.6794	2.0141	2.4121	2.6896

表 A-3 χ^2 分布表

$P\{\chi^2(n) > \chi^2_\alpha(n)\} = \alpha$

n	0.995	0.99	0.975	0.95	0.90	0.75	0.25	0.10	0.05	0.025	0.01	0.005
1	—	—	0.001	0.004	0.016	0.102	1.323	2.706	3.841	5.024	6.635	7.879
2	0.010	0.020	0.051	0.103	0.211	0.575	2.773	4.605	5.991	7.378	9.210	10.597
3	0.072	0.115	0.216	0.352	0.584	1.213	4.108	6.251	7.815	9.348	11.345	12.838
4	0.207	0.297	0.484	0.711	1.064	1.923	5.385	7.779	9.488	11.143	13.277	14.860
5	0.412	0.554	0.831	1.145	1.610	2.675	6.626	9.236	11.071	12.833	15.086	16.750
6	0.676	0.872	1.237	1.635	2.204	3.455	7.841	10.645	12.592	14.449	16.812	18.548
7	0.989	1.239	1.690	2.167	2.833	4.255	9.037	12.017	14.067	16.013	18.475	20.278
8	1.344	1.646	2.180	2.733	3.490	5.071	10.219	13.362	15.507	17.535	20.090	21.955
9	1.735	2.088	2.700	3.325	4.168	5.899	11.389	14.684	16.919	19.023	21.666	23.589
10	2.156	2.558	3.247	3.940	4.865	6.737	12.549	15.987	18.307	20.483	23.209	25.188

（续）

n	0.995	0.99	0.975	0.95	0.90	0.75	0.25	0.10	0.05	0.025	0.01	0.005
11	2.603	3.053	3.816	4.575	5.578	7.584	13.701	17.275	19.675	21.920	24.725	26.757
12	3.074	3.571	4.404	5.226	6.304	8.438	14.845	18.549	21.026	23.337	26.217	28.299
13	3.565	4.107	5.009	5.892	7.042	9.299	15.984	19.812	22.362	24.736	27.688	29.819
14	4.075	4.660	5.629	6.571	7.790	10.165	17.117	21.064	23.685	16.119	29.141	31.319
15	4.601	5.229	6.262	7.261	8.547	11.037	18.245	22.307	24.966	27.488	30.578	32.801
16	5.142	5.812	6.908	7.962	9.312	11.912	19.369	23.542	26.296	28.845	32.000	34.267
17	5.697	6.408	7.564	8.672	10.085	12.792	20.489	24.769	27.587	30.191	33.409	35.718
18	6.265	7.015	8.231	9.390	10.865	13.675	21.605	25.989	28.869	31.526	34.805	37.156
19	6.844	7.633	8.907	10.117	11.651	14.562	22.718	27.204	30.144	32.852	36.191	38.582
20	7.434	8.260	9.591	10.851	12.443	15.452	23.828	28.412	31.410	34.170	37.566	39.997
21	8.034	8.897	10.283	11.591	13.240	16.344	24.935	29.615	32.671	35.479	38.932	41.401
22	8.643	9.542	10.982	12.338	14.042	17.240	26.039	30.813	33.924	36.781	40.289	42.796
23	9.260	10.196	11.689	13.091	14.848	18.137	27.141	32.007	35.172	38.076	41.638	44.181
24	9.886	10.856	12.401	13.848	15.659	19.037	28.241	33.196	36.415	39.364	42.980	45.559
25	10.520	11.524	13.120	14.611	16.473	19.939	29.339	34.382	37.652	40.646	44.314	46.928
26	11.160	12.198	13.844	15.379	17.292	20.843	30.435	35.563	38.885	41.923	45.642	48.290
27	11.808	12.879	14.573	16.151	18.114	21.749	31.528	36.741	40.113	43.194	46.963	49.645
28	12.461	13.565	15.308	16.928	18.939	22.657	32.620	37.916	41.337	44.461	48.278	50.993
29	13.121	14.257	16.047	17.708	19.768	23.567	33.711	39.087	42.557	45.722	49.588	52.336
30	13.787	14.954	16.791	18.493	20.599	24.478	34.800	40.256	43.773	46.979	50.892	53.672
31	14.458	15.655	17.539	19.281	21.434	25.390	35.887	41.422	44.985	48.232	52.191	55.003
32	15.134	16.362	18.291	20.072	22.271	26.304	36.973	42.585	46.194	49.480	53.486	56.328
33	15.815	17.074	19.047	20.867	23.100	27.219	38.058	43.745	47.400	50.725	54.776	57.648
34	16.501	17.789	19.806	21.664	23.952	28.136	39.141	44.903	48.602	51.966	56.061	58.964
35	17.192	18.509	20.569	22.465	24.797	29.054	40.223	46.059	49.802	53.203	57.342	60.275
36	17.887	19.233	21.336	23.269	25.643	29.973	41.304	47.212	50.998	54.437	58.619	61.581
37	18.586	19.960	22.106	24.075	26.492	30.893	42.383	48.363	52.192	55.668	59.892	62.883
38	19.289	20.691	22.878	24.884	27.343	31.815	43.462	49.513	53.384	56.896	61.162	64.181
39	19.996	21.426	23.654	25.695	28.196	32.737	44.539	50.660	54.572	58.120	62.428	65.476
40	20.707	22.164	24.433	26.509	29.051	33.660	45.616	51.805	55.758	59.342	63.691	66.766
41	21.421	22.906	25.215	27.326	29.907	34.585	46.692	52.949	56.942	60.561	64.950	68.053
42	22.138	23.650	25.999	28.144	30.765	35.510	47.766	54.090	58.124	61.777	66.206	69.336
43	22.859	24.398	26.785	28.965	31.625	36.436	48.840	55.230	59.304	62.990	67.459	70.616
44	23.584	25.148	27.575	29.987	32.487	37.363	49.913	56.369	60.481	64.201	68.710	71.893
45	24.311	25.901	28.366	30.612	33.350	38.291	50.985	57.505	61.656	65.410	69.957	73.166

表 A-4　**F 分布表**

$$P\{F(n_1,n_2) > F_\alpha(n_1,n_2)\} = \alpha$$

$$\alpha = 0.10$$

n_2＼n_1	1	2	3	4	5	6	7	8	9	10	12	15	20	24	30	40	60	120	∞
1	39.86	49.50	53.59	55.33	57.24	58.20	58.91	59.44	59.86	60.19	60.71	61.22	61.74	62.06	62.26	62.53	62.79	63.06	63.33
2	8.53	9.00	9.16	9.24	9.29	9.33	9.35	9.37	9.38	9.39	9.41	9.42	9.44	9.45	9.46	9.47	9.47	9.48	9.49
3	5.54	5.46	5.39	5.34	5.31	5.28	5.27	5.25	5.24	5.23	5.22	5.20	5.18	5.18	5.17	5.16	5.15	5.14	5.13
4	4.54	4.32	4.19	4.11	4.05	4.01	3.98	3.95	3.94	3.92	3.90	3.87	3.84	3.83	3.82	3.80	3.79	3.78	3.76
5	4.06	3.78	3.62	3.52	3.45	3.40	3.37	3.34	3.32	3.30	3.27	3.24	3.21	3.19	3.17	3.16	3.14	3.12	3.10
6	3.78	3.46	3.29	3.18	3.11	3.05	3.01	2.98	2.96	2.94	2.90	2.87	2.84	2.82	2.80	2.78	2.76	2.74	2.72
7	3.59	3.26	3.07	2.96	2.88	2.83	2.78	2.75	2.72	2.70	2.67	2.63	2.59	2.58	2.56	2.54	2.51	2.49	2.47
8	3.46	3.11	2.92	2.81	2.73	2.67	2.62	2.59	2.56	2.54	2.50	2.46	2.42	2.40	2.38	2.36	2.34	2.32	2.29
9	3.36	3.01	2.81	2.69	2.61	2.55	2.51	2.47	2.44	2.42	2.38	2.34	2.30	2.28	2.25	2.23	2.21	2.18	2.16
10	3.20	2.92	2.73	2.61	2.52	2.46	2.41	2.38	2.35	2.32	2.28	2.24	2.20	2.18	2.16	2.13	2.11	2.08	2.06
11	3.23	2.86	2.66	2.54	2.45	2.39	2.34	2.30	2.27	2.25	2.21	2.17	2.12	2.10	2.08	2.05	2.03	2.00	1.97
12	3.18	2.81	2.61	2.48	2.39	2.33	2.28	2.24	2.21	2.19	2.15	2.10	2.06	2.04	2.01	1.99	1.96	1.93	1.90
13	3.14	2.76	2.56	2.43	2.35	2.28	2.23	2.20	2.16	2.14	2.10	2.05	2.01	1.98	1.96	1.93	1.90	1.88	1.85
14	3.10	2.73	2.52	2.39	2.31	2.24	2.19	2.15	2.12	2.10	2.05	2.01	1.96	1.94	1.91	1.89	1.86	1.83	1.80
15	3.07	2.70	2.49	2.36	2.27	2.21	2.16	2.12	2.09	2.06	2.02	1.97	1.92	1.90	1.87	1.85	1.82	1.79	1.76
16	3.05	2.67	2.46	2.33	2.24	2.18	2.13	2.09	2.06	2.03	1.99	1.94	1.89	1.87	1.84	1.81	1.78	1.75	1.72
17	3.03	2.64	2.44	2.31	2.22	2.15	2.10	2.06	2.03	2.00	1.96	1.91	1.86	1.84	1.81	1.78	1.75	1.72	1.69
18	3.01	2.62	2.42	2.29	2.20	2.13	2.08	2.04	2.00	1.98	1.93	1.89	1.84	1.81	1.78	1.75	1.72	1.69	1.66
19	2.99	2.61	2.40	2.27	2.18	2.11	2.06	2.02	1.98	1.96	1.91	1.86	1.81	1.79	1.76	1.73	1.70	1.67	1.63
20	2.97	2.50	2.38	2.25	2.16	2.09	2.04	2.00	1.96	1.94	1.89	1.84	1.79	1.77	1.74	1.71	1.68	1.64	1.61
21	2.96	2.57	2.36	2.23	2.14	2.08	2.02	1.98	1.95	1.92	1.87	1.83	1.78	1.75	1.72	1.69	1.66	1.62	1.59

（续）

n_2 \ n_1	1	2	3	4	5	6	7	8	9	10	12	15	20	24	30	40	60	120	∞
22	2.95	2.56	2.35	2.22	2.13	2.06	2.01	1.97	1.93	1.90	1.86	1.81	1.76	1.73	1.70	1.67	1.64	1.60	1.57
23	2.94	2.55	2.34	2.21	2.11	2.05	1.99	1.95	1.92	1.89	1.84	1.80	1.74	1.72	1.69	1.66	1.62	1.59	1.55
24	2.93	2.54	2.33	2.19	2.10	2.04	1.98	1.94	1.91	1.88	1.83	1.78	1.73	1.70	1.67	1.64	1.61	1.57	1.53
25	2.92	2.53	2.32	2.18	2.09	2.02	1.97	1.93	1.89	1.87	1.82	1.77	1.72	1.69	1.66	1.63	1.59	1.56	1.52
26	2.91	2.52	2.31	2.17	2.08	2.01	1.96	1.92	1.88	1.86	1.81	1.76	1.71	1.68	1.65	1.61	1.58	1.54	1.50
27	2.90	2.51	2.30	2.17	2.07	2.00	1.95	1.91	1.87	1.85	1.80	1.75	1.70	1.67	1.64	1.60	1.57	1.53	1.49
28	2.89	2.50	2.29	2.16	2.60	2.00	1.94	1.90	1.87	1.84	1.79	1.74	1.69	1.66	1.63	1.59	1.56	1.52	1.48
29	2.89	2.50	2.28	2.15	2.06	1.99	1.93	1.89	1.86	1.83	1.78	1.73	1.68	1.65	1.62	1.58	1.55	1.51	1.47
30	2.88	2.49	2.22	2.14	2.05	1.98	1.93	1.88	1.85	1.82	1.77	1.72	1.67	1.64	1.61	1.57	1.54	1.50	1.46
40	2.84	2.41	2.23	2.00	2.00	1.93	1.87	1.83	1.79	1.76	1.71	1.66	1.61	1.57	1.54	1.51	1.47	1.42	1.38
60	2.79	2.39	2.18	2.04	1.95	1.87	1.82	1.77	1.74	1.71	1.66	1.60	1.54	1.51	1.48	1.44	1.40	1.35	1.29
120	2.75	2.35	2.13	1.99	1.90	1.82	1.77	1.72	1.68	1.65	1.60	1.55	1.48	1.45	1.41	1.37	1.32	1.26	1.19
∞	2.71	2.30	2.08	1.94	1.85	1.77	1.72	1.67	1.63	1.60	1.55	1.49	1.42	1.38	1.34	1.30	1.24	1.17	1.00

$\alpha = 0.05$

n_2 \ n_1	1	2	3	4	5	6	7	8	9	10	12	15	20	24	30	40	60	120	∞
1	161.4	199.5	215.7	224.6	230.2	234.0	236.8	238.9	240.5	241.9	243.9	245.9	248.0	249.1	250.1	251.1	252.2	253.3	254.3
2	18.51	19.00	19.16	19.25	19.30	19.33	19.35	19.37	19.38	19.40	19.41	19.43	19.45	19.45	19.46	19.47	19.48	19.49	19.50
3	10.13	9.55	9.28	9.12	9.90	8.94	8.89	8.85	8.81	8.79	8.74	8.70	8.66	8.64	8.62	8.59	8.57	8.55	8.53
4	7.71	6.94	6.59	6.39	6.26	6.16	6.09	6.04	6.00	5.96	5.91	5.86	5.80	5.77	5.75	5.72	5.69	5.66	5.63
5	6.61	5.79	5.41	5.19	5.05	4.95	4.88	4.82	4.77	4.74	4.68	4.62	4.56	4.53	4.50	4.46	4.43	4.40	4.36
6	5.99	5.14	4.76	4.53	4.39	4.28	4.21	4.15	4.10	4.06	4.00	3.94	3.87	3.84	3.81	3.77	3.74	3.70	3.67

（续）

n_1 \ n_2	1	2	3	4	5	6	7	8	9	10	12	15	20	24	30	40	60	120	∞
7	5.59	4.74	4.35	4.12	3.97	3.87	3.79	3.73	3.68	3.64	3.57	3.51	3.44	3.41	3.38	3.34	3.30	3.27	3.23
8	5.32	4.46	4.07	3.84	3.69	3.58	3.50	3.44	3.39	3.35	3.28	3.22	3.15	3.12	3.08	3.04	3.01	2.97	2.93
9	5.12	4.26	3.86	3.63	3.48	3.37	3.29	3.23	3.18	3.14	3.07	3.01	2.94	2.90	2.86	2.83	2.79	2.75	2.71
10	4.96	4.10	3.71	3.48	3.33	3.22	3.14	3.07	3.02	2.98	2.91	2.85	2.77	2.74	2.70	2.66	2.62	2.58	2.54
11	4.84	3.98	3.59	3.36	3.20	3.09	3.01	2.95	2.90	2.85	2.79	2.72	2.65	2.61	2.57	2.53	2.49	2.45	2.40
12	4.75	3.89	3.49	3.26	3.11	3.00	2.91	2.85	2.80	2.75	2.69	2.62	2.54	2.51	2.47	2.43	2.38	2.34	2.30
13	4.67	3.81	3.41	3.18	3.03	2.92	2.83	2.77	2.71	2.67	2.60	2.53	2.46	2.42	2.38	2.34	2.30	2.25	2.21
14	4.60	3.74	3.34	3.11	2.96	2.85	2.76	2.70	2.65	2.60	2.53	2.46	2.39	2.35	2.31	2.27	2.22	2.18	2.13
15	4.54	3.68	3.29	3.06	2.90	2.79	2.71	2.64	2.59	2.54	2.48	2.40	2.33	2.29	2.25	2.20	2.16	2.11	2.07
16	4.49	3.63	3.24	3.01	2.85	2.74	2.66	2.59	2.54	2.49	2.42	2.35	2.28	2.24	2.19	2.15	2.11	2.06	2.01
17	4.45	3.59	3.20	2.96	2.81	2.70	2.61	2.55	2.49	2.45	2.38	2.31	2.23	2.19	2.15	2.10	2.06	2.01	1.96
18	4.41	3.55	3.16	2.93	2.77	2.66	2.58	2.51	2.46	2.41	2.34	2.27	2.19	2.15	2.11	2.06	2.02	1.97	1.92
19	4.38	3.52	3.13	2.90	2.74	2.63	2.54	2.48	2.42	2.38	2.31	2.23	2.16	2.11	2.07	2.03	1.98	1.93	1.88
20	4.35	3.49	3.10	2.87	2.71	2.60	2.51	2.45	2.39	2.35	2.28	2.20	2.12	2.08	2.04	1.99	1.95	1.90	1.84
21	4.32	3.47	3.07	2.84	2.68	2.57	2.49	2.42	2.37	2.32	2.25	2.18	2.10	2.05	2.01	1.96	1.92	1.87	1.81
22	4.30	3.44	3.05	2.82	2.66	2.55	2.46	2.40	2.34	2.30	2.23	2.15	2.07	2.03	1.98	1.94	1.89	1.84	1.78
23	4.28	3.42	3.03	2.80	2.64	2.53	2.44	2.37	2.32	2.27	2.20	2.13	2.05	2.01	1.96	1.91	1.86	1.81	1.76
24	4.26	3.40	3.01	2.78	2.62	2.51	2.42	2.36	2.30	2.25	2.18	2.11	2.03	1.98	1.94	1.89	1.84	1.79	1.73
25	4.24	3.39	2.99	2.76	2.60	2.49	2.40	2.34	2.28	2.24	2.16	2.09	2.01	1.96	1.92	1.87	1.82	1.77	1.71
26	4.23	3.37	2.98	2.74	2.59	2.47	2.39	2.32	2.27	2.22	2.15	1.07	1.99	1.95	1.90	1.85	1.80	1.75	1.69
27	4.21	3.35	2.96	2.73	2.57	2.46	2.37	2.31	2.25	2.20	2.13	1.06	1.97	1.93	1.88	1.84	1.79	1.73	1.67
28	4.20	3.34	2.95	2.71	2.56	2.45	2.36	2.29	2.24	2.19	2.12	1.04	1.96	1.91	1.87	1.82	1.77	1.71	1.65

（续）

n_2\n_1	1	2	3	4	5	6	7	8	9	10	12	15	20	24	30	40	60	120	∞
29	4.18	3.33	2.93	2.70	2.55	2.43	2.35	2.28	2.22	2.18	2.10	1.03	1.94	1.90	1.85	1.81	1.75	1.70	1.64
30	4.17	3.32	2.92	2.69	2.53	2.42	2.33	2.27	2.21	2.16	2.09	2.01	1.93	1.89	1.84	1.79	1.74	1.68	1.62
40	4.08	3.23	2.84	2.61	2.45	2.34	2.25	2.18	2.12	2.08	2.00	1.92	1.84	1.79	1.74	1.69	1.64	1.58	1.51
60	4.00	3.15	2.76	2.53	2.37	2.25	2.17	2.10	2.04	1.99	1.92	1.84	1.75	1.70	1.65	1.59	1.53	1.47	1.39
120	3.92	3.07	2.68	2.45	2.29	2.17	2.09	2.02	1.96	1.91	1.83	1.75	1.66	1.61	1.55	1.50	1.43	1.35	1.25
∞	3.84	3.00	2.60	2.37	2.21	2.10	2.01	1.94	1.88	1.83	1.75	1.67	1.57	1.52	1.46	1.39	1.32	1.22	1.00

$\alpha = 0.025$

n_2\n_1	1	2	3	4	5	6	7	8	9	10	12	15	20	24	30	40	60	120	∞
1	647.8	799.5	864.2	899.6	921.8	937.1	948.2	956.7	963.3	968.6	976.7	984.9	993.1	997.2	1001	1006	1010	1014	1018
2	38.51	39.00	39.17	39.25	39.30	39.33	39.36	39.37	39.39	39.40	39.41	39.43	39.45	39.46	39.46	39.47	39.48	39.49	39.50
3	17.44	16.04	15.44	15.10	14.88	14.73	14.62	14.54	14.47	14.42	14.34	14.25	14.17	14.12	14.08	14.04	13.99	13.95	13.90
4	12.22	10.65	9.98	9.60	9.36	9.20	9.07	8.98	8.90	8.84	8.75	8.66	8.56	8.51	8.46	8.41	8.36	8.31	8.26
5	10.01	8.43	7.76	7.39	7.15	6.98	6.85	6.76	6.68	6.62	6.52	6.43	6.33	6.28	6.23	6.18	6.12	6.07	6.02
6	8.81	7.26	6.60	6.23	5.99	5.82	5.70	5.60	5.52	5.46	5.37	5.27	5.17	5.12	5.07	5.01	4.96	4.90	4.85
7	8.07	6.54	5.89	5.52	5.29	5.12	4.99	4.90	4.82	4.76	4.67	4.57	4.47	4.42	4.36	4.31	4.25	4.20	4.14
8	7.57	6.06	5.42	5.05	4.82	4.65	4.53	4.43	4.36	4.30	4.20	4.10	4.00	3.95	3.89	3.84	3.78	3.73	3.67
9	7.21	5.71	5.08	4.72	4.48	4.32	4.20	4.10	4.03	3.96	3.87	3.77	3.67	3.61	3.56	3.51	3.45	3.39	3.33
10	6.94	5.46	4.83	4.47	4.24	4.07	3.95	3.85	3.78	3.72	3.62	3.52	3.42	3.37	3.31	3.26	3.20	3.14	3.08
11	6.72	5.26	4.63	4.28	4.04	3.88	3.76	3.66	3.59	3.53	3.43	3.33	3.23	3.17	3.12	3.06	3.00	2.94	2.88
12	6.55	5.10	4.47	4.12	3.89	3.73	3.61	3.51	3.44	3.37	3.28	3.18	3.07	3.02	2.96	2.91	2.85	2.79	2.72
13	6.41	4.97	4.35	4.00	3.77	3.60	3.48	3.39	3.31	3.25	3.15	3.05	2.95	2.89	2.84	2.78	2.72	2.66	2.60

（续）

n_1 \ n_2	1	2	3	4	5	6	7	8	9	10	12	15	20	24	30	40	60	120	∞
14	6.30	4.86	4.24	3.89	3.66	3.50	3.38	3.29	3.21	3.15	3.05	2.95	2.84	2.79	2.73	2.67	2.61	2.55	2.49
15	6.20	4.77	4.15	3.80	3.58	3.41	3.29	3.30	3.12	3.06	2.96	2.86	2.76	2.70	2.64	2.59	2.52	2.46	2.40
16	6.12	4.69	4.08	3.73	3.50	3.34	3.22	3.12	3.05	2.99	2.89	2.79	2.68	2.63	2.57	2.51	2.45	2.38	2.32
17	6.04	4.62	4.01	3.66	3.44	3.28	3.16	3.06	2.98	2.92	2.82	2.72	2.62	2.56	2.50	2.44	2.38	2.32	2.25
18	5.98	4.56	3.95	3.61	3.38	3.22	3.10	3.01	2.93	2.87	2.77	2.67	2.56	2.50	2.44	2.38	2.32	2.26	2.19
19	5.92	4.51	3.90	3.56	3.33	3.17	3.05	2.96	2.88	2.82	2.72	2.62	2.51	2.45	2.39	2.35	2.27	2.20	2.13
20	5.87	4.46	3.86	3.51	3.29	3.13	3.01	2.91	2.84	2.77	2.68	2.57	2.46	2.41	2.35	2.29	2.22	2.16	2.09
21	5.83	4.42	3.82	3.48	3.25	3.09	2.97	2.87	2.80	2.73	2.64	2.53	2.42	2.37	2.31	2.25	2.18	2.11	2.04
22	5.79	4.38	3.78	3.44	3.22	3.05	2.93	2.84	2.76	2.70	2.60	2.50	2.39	2.33	2.27	2.21	2.14	2.08	2.00
23	5.75	4.35	3.75	3.41	3.18	3.02	2.90	2.81	2.73	2.67	2.57	2.47	2.36	2.30	2.24	2.18	2.11	2.04	1.97
24	5.72	4.32	3.72	3.38	3.15	2.99	2.87	2.78	2.70	2.64	2.54	2.44	2.33	2.27	2.21	2.15	2.08	2.01	1.94
25	5.69	4.29	3.69	3.35	3.13	2.97	2.85	2.75	2.68	2.61	2.51	2.41	2.30	2.24	2.18	2.12	2.05	1.98	1.91
26	5.66	4.27	3.67	3.33	3.10	2.94	2.82	2.73	2.65	2.59	2.49	2.39	2.28	2.22	2.16	2.09	2.03	1.95	1.88
27	5.63	4.24	3.65	3.31	3.08	2.92	2.80	2.71	2.63	2.57	2.47	2.36	2.25	2.19	2.13	2.07	2.00	1.93	1.85
28	5.61	4.22	3.63	3.29	3.06	2.90	2.78	2.69	2.61	2.55	2.45	2.34	2.23	2.17	2.11	2.05	1.98	1.91	1.83
29	5.59	4.20	3.61	3.27	3.04	2.88	2.76	2.67	2.59	2.53	2.43	2.32	2.21	2.15	2.09	2.03	1.96	1.89	1.81
30	5.57	4.18	3.59	3.25	3.03	2.87	2.75	2.65	2.57	2.51	2.41	2.31	2.20	2.14	2.07	2.01	1.94	1.87	1.79
40	5.42	4.05	3.46	3.13	2.90	2.74	2.62	2.53	2.45	2.39	2.29	2.18	2.07	2.01	1.94	1.88	1.80	1.72	1.64
60	5.29	3.93	3.34	3.01	2.79	2.63	2.51	2.41	2.33	2.27	2.17	2.06	1.94	1.88	1.82	1.74	1.67	1.58	1.48
120	5.15	3.80	3.23	2.89	2.67	2.52	2.39	2.30	2.22	2.16	2.05	1.94	1.82	1.76	1.69	1.61	1.53	1.43	1.31
∞	5.02	3.69	3.12	2.79	2.57	2.41	2.29	2.19	2.11	2.05	1.94	1.83	1.71	1.64	1.57	1.48	1.39	1.27	1.00

$\alpha = 0.001$

n_1 \ n_2	1	2	3	4	5	6	7	8	9	10	12	15	20	24	30	40	60	120	∞
1	4052	5000	5403	5625	5764	5859	5928	5982	6062	6056	6106	6157	6209	6235	6261	6287	6313	6339	6366
2	98.50	99.00	99.17	99.25	99.30	99.33	99.36	99.37	99.39	99.40	99.42	99.43	99.45	99.46	99.47	99.47	99.48	99.49	99.50
3	34.12	30.82	29.46	28.71	28.24	27.91	27.67	27.49	27.35	27.23	27.05	26.87	26.69	26.60	26.50	26.41	26.32	26.22	26.13
4	21.20	18.00	16.69	15.98	15.52	15.21	14.98	14.80	14.66	14.55	14.37	14.20	14.02	13.93	13.84	13.75	13.65	13.56	13.46
5	16.26	13.27	12.06	11.39	10.97	10.67	10.46	10.29	10.16	10.05	9.89	9.72	9.55	9.47	9.38	9.29	9.20	9.11	9.02
6	13.75	10.92	9.78	9.15	8.75	8.47	8.26	8.10	7.98	7.87	7.72	7.56	7.40	7.31	7.23	7.14	7.06	6.97	6.88
7	12.25	9.55	8.45	7.85	7.46	7.19	6.99	6.84	6.72	6.62	6.47	6.31	6.16	6.07	5.99	5.91	5.82	5.74	5.65
8	11.26	8.65	7.59	7.01	6.63	6.37	6.18	6.03	5.91	5.81	5.67	5.52	5.36	5.28	5.20	5.12	5.03	4.95	4.86
9	10.56	8.02	6.99	6.42	6.06	5.80	5.61	5.47	5.35	5.26	5.11	4.96	4.81	4.73	4.65	4.57	4.48	4.40	4.31
10	10.04	7.56	6.55	5.99	5.64	5.39	5.20	5.06	4.94	4.85	4.71	4.56	4.41	4.33	4.25	4.17	4.08	4.00	3.91
11	9.65	7.21	6.22	5.67	5.32	5.07	4.89	4.74	4.63	4.54	4.40	4.25	4.10	4.02	3.95	3.86	3.78	3.69	3.60
12	9.33	6.93	5.95	5.41	5.06	4.82	4.64	4.50	4.39	4.30	4.16	4.01	3.86	3.78	3.70	3.62	3.54	3.45	3.36
13	9.07	6.70	5.74	5.21	4.86	4.62	4.44	4.30	4.19	4.10	3.96	3.82	3.66	3.59	3.51	3.43	3.34	3.25	3.17
14	8.86	6.51	5.56	5.04	4.69	4.46	4.28	4.14	4.03	3.94	3.80	3.66	3.51	3.43	3.35	3.27	3.18	3.09	3.00
15	8.68	6.36	5.42	4.89	4.56	4.32	4.14	4.00	3.89	3.80	3.67	3.52	3.37	3.29	3.21	3.13	3.05	2.96	2.87
16	8.53	6.23	5.29	4.77	4.44	4.20	4.03	3.89	3.78	3.69	3.55	3.41	3.26	3.18	3.10	3.02	2.93	2.84	2.75
17	8.40	6.11	5.18	4.67	4.34	4.10	3.93	3.79	3.68	3.59	3.46	3.31	3.16	3.08	3.00	2.92	2.83	2.75	2.65
18	8.29	6.01	5.09	4.58	4.25	4.01	3.84	3.71	3.60	3.51	3.37	3.23	3.08	3.00	2.92	2.84	2.75	2.66	2.57
19	8.18	5.93	5.01	4.50	4.17	3.94	3.77	3.63	3.52	3.43	3.30	3.15	3.00	2.92	2.84	2.76	2.67	2.58	2.49
20	8.10	5.85	4.94	4.43	4.10	3.87	3.70	3.56	3.46	3.37	3.23	3.09	2.94	2.86	2.78	2.69	2.61	2.52	2.42
21	8.02	5.78	4.87	4.37	4.04	3.81	3.64	3.51	3.40	3.31	3.17	3.03	2.88	2.80	2.72	2.64	2.55	2.46	2.36
22	7.95	5.72	4.82	4.31	3.99	3.76	3.59	3.45	3.35	3.26	3.12	2.98	2.83	2.75	2.67	2.58	2.50	2.40	2.31

（续）

n_1 / n_2	1	2	3	4	5	6	7	8	9	10	12	15	20	24	30	40	60	120	∞
23	7.88	5.66	4.76	4.26	3.94	3.71	3.54	3.41	3.30	3.21	3.07	2.93	2.78	2.70	2.62	2.54	2.45	2.35	2.26
24	7.82	5.61	4.72	4.22	3.90	3.67	3.50	3.36	3.26	3.17	3.03	2.89	2.74	2.66	2.58	2.49	2.40	2.31	2.21
25	7.77	5.57	4.68	4.18	3.85	3.63	3.46	3.32	3.22	3.13	2.99	2.85	2.70	2.62	2.54	2.45	2.36	2.27	2.17
26	7.72	5.53	4.64	4.14	3.82	3.59	3.42	3.29	3.18	3.09	2.96	2.81	2.66	2.58	2.50	2.42	2.33	2.23	2.13
27	7.68	5.49	4.60	4.11	3.78	3.56	3.39	3.26	3.15	3.06	2.93	2.78	2.63	2.55	2.47	2.38	2.29	2.20	2.10
28	7.64	5.45	4.57	4.07	3.75	3.53	3.36	3.23	3.12	3.03	2.90	2.75	2.60	2.52	2.44	2.35	2.26	2.17	2.06
29	7.60	5.42	4.54	4.04	3.73	3.50	3.33	3.20	3.09	3.00	2.87	2.73	2.57	2.49	2.41	2.33	2.23	2.14	2.03
30	7.56	5.39	4.51	4.02	3.70	3.47	3.30	3.17	3.07	2.98	2.84	2.70	2.55	2.47	2.39	2.30	2.21	2.11	2.01
40	7.31	5.18	4.31	3.83	3.51	3.29	3.12	2.99	2.89	2.80	2.66	2.52	2.37	2.29	2.20	2.11	2.02	1.92	1.80
60	7.08	4.98	4.13	3.65	3.34	3.12	2.95	2.82	2.72	2.63	2.50	2.35	2.20	2.12	2.03	1.94	1.84	1.73	1.60
120	6.85	4.79	3.95	3.48	3.17	2.96	2.79	2.66	2.56	2.47	2.34	2.19	2.03	1.95	1.86	1.76	1.66	1.53	1.38
∞	6.63	4.61	3.78	3.32	3.02	2.80	2.64	2.51	2.41	2.32	2.18	2.04	1.88	1.79	1.70	1.59	1.47	1.32	1.00

表 A-5　K-S 分布表

自由度（n）	$D_{0.10}$	$D_{0.05}$	$D_{0.01}$
1	0.950	0.975	0.995
2	0.776	0.842	0.929
3	0.642	0.708	0.828
4	0.564	0.624	0.733
5	0.510	0.565	0.669
6	0.470	0.521	0.618
7	0.438	0.486	0.577
8	0.411	0.457	0.543
9	0.388	0.432	0.514
10	0.368	0.410	0.490
11	0.352	0.391	0.468
12	0.338	0.375	0.450
13	0.325	0.361	0.433
14	0.314	0.349	0.418
15	0.304	0.338	0.404
16	0.295	0.328	0.392
17	0.286	0.318	0.381
18	0.278	0.309	0.371
19	0.272	0.301	0.363
20	0.264	0.294	0.356
25	0.24	0.27	0.32
30	0.22	0.24	0.29
35	0.21	0.23	2.27
35 以上	$\dfrac{1.22}{\sqrt{n}}$	$\dfrac{1.36}{\sqrt{n}}$	$\dfrac{1.63}{\sqrt{n}}$

附录 B　索引表

A

B

参考文献

[1] Banks J，等. 离散事件系统仿真［M］. 肖田元，范文慧，译. 北京：机械工业出版社，2007.

[2] Kelton W D，等. 仿真：使用 Arena 软件［M］. 周泓，等译. 北京：机械工业出版社，2007.

[3] Law A M. Simulation Modeling and Analysis［M］. 4th ed，影印版. 北京：清华大学出版社，2009.

[4] Maksmchuk Robert A，Naolburg Eric J. UML 初学者指南［M］. 李虎，范思怡，译. 北京：人民邮电出版社，2005.

[5] Roff J T. UML 基础教程［M］. 张瑜，等译. 北京：清华大学出版社，2003.

[6] Schmuller J. UML 基础、案例与应用［M］. 李虎，等译. 北京：人民邮电出版社，2002.

[7] Wooldridge M. 多 Agent 系统引论［M］. 石纯一，等译. 北京：电子工业出版社，2003.

[8] 白思俊，等. 系统工程［M］. 北京：电子工业出版社，2006.

[9] 方开泰. 均匀设计及其应用［J］. 数理统计与管理，1994，13（1）：57-63.

[10] 方开泰. 均匀试验设计的理论、方法和应用——历史回顾［J］. 数理统计与管理，2005，23（3）：69-80.

[11] 方美琪，张树人. 复杂系统建模与仿真［M］. 北京：中国人民大学出版社，2005.

[12] 冯惠军，冯允成. 面向对象的仿真综述［J］. 系统仿真学报，1995，7（3）：58-64.

[13] 冯允成，杜端甫，梁叔平. 系统仿真及其应用［M］. 北京：机械工业出版社，1992.

[14] 冯允成，邹志红，周泓. 离散系统仿真［M］. 北京：机械工业出版社，1998.

[15] 顾启泰. 离散事件系统建模与仿真［M］. 北京：清华大学出版社，1999.

[16] 郭齐胜，等. 系统建模［M］. 北京：国防工业出版社，2006.

[17] 郭齐胜，等. 系统仿真［M］. 北京：国防工业出版社，2006.

[18] 郭齐胜，董志明，李亮，等. 系统建模与仿真［M］. 北京：国防工业出版社，2007.

[19] 郭齐胜，李光辉，张伟. 计算机仿真原理［M］. 北京：经济科学出版社，2002.

[20] 韩福荣. 现代企业管理教程［M］. 北京：北京工业大学出版社，2004.

[21] 黄柯棣，查亚兵. 系统仿真可信性研究综述［J］. 系统仿真学报，1997，9（1）：4-9.

[22] 胡斌，周明. 管理系统模拟［M］. 北京：清华大学出版社，2008.

[23] 贾仁耀，刘湘伟. 建模与仿真的校核与验证技术综述［J］. 计算机仿真，2007，24（4）：49-52.

[24] 贾启君，王凤岐，郭伟. 计算机仿真在生产系统分析中的应用［J］. 工业工程，2004，7（2）：42-46.

[25] 江志斌. Petri 网及其在制造系统建模与控制中的应用［M］. 北京：机械工业出版社，2004.

[26] 隽志才，孙宝凤. 物流系统仿真［M］. 北京：电子工业出版社，2007.

[27] 李云峰. 仿真系统 VV&A 的研究与发展［J］. 武汉大学学报（工学版），2004，37（4）：101-104.

[28] 廖瑛，邓方林，梁加红，等. 系统建模与仿真的校核、验证与确认（VV&A）技术［M］. 长沙：国防科技大学出版社，2006.

[29] 林健. 三阶段法与活动周期图［J］. 北京航空航天大学学报，1995，21（3）：76-82.

［30］刘庆鸿，陈德源，王子才. 系统建模与仿真校核、验证与确认综述［J］. 系统仿真学报，2003，15（7）：925-930.

［31］刘藻珍，魏华梁. 系统仿真［M］. 北京：北京理工大学出版社，1998.

［32］马光毅，郭荷清，黎伟健，等. 面向对象建模方法研究［J］. 华南师范大学学报（自然科学版），1999（1）：53-58.

［33］彭扬，吴承健. 物流系统建模与仿真［M］. 杭州：浙江大学出版社，2009.

［34］齐欢，王小平. 系统建模与仿真［M］. 北京：清华大学出版社，2004.

［35］沈斌，陈炳森，张曙. 生产系统学［M］. 2版. 上海：同济大学出版社，1999.

［36］盛骤，谢式千，潘承毅. 概率论与数理统计［M］. 2版. 北京：高等教育出版社，1989.

［37］苏春. 制造系统建模与仿真［M］. 北京：机械工业出版社，2008.

［38］孙成松，花传杰，李永. 关于仿真可信度评估及仿真VV&A的探讨［J］. 计算机仿真，2005，22（5）：74-77.

［39］孙小明. 生产系统建模与仿真［M］. 上海：上海交通大学出版社，2006.

［40］孙雅峰，黄芝平，杨小品. 建模与仿真VV&A技术研究与发展［J］. 电子测量技术，2009，32（8）：1-4，11.

［41］谭云杰. 大象：Thinking in UML［M］. 北京：中国水利水电出版社，2009.

［42］唐见兵，黄晓慧，焦鹏，等. 复杂大系统仿真的VV&A理论及过程研究［J］. 国防科技大学学报，2009，31（3）：122-126，131.

［43］唐见兵，查亚兵，李革. 仿真VV&A综述［J］. 计算机仿真，2006，23（11）：82-85，98.

［44］王红卫. 建模与仿真［M］. 北京：科学出版社，2002.

［45］王景会，张明清. M&S全周期中VV&A过程模型研究［J］. 计算机仿真，2007，24（5）：54-57，126.

［46］王维平，等. 离散事件系统建模与仿真［M］. 2版. 北京：科学出版社，2007.

［47］王养延，等. UML基础与应用［M］. 北京：清华大学出版社，2006.

［48］王永利，朱小冬，张柳. 离散事件系统模拟［M］. 北京：北京航空航天大学出版社，2003.

［49］王元. 均匀设计——一种试验设计方法［J］. 科技导报，1994（5）：20-22.

［50］王子才，张冰，杨明. 仿真系统的校核、验证与验收（VV&A）：现状与未来［J］. 系统仿真学报，1999，11（5）：321-325.

［51］魏华梁，单家元，李钟武. 建模与仿真过程及模型VV&A［J］. 计算机仿真，2001，18（1）：7-10.

［52］卫强，陈国青. 管理系统模拟［M］. 北京：高等教育出版社，2008.

［53］吴晓燕，刘兴堂，任淑红. 仿真系统VV&A研究［J］. 空军工程大学学报（自然科学版），2006，7（5）：91-94.

［54］肖呈忠. 生产系统工程［M］. 北京：机械工业出版社，1987.

［55］肖田元，张燕云，陈加栋. 系统仿真导论［M］. 北京：清华大学出版社，2000.

［56］谢子松，武友新，牛德雄，等. 基于UML的工作流建模的研究与应用［J］. 计算机系统应用，2005（12）：22-25.

［57］熊光愣，王昕. 仿真技术在制造业中的应用和发展［J］. 系统仿真学报，1999，11（3）：145-151.

［58］许素红，吴晓燕，刘兴堂. 关于建模与仿真VV&A原则的研究［J］. 计算机仿真，2003，20（8）：39-42.

［59］许晓栋，李从心. 基于UML的车间作业管理系统建模研究［J］. 计算机工程，2006，32（15）：

227-229.

［60］许之伟，刘永贤，盛忠起. 基于 UML 的装备制造产品生产线仿真模型与实现［J］. 组合机床与自动化加工技术，2006（12）：96-101.

［61］徐晓飞，许映秋，谈英姿. 基于多智能体的企业生产运作系统仿真与实现［J］. 系统仿真技术，2009，5（2）：116-121.

［62］宣慧玉，高宝俊. 管理与社会经济系统仿真［M］. 武汉：武汉大学出版社，2002.

［63］宣慧玉，张发. 复杂系统仿真及应用［M］. 北京：清华大学出版社，2008.

［64］张发，宣慧玉，赵巧霞. 复杂系统多主体仿真方法论［J］. 系统仿真学报，2009，21（8）：2386-2390.

［65］张青山，赵忠华. 生产系统的演变及其演变规律［J］. 系统工程，2001，19（2）：25-28.

［66］张晓华. 系统建模与仿真［M］. 北京：清华大学出版社，2006.

［67］张晓萍. 仿真技术及其在生产中的应用［J］. 计算机辅助设计与制造，1995（5）：22-24.

［68］张晓萍，等. 物流系统仿真原理与应用［M］. 北京：中国物资出版社，2005.

［69］朱华炳，吴文涛. 基于 UML 的桥壳生产系统仿真建模研究［J］. 制造技术与机床，2009（12）：151-154.

［70］Australian Defense Simulation Office. Simulation Verification, Validation and Accreditation Guide［S］. Canberra：Department of Defense，2005.

［71］Balci O. Verification, Validation and Accreditation of Simulation Models［R］. Proceedings of the 1997 Winter Simulation Conference，1997.

［72］Balci O. Verification, Validation, and Accreditation［R］. Proceedings of the 1998 Winter Simulation Conference，1998：41-48.

［73］Banks J. Getting Started with AutoMod［M］. Bountiful：AutoSimulations Inc，2000.

［74］Banks J. Handbook of Simulation：Principles, Methodology, Advances, Applications, and Practice［M］. New York：John Wiley，1998.

［75］US Department of Defence. DoD Modeling and Simulation Verification, Validation and Accreditation（VV&A）Recommended Practices Guide［R］. 1996.

［76］US Defense Modeling and Simulation Office（DMSO）. Verification, Validation and Accreditation（VV&A）Recommended Practices Guide（Build 2.5）［EB/OL］. 2004. http：//ppvva. dmso. mil.

［77］Naylor T H, Finger J M. Verification of Computer Simulation Models［J］. Management Science，1967，14（2）：92-101.

［78］Sargent R G. Verification and Validation of Simulation Models［R］. Proceedings of the 1998 Winter Simulation Conference，1998：121-130.

［79］Swarm Development Group（SDG）. A Tutorial Introduction to Swarm［R］. 2000. http：//www. swarm. org.

［80］Terna P. The Quest for the Enterprise：jES, a Java Enterprise Simulator［J/OL］. 2003. http：//web. econ. unito. it/terna/jes.

［81］Terna P. jESlet, Java Enterprise Simulation Light Experimental Tool：an Introduction to a Simplified Version of the Model［EB/OL］. 2003. http：//web. econ. unito. it/terna/jes.

［82］Terna P. How to Use the Java Enterprise Simulator（jES）Program［EB/OL］. 2004. http：//web. econ. unito. it/terna/jes.

［83］Terna P. How to Use the jES Open Foundation Program to Discover Complexity in Multistratum Models［EB/OL］. 2006. http：//web. econ. unito. it/terna/jes.

［84］Terna P. Agent Based Artificial Experiments in Social Science with jESOF ［J/OL］. 2007. http：//www. bancaditalia. it/studiricerche/seminari/2007/0020307/terna. pdf.

［85］Wainer G A. Discrete-Event Modeling and Simulation：A Practitioner's Approach ［M］. Boca Raton：Taylor & Francis Group, 2009.

［86］Arena 官方网站：www. arenasimulation. com.

［87］AutoMod 官方网站：www. brooks. com.

［88］Flexsim 官方网站：www. flexsim. com.

［89］Witness 中国官方网站：www. witness-china. com.

［90］冬季仿真会议官方网站：wintersim. org.